中等职业学校教学用书

现代商务基础

（第2版）

尚志平　主编

U0837841

電子工業出版社

Publishing House of Electronics Industry

北京 · BEIJING

内容简介

本书是中等职业学校电子商务与商贸类专业的基础理论课教材。该教材本着课程综合化的精神，从职业岗位需要和学生实际情况出发，侧重于从现代商务的角度，全面介绍从事电子商务、商品贸易、经济管理等专业所必须了解和掌握的有关现代商务的基本知识和技能，是电子商务等相关专业的必修教材。

本书共分为九章，主要介绍了现代商务的基本概念和发展趋势、市场经济与商品流通的基本常识、现代商务组织与管理、现代商务商品管理、现代商务资金运营、现代商务运营管理、现代商务经营战略、现代商务营销策略，以及现代商务国际化经营等基本内容。本教材内容充实、新颖，反映了国内外最新的研究成果，理论联系实际，编写体例生动活泼、特色鲜明，有创新精神，适应中等职业学校教学的需要。

本书可作为中等职业学校电子商务专业及其他商贸类专业、经济管理类专业的基础课教材，可供各类短期职业培训、岗位培训和自学使用，也可供市场营销人员、电子商务及其他商贸专业从业人员阅读参考。

图书在版编目（CIP）数据

现代商务基础/尚志平主编．—2 版．—北京：电子工业出版社，2008.7
中等职业学校教学用书
ISBN 978-7-121-07004-4

Ⅰ. 现…　Ⅱ. 商…　Ⅲ. 商务—专业学校—教材　Ⅳ. F7

中国版本图书馆 CIP 数据核字（2008）第 095538 号

策划编辑：关雅莉
责任编辑：关雅莉　　特约编辑：李印清
印　　刷：北京盛通商印快线网络科技有限公司
装　　订：北京盛通商印快线网络科技有限公司
出版发行：电子工业出版社
　　　　　北京市海淀区万寿路 173 信箱　邮编　100036
开　　本：787×1 092　1/16　印张：14.5　字数：371.2 千字
版　　次：2004 年 8 月第 1 版
　　　　　2008 年 7 月第 2 版
印　　次：2023 年 2 月第 26 次印刷
定　　价：26.00 元

凡所购买电子工业出版社图书有缺损问题，请向购买书店调换。若书店售缺，请与本社发行部联系，联系及邮购电话：（010）88254888，88258888。

质量投诉请发邮件至 zlts@phei.com.cn，盗版侵权举报请发邮件至 dbqq@phei.com.cn。

本书咨询联系方式：（010）88254617，luomn@phei.com.cn。

前　言

随着我国社会主义市场经济的迅速发展，现代商务尤其是迅速崛起的电子商务，成为我国经济生活中的重要组成部分，在推动经济全球化、贸易自由化和信息现代化进程中发挥着越来越重要的作用。与此相适应，开设电子商务专业的职业学校也越来越多，这些学校培养了大批高素质的电子商务专业人才，他们成为现代商务中的主力军，进一步促进了我国电子商务的发展。

电子商务是信息技术应用与商务管理科学相结合的产物。学习电子商务专业，既要掌握通过计算机网络开展商务活动的相关技术，又要全面了解现代商务活动的基本知识和规律。为了适应职业学校电子商务专业的教学需要，电子工业出版社自 2000 年开始，组织编写了中等职业学校电子商务专业系列教材，解决了职业学校教学的急需。为了全面提高学生的专业素质，按照教育部编制的《中等职业学校专业目录》对电子商务专业的教学要求，电子工业出版社 2004 年组织编写了《现代商务基础》一书，使这套教材更加充实和完善。

《现代商务基础》教材经过几年的使用，深受中等职业学校师生的欢迎和喜爱，得到了广大读者和有关专家的好评。为了进一步提高教材质量，在充分调研的基础上，根据教学第一线教师的反馈意见，并吸收该专业领域的最新研究成果，我们又组织编写了《现代商务基础》（第 2 版），在这一版中编者对教材做了较大范围和程度的修改完善，及时更新了教学内容，调整了教材结构，改进了编排方式，使之更加适应中等职业教育教学改革的需要。

本教材可作为电子商务专业的基础理论课教材，亦可作为商品经营、贸易、经济管理等专业的基础理论课教材。教材从电子商务专业，以及相关专业的职业岗位需要和学生实际情况出发，以职业能力的培养为核心，突出职业技术教育的特点，其编写原则体现了综合性、基础性、科学性、实用性和创新性的特点。本教材综合了有关商品经济理论知识、商业经济学、市场营销学、商品经营管理学、商品学及国际贸易等课程的基本知识，改变了过去同类课程开设门类过多、知识交叉重复的现象，体现了课程综合化的改革精神；更新了知识内容，克服了过去相关教材偏重理论、知识陈旧、语言生硬等缺点，突出了基础性、针对性和实用性；吸取了有关社会主义市场经济体制和现代商务理论的最新研究成果，突出了先进性和新颖性。每章开始都有学习目标和案例导引，语言简洁且通俗易懂，所涉及知识力求贴近生活和工作实际，可操作性强，符合学生的认知规律。每章后面附有思考练习题和案例分析题，有利于学生巩固所学知识，起到举一反三的作用，使所学知识得到扩展。本教材编写体例生动活泼，既便于课堂教学，又便于学生自学及广大初学者阅读。

本教材适合于中等职业学校电子商务或商贸类专业第一学年开设的商务课程的需要。参考学时数为 72 学时，各章学时数分配参考如下所述，各校可根据实际需要进行调整。本教材也可作为中等职业学校开设的其他商贸类、经济管理类专业的基础理论课教材，也可供各类短期职业培训、岗位培训和自学使用。

章　次	学　时	章　次	学　时
第 1 章	5	第 6 章	8
第 2 章	10	第 7 章	8
第 3 章	8	第 8 章	8
第 4 章	8	第 9 章	8
第 5 章	9	总　计	72

本教材由山东省教学研究室研究员尚志平担任主编并负责全书统稿。济南大学教授原雪梅、淄博职业学院教授冯光福、山东省教学研究室中学高级教师于家臻担任副主编。其中，第 1 章、第 2 章和第 3 章由尚志平编写；第 7 章和第 8 章由冯光福编写；第 4 章和第 6 章由于家臻编写；第 5 章和第 9 章由原雪梅编写。淄博职业学院盖芬清老师、青岛市城阳职教中心郭丽老师参加了第 2 版修订工作，并编写了有关章节的部分内容。本书在编写过程中，得到了山东省教学研究室、济南大学、淄博职业学院、青岛市城阳职教中心等单位的大力支持，参考和引用了许多国内外的有关资料和著作，在此一并表示感谢。

由于编者水平有限，书中不足之处在所难免，恳请读者批评指正。

为了方便教师教学，本书还配有教学指南、电子教案及习题答案（电子版）。请有此需要的教师登录华信教育资源网（www.huaxin.edu.cn 或www.hxedu.com.cn）免费注册后再进行下载，有问题时请在网站留言板留言或与电子工业出版社联系（E-mail: hxedu@phei.com.cn）。

编　者

2008 年 6 月

中等职业学校教材工作领导小组

目录

第1章 现代商务概述

本章你将学到以下知识：

- ✓ 丰富多彩的商务世界；
- ✓ 全面的商务观念；
- ✓ 基本的商务原则；
- ✓ 商务活动的基本内容；
- ✓ 商业的产生和发展历程；
- ✓ 现代商务的发展现状。

商务世界中的成功案例——海尔集团的发展道路

海尔冰箱、海尔空调、海尔洗衣机、海尔手机等多种海尔家电产品遍及全国城乡市场，走进了千家万户，直至走向了全世界。谁曾想到当年一个亏损 147 万元的小厂，十几年后竟成为一个国际知名的企业集团。

1984 年，海尔集团的前身——青岛日用电器厂，这个以生产洗衣机为主的国营企业，由于市场骤变，产品滞销，造成产品大量积压，陷入了经营困境，直至亏损 147 万元，资不抵债。这年年底，张瑞敏由青岛市家用电器工业公司副经理出任青岛电冰箱总厂厂长。也就在这一年，这个厂开始走上了翻身之路。

经过大量的市场调查，他们看到：当时国内洗衣机市场已由卖方市场转向买方市场并趋于饱和，竞争呈白热化，许多中小型洗衣机厂纷纷被淘汰；而国内电冰箱行业尚处于起步阶段，随着人民生活水平的不断提高，对电冰箱的追求会越来越大。基于此种市场情况，他们决定退出没有竞争优势的洗衣机市场转为生产电冰箱。1985 年，该厂引进了德国利勃海尔公司的全套设备和技术，与他们合作生产四星级高档电冰箱，这在中国尚属第一家。

那时，中国的许多企业刚刚开始推行全面质量管理，张瑞敏认为："有缺陷的产品等于废品"。全面质量管理的精髓就是创名牌。走企业振兴之路，必须从抓质量、创名牌入手。1985 年夏天，一位用户来信反映，近期工厂生产的冰箱有质量问题。张瑞敏发现库存中不合格的冰箱还有 76 台。在研究处理办法时，干部们提出了两种意见：一是作为福利处理给本厂有贡献的员工；二是处理给经常来厂检查工作的有关部门和单位。但张瑞敏却做出了一个有悖常理的决定：76 台冰箱全部砸掉！当时一台冰箱售价 800 余元，而职工每月的工资才 40 余元，76 台冰箱相当于全厂员工三个月的工资。要砸掉这些冰箱，全厂员工在感情上有点受不了。张瑞敏在全厂人员的现场会上，当场确认了每台冰箱的生产人员之后，提起一把大锤砸下了第一锤，然后是总公司来人砸第二锤，随后由责任者亲自抡锤将冰箱砸碎。张瑞敏主动承担责任，扣发了自己当月的工资。这一锤，震醒了海尔全体员工的质量意识，“零缺陷”观念开始树立起来，工作责任心迅速增强，冰箱的生产质量大幅度提高。从此，在家电行业，张瑞敏以“抡大锤的企业家”著称。砸了冰箱两个月之后，海尔生产出我国第一台四星级冰箱——琴岛-利勃海尔 BCD—212 型冰箱。在 1988 年电冰箱国家评优活动中，琴岛-利勃海尔 BCD—212 型冰箱在全国 100 多家冰箱厂中以总分第一的成绩摘取了这一金牌。到 1991 年，海尔冰箱产量突破 30 万台，产值突破 5 亿元，而且做到了产品无积压，销售无降价，企业无三角债。后来，经过不断的更新换代，“琴岛-利勃海尔”更名为“海尔”，其商标在全国家电行业唯一入选“全国十大驰名商标”。就这样，一个名牌诞生了。1999 年 9 月 28 日，张瑞敏在《财富》论坛上说：“这把大铁锤为海尔今天走向世界是立了大功的。”

从 1992 年开始，海尔集团从一种产品开始向多种产品扩张，全面实施多元化战略。通过兼并、收购、合资、合作等手段，迅速由单一的冰箱产品进入冷柜、空调、洗衣机等白色家电领域；1997 年，以生产数字彩电为标志，海尔集团又从白色家电领域进入黑色家电领域；1998 年，海尔集团又涉足国外称之为米色家电领域的电脑行业。目前，海尔集团已在全国主要县城建立了自己的品牌专卖店，在我国城市家电市场营造了庞大、完善的销售网络。

1999 年，海尔集团在美国南卡罗来纳州建设了它在北美的第一个家用电器生产基地。现在，海尔集团已在全世界一百多个国家建立了经销网，拥有了 3 万多个营销点，发达的营销网络可以为其在海外的用户提供最完善的售后服务。2000 年 5 月，海尔集团被美国科尔尼管理顾问公司、《财富》杂志集团等联合评为“全球最佳运营公司”，获得唯一的特别奖——质量奖。

2000 年，海尔集团成立电子商务公司。在中国家电行业率先建立了企业电子商务网站，全面开展对供应商的业务。其后不久，在全国开展了针对消费者个性产品需求的业务。海尔集团通过电子商务的运行，拓宽了获取订单的渠道，适应了家电产品的个性化趋势，极大地满足了消费者对家电产品的个性化需求。除此之外海尔集团还通过网络通信技术将海尔家电产品与海尔维修服务网络、电子商务网络、公共管理服务网络等连接起来，进一步拓展了网络化应用和服务。目前，海尔的信息产品包括数字电视、移动电话、个人计算机、PDA 等产品。同时，它还在向软件、集成电路设计、工业机器人等领域继续拓展。通过对家电产品控制电路及芯片的设计和改进，海尔集团家电产品的性能指标和其产品在国际市场中的竞争力都大大提高了。

海尔集团是 20 世纪末中国商务企业的奇迹之一。海尔集团的成功是振奋人心的，它的发展经历是商务世界的一个成功案例。一个亏损了 147 万元的青岛日用电器厂在张瑞敏的带领下，成为一个大型的现代商务企业，成为世人关注的焦点，企业学习的榜样，可见商务世界真是奥妙无穷。在这本书中，你会学习到这些有关商务方面的基础知识、商务企业的经营管理知识及了解其他促使商务取得成功的因素。

1.1　走进商务世界

改革开放以来，我国的社会主义市场经济得到了迅速发展，“商务”一词也开始频频出现在经济生活中，例如商务活动、商务谈判、商务惯例、商务中心、商务大厦、国际商务、电子商务等。那么，什么是商务？它有哪些特点和规律？怎样开展商务活动？怎样才能在商务活动中成为一个成功者？

1．生活中的商务活动

其实，人们每天都要接触到许多商务活动，例如，到外面买早餐，到商店购买服装，到大型超市采购生活日用品，到饭店就餐，到理发店理发，到车铺修理自行车，缴纳房租费、水电费、电话费、有线电视费、上网费等。这些都是我们参与过或看到过的商务活动。

企业生产各种商品，例如汽车、计算机、家具、服装等；商业部门销售各种商品，例如家用电器、日常生活用品、食品等；服务性企业提供各种服务，例如餐饮、理发、物业管理、家政服务、清理垃圾等；娱乐行业提供娱乐服务，例如电影、电子游戏、台球、保龄球、舞厅、音乐等；建筑企业建筑楼房、道路、商场、桥梁等设施……这些行业都在提供各种商品和服务，他们的工作都属于商务活动。现代商务活动已深入到经济和生活的各个领域，成为人们日常生活的重要组成部分。

实际上，商务活动远远不止这些。过去，我们只是从消费者或顾客的角度接触或参与了一些商务活动，看到了一些直接与顾客接触的人员，例如销售人员、收银员、广告人员、维修技术人员、服务人员等。但是，这些活动只是商务活动的“冰山一角”。大多数的商务活动及其组织管理等商务工作都是不可见的。作为顾客，并不真正关心提供商品和服务所需要的这些商务活动，而是希望可以迅速且便捷地以适当的价格得到满意的商品和服务。因此，尽管人们广泛地接触着商务活动，但它仍是一个谜。要从事商务活动，要成为一个成功的企业家，还需要进一步了解有关现代商务活动的方方面面。

2．全面的商务观念

那么，什么是商务呢？人们对商务的认识，是在不断变化的。过去，商务只是指商品经营工作中的一些具体事务，例如制定计划、采购商品、签订合同、办理手续、组织商品销售等。随着市场经济的发展，商务已经成为集商品生产、交易、运输、仓储、加工、包装和服务于一体的经济活动。商务的内涵和外延也发生了很大变化。

全面的商务观念认为：商务是将社会资源转化为商品或服务并以营利为目的向消费者销售的有组织的活动。从这个观点出发，商务活动的范围就不仅仅是商品经营工作中的有关事务了，它还包括了绝大多数营利性组织的全部对外经济活动及涉及政府部门、事业单位、企业、家庭和个人的市场交换活动。

商务活动将社会资源转化为消费者所需要的商品或服务，这些社会资源包括如下内容：

自然资源

自然资源主要指最终用于生产产品的原料，例如各种矿产、石油、木材、农田和水等。

资本

例如工具、设备、机械，以及用于生产、销售或服务的建筑，还包括用于生产、销售和服务的资金等。

劳动力

劳动力是从事将资源转化为商品或服务的人力资源。

企业家

企业家的职责是计划与管理各种资源，以及设立企业的人员等。

商品主要是指企业为顾客生产的有形产品，例如各种工具、家用电器、服装、蔬菜等；服务主要是指企业为顾客提供帮助或所做工作的无形产品，例如理发、餐饮、娱乐、维修等。有些企业同时为顾客提供商品和服务。

世界上绝大多数企业的创立和发展，都凝聚着企业家的心血和汗水，例如海尔集团的成功，张瑞敏为之立下了汗马功劳。通常，他们将自己的时间、资产、精力全部投入到商务活动中去。最初，往往是他们发现市场上对某种产品和服务的消费需求，根据需求来设计产品和服务，然后通过各种方式将获取的技术、资金、设备、机械等投入到生产、销售商品和服务中去，在此过程中，企业家要发挥其管理职能来控制和掌握所有这些资源并制定完成这些任务的计划。现在，我国的民营企业家也越来越多，他们运用自己的财力为社会创造财富，使民营企业成为我国社会主义市场经济的重要组成部分。

企业开展商务活动的主要目的是营利。利润是企业的总销售额减去商务活动成本后的所得。在每笔交易中，顾客支付的价钱总要比商品和服务的成本高一些，这样就产生了利润。所有企业都必须通过营利来弥补经营成本，这些利润是他们投资于商务活动的时间、精力和资金的回报。当企业投入的劳动力成本、原材料成本和经营成本最少而销售额最大时，它就实现了利润的最大化。企业增加利润的方法，一个是降低成本，例如可以通过重新设计工作任务及生产工序等创新性方法，使其需要的劳动时间较少且消耗的原材料较少，也可以通过减少管理费用来降低成本；二是增加销售收入。在实际中，往往是同时影响销售额和成本，使利润最大化。

商务活动除了营利的目的外，还有很多其他的目的。例如，人们可以在商务领域培养很多专业知识和技能，如工程、金融、制造及营销等。商务活动为人们提供了协调各种技能的手段，使他们能很好的为消费者生产产品和提供服务。作为对所付出努力的回报，人们得到有报酬的工作，以及服务社会的满足感。商务人员的这些动机对于商务企业的长期兴旺和繁荣是必不可少的。

商务活动对专业知识的发展也有重大作用。如今很多产品和服务是过去所没有过的，在CD机、微波炉或微型汽车出现之前，谁会对这些产品产生需求呢？这是因为过去的商务活动还没有能开发出这些产品和服务的知识和技术。很多企业就是因为提供了消费者需求的突破性产品和服务而获得了发展。商务活动为文化和文明的知识基础的持续性提供了实现的手段，并且他们在将这些知识传递给下一代方面也起到了重要作用。

对于非营利性的组织来说，其商务动机并非为自身获取利润，而是利用商务活动的收益开展公益事业。这样的商务活动同样让人感兴趣，而且同样有价值。

3．基本的商务原则

最基本的商务原则是什么？很简单，要使一个商务企业获得成功，不仅必须向顾客提供他们认可的商品和服务，而且必须以收抵支，给企业带来利润。

向顾客提供的商品或服务不符合顾客的需求，就不会有市场。因为管理不善或其他原因向顾客提供的商品或服务质量差，不被顾客认可，同样也没有市场或影响商品和服务的市场占有率，也就无法实现足以弥补开展商务活动所需费用的销售额，进而影响到企业的生存和发展。例如，海尔集团的前身——青岛日用电器厂，因为所生产的洗衣机品种单一、质量较差，不被顾客认可，造成产品积压，企业经营陷入了困境，直至亏损 147 万元，资不抵债。后来，海尔集团引进了德国利勃海尔公司的全套设备和技术，生产出了深受顾客喜爱的四星级高档电冰箱，并且通过狠抓质量及提供优质服务，重新占领了市场，扭转了企业亏损的局面。销售额上去了，也就实现了企业的经营目标。从此以后，海尔集团实现了良性循环，并且保持了 80%的年平均增长速度，成为一个国际知名的企业集团。

4．商务活动的内容

商务活动的内容是非常丰富的，其范围包括了各种商务组织和个人以营利为目的的除生产过程以外的全部经济活动。其主要内容如下所述。

（1）市场调研与市场开发

市场是一切经济活动运转的中心，是商品交换的载体，也是商务活动的大舞台。商务活动是以市场为导向的。任何企业要实现其经营目标，都必须了解市场、熟悉市场，注重市场调研。在市场调研的基础上，寻找和发现商业机会并使商业机会转化为营利机会。因此，市场调研是商务企业经营活动的基础，也是商务活动的重要内容。企业要不断开拓新的市场领域，进行市场开发、资源开发、技术开发、产品开发及新商务开发等，提高市场占有率。

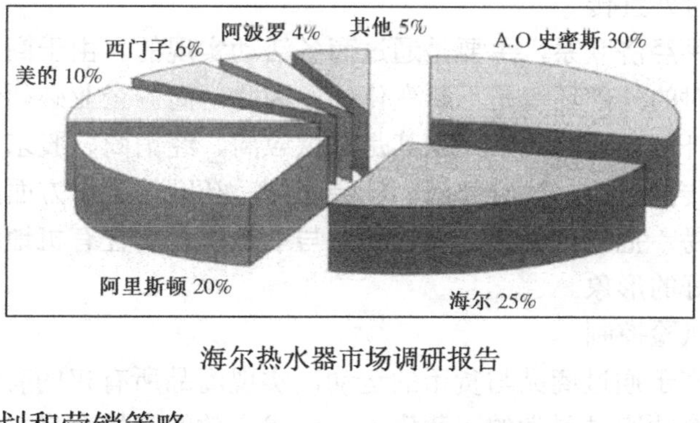

海尔热水器市场调研报告

（2）制定战略计划和营销策略

企业的战略计划是详细说明如何建立并经营企业的文件。企业的经营战略与其他计划一起代表了企业对如何获得成功与繁荣的最深刻理解。管理人员必须对企业的宗旨、目标市场、企业目标方面的事情做出决策，然后制定计划并组织实施。制定企业计划可以通过高层管理人员、专家队伍及中层管理人员来实现。

现代企业若想蓬勃发展、持续经营，拥有正确的经营理念和营销策略，是其成败的关键因素。针对不同的企业、不同的产品、不同的顾客及不同的市场环境，企业应采取不同的营销策略，制定正确的营销策略是企业长期发展并获得成功的基础。

（3）商务洽谈与履行合同

现代商务是有组织的经济活动，除了直接面对最终消费者的零售外，大多数商务活动都是以合同为纽带进行的。要保证交易的公平合理及合同的有效履行，交易双方首先要进行商务磋商，就交易的标的、价格、品质、数量等条件进行谈判，达成双方一致的意愿并通过契约的形式固定下来，使之成为约束双方交易行为的依据，即通过签订合同来明确商务主体之间的权利和义务，规范商务行为。通常，商务活动都是以发现商业机会为起点，以商务合同为纽带，围绕着履行商务合同展开的。因此，进行商务洽谈，签订并履行商务合同，是商务活动的重要内容。

商务洽谈

（4）商品经营与提供服务

商品经营是指企业以满足社会需求和营利为目的，通过一定的购销形式和流转环节，使商品从生产领域转移到流通领域和消费领域的经营活动。商品的采购、销售、运输和存储是商务企业最基本的商务活动。企业的商品经营是以销售活动为中心展开的，其根本目的是满足市场需求，实现企业的经营目标。

服务是能够用于出售或连同产品一起出售的具有无形特征的活动。从总体上看，服务可分为两类：一类是直接满足消费者需求的服务性劳动，例如餐饮、理发、咨询、医疗卫生等；另一类是与有形商品的出售结合在一起的服务性劳动，例如产品的售后服务。服务是一种无形的商品，具有价值和使用价值，能够使消费者得到满足感。随着商品种类的日趋增多，以及消费者购买力的提高，能否为顾客提供优质的服务成为企业在市场竞争中成败的关键。“为顾客提供尽善尽美的服务”已成为每个成功企业的信条。

（5）商务沟通与对外宣传

企业与外部的各种经济联系，主要是通过商务活动实现的。由于商务企业始终处于激烈的市场竞争中，所面对的外部环境是不断变化的，因此，商务企业必须保持自身与外部环境相适应，理顺自身与外部环境的关系，尤其是与供应商、经销商、股东、顾客、竞争者、银行及其他金融机构、传播媒体、政府部门、社会团体、社区等各个方面的关系，妥善处理商务纠纷，讲求诚信交易，把扩大销售、增加利润与承担社会责任有机地统一起来，扩大对外宣传的力度，塑造良好的形象。

（6）资本运营与风险控制

商务活动的实质在于通过商品与货币的运动，实现商品所有权的有偿转移。因此，商务活动的集中体现就是企业通过科学的运营资本，达成有效的产权交易。如何有效地运营资本是企业商务活动成功与否的关键。

无论是资本运营还是商品交易都面临着一定的风险，这种风险称为商务风险。它是指在商务活动中，由于各种主、客观因素的影响而随之出现的，是发生财务损失的可能性，是商品流通领域普遍存在的一种经济现象。商务风险主要包括流通事故风险、价格波动风险、物质风险、信用风险、外汇风险及其他风险等。流通事故风险是指在商品流通过程中，由于各种灾害、事故而使商品的经营者可能蒙受的损失；价格波动风险是指在商品经营过程中，由于市场价格的变动而使经营者可能蒙受的损失；物质风险是指由于商品性能的不稳定或其他原因而引起的自然损耗，例如因变质、损坏、死亡而蒙受的损失；信用风险是指由于信用危机而蒙受的损失，包括一方不讲信用而不按时交货、付款或不履行义务给交易方带来的损失，以及存在欺诈行为给交易方带来的损失等；外汇风险是由于国际市场汇率变动而在结算过程中引起货币贬值而蒙受的损失。商务风险可能为企业带来巨大的收益，也可能带来灾难性的损失。因此，有效地控制商务风险，是商务活动的重要内容。

商务活动还涉及一些商务企业的管理等其他内容。以上这些商务活动内容，会在后面的章节中进一步加以介绍。

1.2　现代商务的发展

1．商业的产生与发展历程

商务是与商业紧密联系的经济范畴。现代商务是随着商业的发展而不断发展的。因此，要了解现代商务的发展趋势，应首先了解商业的产生与发展历程。

（1）商品交换的产生和发展

商业是人类社会发展到一定历史阶段的产物。在原始社会相当长的一段时期内，由于生产力水平极端低下，原始人只能本能地聚集在一起，使用简陋的生产工具共同劳动，通过群体的力量争取生存与发展的基本条件，获得最低的生活资料，并且在原始公有制的条件下共同消费。在这段时期，劳动的所得极其有限，没有剩余产品，当然也不可能产生交换，即使有个别的交换行为，也是在极其偶然的情况下发生的。

到了原始社会末期，生产力水平有所发展，人们懂得了如何利用火，发明了弓箭，改进了生产工具，因而，劳动产品也逐渐丰富起来。在长期的狩猎活动中，人们发现可以把某些动物饲养起来并使其繁殖，这样，人们增加了新的衣食和役使工具。有些氏族或部落因自然条件比较适宜，开始专门饲养这些动物并使之繁殖，从而这些部落逐渐发展成为从事原始畜牧业的游牧部落。与此同时，人们在长期的采集过程中发现，植物种子落地后会生根发芽再长成植物，于是他们开始有意识地将植物种子进行播种，并且不断地积累有关气候、土壤、水肥条件等知识，从而使农业得以产生和发展。一些氏族或部落则在气候温和、土地肥沃、适宜种植的地区定居下来，专门从事农业。这便产生了人类社会历史上的第一次社会大分工，即畜牧业与农业的分离。

在第一次社会大分工以后，社会生产相对专业化，劳动生产率有了大幅度提高，劳动产品在结构和数量上都有了显著的变化。随着农业部落生产的粮食和其他农产品日益增多，他们的粮食和农产品满足自身需求后，开始有了剩余，而游牧部落则有比较丰富的肉类、乳品及毛皮等。由于不同部落的人们都需要对方的产品，本部落的产品又有了剩余，于是在不同部落之间就产生了交换。最初的交换只是在不同部落之间的边缘进行的，交换的仅仅是原始部落的公共产品。后来，交换渗透到了部落内部，部落成员之间也开始出现了个人剩余物品的交换，并且从偶然进行的交换发展成为经常性的交换。

随着社会生产力的进一步发展，特别是金属工具的出现并被广泛应用之后，使劳动生产率有了进一步的提高。生产领域被拓宽，农业和畜牧业也得到了进一步发展。为了满足生产和生活的需要，社会上开始出现了许多专门的工匠，例如木匠、皮匠、铜匠、铁匠、陶匠等。与此同时，矿石的挖掘与冶炼、纺织、榨油、酿酒等各种工作也逐步产生，从而形成了一种新的经济行业，即手工业。手工业与农业的分离，是人类社会历史上的第二次社会大分工。

在第二次社会大分工以后，社会生产部门主要分为农业和手工业两个部门。手工业者生产的产品主要是为了交换，而不是为了满足自己的需要。这种以交换为目的的生产称做商品生产。商品生产使更多的产品进入了交换领域，进一步促进了商品交换的发展，使得交换的范围扩大了，交换的品种和数量增加了，交换的次数也更加频繁了。人类社会历史上最初的商品经济开始出现了。

最初的商品交换是在生产者之间进行的，是由商品生产者自己承担的。随着商品生产的发展，商品交换的规模不断扩大，生产者既要从事商品生产又要进行商品交换，而且用在商品交换上的时间愈来愈多，占用商品生产的时间愈来愈长，造成生产者时间、精力和财力上的许多矛盾。为了使生产者能够专注于生产领域，有些人专门承担起商品交换的任务，并从中获利。于是，社会上逐渐出现了一批专门从事商品交换的人，即商人；同时，逐渐形成了一种新的行业，即商业。这就是人类社会的第三次社会大分工，商业与生产的分离。

我们从上述人类社会的三次大分工中可以看出，商业的产生是社会分工的重大进步，它标志着商品交换发展到了一个新的阶段。

商品是用来交换的劳动产品，商品交换使商品在不同所有者之间相互转让和全面转手，它们都是社会分工的产物。但是，如果只有社会分工，而劳动产品归社会公共所有，谁需要都可以任意占用时，就没有交换的必要了。正是因为社会劳动产品归不同的所有者所有，人们需要的产品只有通过交换才能得以实现，所以劳动产品归不同所有者所有，也是商品交换产生的必要条件。

（2）商品交换的三种形式

人类社会最初的交换形式是直接的物物交换，即用自己的劳动产品直接与别人的劳动产品相交换，例如，一只羊换两把斧子，一头牛换若干谷物等，中间没有交换的媒介物。这是商品交换的第一种形式。这种交换是在生产者之间进行的，反映的是生产者与生产者之间的经济关系。交换的目的是为了满足生产者的自身需要。

在货币出现以后，直接的物物交换逐渐被以货币为媒介的商品交换所取代。以货币为媒介的商品交换又称做简单的商品流通。这是商品交换的第二种形式。它与直接的物物交换相比，无论从形式上还是从实质上都有了很大的进步。这种形式把交换过程分为“卖”与“买”两个阶段。人们可以先把自己的产品卖掉，换回货币，再用换回的货币购买自己所需要的商品，这种形式打破了交换的时空限制，使贸易具有更大的灵活性和选择性。由于有了货币，使交换双方有了一个共同的衡量标准，有利于实现商品的等价交换。在简单的商品流通中，商品交换的双方既是生产者，又是消费者，交换是为了满足生产者自身的需要。

货币媒介

商人是专门从事商品交换活动的自然人。它最初是从富裕的农民和手工业者中分离出来的。商人的出现，极大地促进了商品交换的发展。一方面，它使生产者能够集中时间、精力和财力专门从事商品生产，有利于生产的发展；另一方面，它使商人运用自己的资金、技术和设备专门进行商品交换，有利于商品交换的进行，扩大了商品交换的范围和规模，促进了地方市场的扩大和远方市场的出现，促进了商品流通的发展。同时，商人的出现，还促进了城市的产生、发展和繁荣。商业是由千千万万个商人来进行的，通过不断地买卖活动，促进生产与消费最大限度的结合使商务活动具有时间连续性和空间延续性。因此，商业是商人从事的事业，商务活动则是商人行为的综合。

商业是商品交换的发达形式，是商品交换的第三种形式。在商品的交换过程中，虽然仍可分为买与卖两个阶段，但是已经与简单的商品流通有了本质的区别。这种交换是以买开始，以卖结束，买是为了卖。交换不是为了满足自己的消费需要，而是为了获得更多的货币，或者说是为了实现货币的增值。商品交换反映了更加复杂的经济关系。由于商人的介入，使生产者与生产者、生产者与消费者之间的关系变为间接关系，商人在生产者与生产者、生产者与消费者之间充当中间人，促成商品交换。一个商人可以为许多的生产者和消费者服务，使商品交换连续不断地进行下去。因此，商人成为商品流通的组织者，成为生产与消费之间的桥梁和纽带。

商品交换的三种形式在历史上是相继出现的，反映了商品交换从低级到高级的发展过程。但是，这三种形式并不是此生彼亡的关系，只是在不同的历史发展时期有主次之分。即使在现代社会里，直接的物物交换和简单的商品流通也没有绝迹。在现代社会中，商业是商品交换最基本、最主要的形式。商业的发展，促进了自然经济的解体和商品经济的发展。从自然经济发展到商品经济，从简单的商品经济发展到发达的商品经济，直到发展到以社会化大生产为基础的高度发达的市场经济，是社会经济发展的必然进程。在这个发展进程中，商业起着重要作用。

2. 现代商业的发展

在商品经济条件下，商品生产已成为社会最基本、最普遍的生产形式。商品的内涵不断扩大，不仅商品品种增加，质量提高，规格丰富多样，数量越来越庞大，而且各种劳务、服务和精神产品也都进入了商品的行列。商业从形式到内容都发生了重大的变化，其地位和职能也越来越重要。

由于商品生产的日益社会化和专业化，商业的行业划分越来越细，包括专门化的采购行业、批发行业、代理行业及各种综合化或专业化的零售行业。原来由商人统一包办的商品运输、仓储、搬运、包装等各自形成了独立经营的行业。商业的范围和规模越来越大，由以个体商人和独资经营企业为主发展成为大型企业、股份公司、母子公司，甚至跨国企业集团和国际垄断组织。商业的经营方式也更加多样化，出现了超级市场、连锁商店期货交易等。企业的经营管理水平不断提高，经营手段更加丰富，物质技术装备和人员素质都达到了一个崭新的水平。

目前，全球经济与科技的发展异常迅速，直接影响了商业的范围、规模和手段的发展。就现代商业的外延来讲，现代商业已不仅仅局限于媒介商品交换，大量非物质形式的产品，例如资金、劳务、科技成果、信息等也先后进入市场进行交换，大量的新兴产业层出不穷，所有这些都不是传统的商业所包含的内容。就现代商业的内涵来讲，现代商业的功能发生了重大变化。现代商业作为国民经济的一个重要组成部分，已经成为一个庞大的产业系统。专门从事商品交换的商业部门早已成为社会经济有机体中的一个独立的、重要的部门；主要从事物质生产的生产部门纷纷设立相对独立的购销机构，开展商务活动，这些独立的购销组织构成了现代商业产业的有机组成部分；从原有的商业部门中不断演化出新的产业部门，例如物流行业、现代服务业、金融保险、广告宣传等，这些独立的行业，有的是从原有的商业组织中分离出来的，有的是从原有的商业交易中派生出来的，都可以称得上是商业的组成部分。因此，现代商业的外延和内涵要比传统商业宽泛得多。

3. 现代商务的发展趋势

目前，现代商务呈现如下的发展趋势。

（1）经营规模的大型化

现代商务经营规模的大型化具体表现在大型批发市场、大型百货商店、大型超级市场、大型连锁商店及集团的大量出现。由于科学技术的迅速发展及其在物质生产领域的广泛应用，使得商品生产达到了空前的规模，加之全社会消费水平及城市化水平的提高等众多因素，引发了商业经营规模的扩大。大型零售企业间变竞争对手为合作伙伴，通过资产重组、兼并、联合，集中优势企业、优势力量、优势资产，走上了集团化规模经营的路子。这些大型商务企业在市场中具有很大的竞争优势。目前，世界上最大的零售业集团——美国的沃尔玛百货有限公司拥有4 000多家零售商店，员工总数超过120万人，2000年销售额达到1 900亿美元，2001年被美国《财富》杂志列为全球500强企业的第一位。家乐福是法国零售业巨子，是国际化程度最高的跨国零售企业，在31个国家拥有90多家连锁店，2001年的年销售额为700亿美元，其营业额之大是中小零售企业所无法比拟的。可以预见，随着连锁经营的不断发展，大型商务企业的地位还将不断提高。

沃尔玛购物广场

（2）流通水平的现代化

随着计算机和互联网技术在商务活动中的广泛普及与应用，流通水平得到了很大的提高。目前，国际大型零售商几乎全部采用先进的计算机管理系统，决策者随时可以了解到商品的销售情况和库存情况，动态的商品销售信息为决策者提供了可靠的信息决策支持，技术领先为其全球市场战略提供了坚实的技术支持。以沃尔玛为例，它拥有世界最先进的商用卫星系统和计算机系统，以使其物流、信息流畅通地运行，以便完成规模庞大而复杂的商品采购、库存、物流等管理工作。其20世纪80年代建立起来的商用卫星系统，堪称世界上最大的民用数据库，甚至比美国电报电话公司的数据库还要大。一些先进的商务企业在经营管理中普遍采用了电子货架监视系统、中心计算机存货控制与进货系统等，使售货、计价、结账、补充货物、发出进货指令等工作连续而自动地完成，同时，这些系统可以获取、处理和运用各种有关的商业信息，识别货物品种，检索商品价格，掌握商品行情，以及计算货款等。此外，随着自动化技术的推广和应用，原有的商业仓储、运输方式，逐渐被自动化仓库和自动运输系统所取代。新型的无店铺、无店员的“网上商店”纷纷涌现，“零库存”理论使仓库不仅仅是商品储运的中心，同时还是商品配送、分销、信息处理的场所。各种自动化机器的运用，使商业运行的自动化程度越来越高，商务活动进入了一个崭新的发展时期。

（3）商品流通的社会化和专业化

随着经济的发展和技术的进步，商流、物流、信息流和资金流分离的趋势越来越明显。伴随着物质技术基础的加强，特别是全球、全国、地区性的经济信息系统的建立以及计算机网络的广泛应用，商流越来越独立于物流，物流的专业化和社会化的程度得到很大提高。与之相适应，资金流、信息流也逐渐专业化。企业的购销活动直接依靠商品信息系统来完成的方式开始出现并因其高效的特点而受到众多企业的青睐。例如，海尔集团为了适应市场，把原来各事业部的财务、采购、销售业务全部分离出来，整合成商流推进本部、物流推进本部、资金流推进本部，实行全集团统一营销、采购、结算。商流本部搭建全球的营销网络，从全球的客户资源中获取订单；物流本部利用全球的供应链资源搭建全球采购及配送网络；资金流本部搭建全面预算系统。商流获得的订单信息是全部流程运行的中心，订单信息流带动着物流和资金流的运动，最终实现零库存和与客户零距离的目标。总的看来，流程的一端连接着全球供应链网络，另一端连接着全球的客户（销售商）网络。海尔集团建立了连接海内外终端的市场，建立了采购、设计、生产、销售、财务等企业所有方面的计算机信息化运行系统，在全国拥有 42 个配送中心，每天配送的产品有 5 万多件，要配送到 1 550 个海尔专卖店、9 000 多个营销点，所有的配送都通过计算机系统指令来进行，到货率达到 98%。海尔工业园的物流中心采用了红外线无线扫描系统，每日可进出 1 600 个标准托盘，工作人员只需扫描物料周转箱上的条形码，就可以轻松完成收货程序，如果物料不在订单范围内，信息终端就会自动报警，避免了因人为因素而导致的库存增加。由于采用了最先进的信息管理系统，仓库已经不再是用于存储物资，而是过站物流的一个点。它只是暂时存放各种零部件，然后由计算机进行配置，把配置好的零部件直接送达生产线。从某种意义上说，信息化使海尔集团的仓库成为一条流动的河，河中流动的是按订单采购来的生产所必须的物资，也就是以订单来进行采购及制造等活动，从根本上消除了呆滞物资，实现了零库存。

（4）商务活动的信息化

当前出现的以信息技术为先导的第三次科技革命是迄今人类历史上规模最大、发展最快、影响最深远的一次科技革命，对经济发展和社会生产力的提高起了重要作用。现代科学技术已经广泛渗透到各种经济活动中，也渗透到社会生产的各个环节，这种趋势对商务活动产生了巨大而深远的影响，使商务活动呈现出信息化的发展趋势。

在商务领域中，信息化改变了传统商务的面貌，成为基于全球化职能信息网络的现代商务，即“电子商务”。电子商务以其快捷、方便、高效率、高效益的显著优势，成为全球商务活动的主要方式。在今后的一段时期内，将是电子商务快速发展的时期，所有商务活动都将向电子商务方式过渡。电子商务并非排斥人的作用，也不是消灭传统的商业形式（例如商店、超市等），而是以一种全新的方式调动、组织和发挥各种资源特别是信息资源的商务模式。电子商务的应用，使企业与消费者摆脱了传统的商业中介的束缚，使企业的销售成本大幅度降低。基于网络的商务模式打破了时间和地域的限制，使企业能够便捷、低成本地进入全球市场。对于生产企业而言，通过开展电子商务能够有效地缩短供货时间和生产周期，简化订单程序，降低库存，甚至实现零库存。而生产企业与消费者的直接沟通将使两者的关系更加紧密。对于消费者而言，通过全球化的职能信息网络，人们用自己的多媒体终端系统可以轻而易举地检索到自己感兴趣的商品目录，可以浏览全球任意一家“商店”的商品样品，挑选商品的样式，比较商品的价格，做出购买商品的决定，完成采购支付，然后通过物流配送系统收到选购的商品。总之，人们可以足不出户，在自己的（固定的或便携的）终端上完成全部购买过程（定制个性化商品）。

据统计，2000 年美国在家中通过网络购物的用户比例从 1995 年的 28%增至 63%，网上采购商品的数量所占比重从 1995 年的 19%增至 45%，到 2003 年美国利用互联网购物的家庭从 900 万户增至 4 000 万户，销售额增至 1 080 亿美元。例如，美国密西西比州的约翰·麦克格洛斯林经营的南方艺术管理公司。他使用因特网与分散在南方的三个员工、世界上其他艺术家和团体进行联系。他为庆祝活动或音乐会订票，帮助唱片公司寻找人才，通过浏览因特网把握音乐世界最新的发展动态。在因特网上开展商务活动给约翰带来的优势包括：及时获取信息，迅速为顾客服务，以及降低经营成本等。约翰可以在不到一分钟的时间内下载与一位艺术家签订的长达七页的合同，而且从来不用担心邮件丢失的事情发生，如果用传真的话，这会需要五六分钟。向英国发一份传真可能需要 10 美元，邮件则可能需要一周或更长的时间，在因特网上的费用就是几分钱，而且信件在几秒钟就会到达。在线技术使约翰的工作更迅速、更廉价且获利能力更强。

（5）经营空间的全球化

经济全球化是半个世纪以来日益鲜明的一个发展趋势。随着信息化进程的加快，极大地扩大和提高了经济全球化的广度和深度。首先，在信息网络技术的支持下，资本市场的全球化得到了迅速发展，在股票市场、外汇交易市场和期货市场上，每天的交易额要以万亿美元计算。在一瞬间，资金就可以从一个国家流到另一个国家。资本市场的全球化，既在世界范围内实现资源的优化配置，带来了巨大的经济效益，也带来了巨大的金融风险。

互联网的出现，提供了一种成本低廉而功能几乎无所不包的信息交流平台，使得技术和人才市场的全球化也在加速的发展。很多大公司已经致力于利用网络对协同工作做支持，从全世界雇佣人员，使之在当地工作，并通过网络使其研究开发工作紧密协同，就如同是在同一个办公室工作一样。在工作场合中，教育、文化、信仰背景不同的人会越来越多，将这些人统一起来追求共同的企业目标，是企业面临的一个挑战。

（6）商品和服务的个性化

在商务活动领域，实现产品和服务的个性化是商务现代化的一个重要内容。在信息技术出现以前，为了提高生产效率，工业生产主要采用大批量的生产方式。这样，虽然降低了成本，但造成了产品的单一化，不能适应市场变化的需要。想要实现服务和产品的个性化，采取手工生产方式又会使产品价格昂贵，且不能保证质量，只能供少数人享用。因而，只有在信息技术和信息网络的支持下，才能够既实现个性化服务，又不会提高服务成本。例如，只要改变小汽车生产流水线的程序控制，就可以根据顾客需要生产出个性化的小汽车；又如，戴尔（Dell）计算机公司利用互联网推出了用户在网上定制微机的业务，顾客可以根据自己的需要，选择微机的配置（例如 CPU、内存、磁盘及各种外部设备和配件等）进行配机。也就是说，顾客可以在网上自己组装一台计算机，作为工业化的产品，具有相应的品牌和质量保证。这种网上定制微机的服务，不仅因其个性化服务而使顾客满意，而且因其网络化营销而节约了成本，使戴尔公司产品富有价格竞争力。

海尔集团于 2000 年 3 月 10 日在家电企业中率先推出电子商务开放式交易平台。在海尔集团的网站上，除推出了产品的在线订购销售外，还推出了面对用户的四大模块：个性化定制、产品智能导购、新产品在线预定、用户设计建议。这些模块为用户提供了独特的信息服务，并且使网站真正成为与用户保持零距离接触的平台。2000 年 6 月 12 日，哈尔滨居民宋明伟在海尔集团的网站上订购一台 BCD—130E 型小小统帅冰箱，要求为“左开门”的样式，并且在 7 天内交货。此型号的冰箱此前只生产过“右开门”的样式，为了满足用户的特殊要求，冰箱事业部立刻组织设计生产，如期把合格产品送到了用户手中。这是海尔通过电子商务售出的第一台个性化冰箱，也是国内第一台网上定制的家电产品。青岛用户徐淼是一位艺术家，家里的摆设都非常富有艺术气息，美中不足的是住房面积稍小了一些。他很想买台冰箱，但又觉得放在艺术味很浓的家里有些不伦不类。海尔 B2C 电子商务开通运行之后，他在网上看到了“自我设计”栏目，抱着试试看的想法，自己设计了一款外观看来非常艺术化的冰箱。他的杰作很快得到了海尔的回音：一个星期内把货送到。正如海尔集团 CEO 张瑞敏所说：“速度是电子商务的生命，最关键的一点是你能否快速满足用户的个性化需求，否则无速度可言。”“个性化要求整个企业的生产能力、布局、组织结构全都要适应它。生产必须是柔性的，个性化不是一句空话，没有组织结构流程的改造，市场反映的要求没法反馈到终端。所以整个生产的技术、布局、工艺设计，以及准备结构都要能够围绕个性化转变。有了这一条，再辅以另外两个基本要素，即配送网络和品牌，加起来才能将电子商务做好。”

（7）经营环境的法制化

为了有效地开展市场竞争，保护经营者和护消费者的合法权益，世界各国都非常重视市场经营环境的法制化，普遍颁布和实施了一系列法律、法规来引导和维护商务企业的经营活动。建立法制化的经营环境，有利于建立公平合理的市场经济秩序，把经济社会引向更健全、更合理的方向，扩大企业经营发展的空间，使各行各业都能在规范化的轨道上获取经济利益。各国政府都把制定商业法规作为管理商业的重要手段，以美国为例，涉及商业的立法主要有以下三类：

- 调整和处理雇主与雇员之间关系的法规，例如劳资安全法等。
- 调整和处理企业之间关系的法规，例如联邦贸易法等。
- 保障社会利益的法规，例如消费者安全法等。

政府在制定法律、法规后，需通过一系列的措施确保这些法律、法规的实施和贯彻，设立专门的机构加以监督并定期调整这些法律中不合乎当前市场实际情况的部分。2007 年 2 月 6 日，国务院发布了第 485 号令，颁布了《商业特许经营管理条例》。《条例》是商务部成立以来，内贸领域出台的第一部行政法规，它标志着内贸立法工作的重大进展，也标志着商业特许经营的发展步入了法制化的轨道。

在竞争激烈的市场经济条件下，商务企业间要做到公平竞争，唯有通过法律的形式，才能有效地确定市场规则并确保这些规则能够贯彻下去；在商业经营活动中，各种复杂的商业合同、信用关系，唯有得到法律的确认并成为一种受法律保护的契约关系，才能有效地实施；在商品买卖的过程中，各个经济主体之间存在着复杂的产权关系、交易关系，只有对这些关系加以法律规范，明晰各自的责、权、利，才能为商务活动的顺利开展提供前提条件。因此，商业经营环境的法制化，是现代商业发展的重要趋势。

除以上发展趋势外，企业在保护环境方面会面临越来越大的压力。世界上技术先进的地区的人们正在追求电器、汽车等在生产中会产生工业垃圾的产品所带来的现代化舒适生活的同时，环境的污染也在所难免。因此，社会期望出现越来越多的符合伦理和有社会责任感的企业。商务企业人员在进行商务活动中，要考虑到越来越多的环境影响因素，使自己的企业更加符合社会环保的要求。

在开拓商务事业时，人们应该乐于学习并培养自己的商务技能。这里提到的和没有提到的商务挑战和趋势都是现代商务人员应该学习的。个人的发展及持续的学习会帮助人们在选择的任何的事情中取得成功。依靠一点运气、努力、奉献和坚持，就可以在商务活动中取得最终的成功。

习题 1

1. 列举说明一些你所熟悉的商务活动，为什么说我们通常接触到的商务活动不能让我们了解到需要知道的全部商务内容？

2. 全面的商务观念是什么？
3. 企业家在商务活动中的作用是什么？
4. 商务活动的基本原则是什么？说明理由。
5. 商务活动的内容主要包括哪些方面？
6. 商业的产生和发展历程是什么？
7. 现代商业的发展现状是什么？
8. 现代商务的发展有哪些特点？你认为在未来的商务活动中还会面临什么样的趋势和挑战？
9. 大多数企业都有自己的网站，请访问至少三个企业的网址，你可以自己挑选，也可以试试下面的网址：

   www.haier.com（海尔集团）

   www.motorola.com（摩托罗拉公司）

   www.hp.com（惠普公司）

简述这些企业网站有哪些内容，提供什么种类的商务信息。从海尔集团的网站上了解怎样才能定制一台个性化的家电产品。

10. 说说你对毕业后开展商务活动有怎样的目标。你准备在什么行业开展商务活动？为什么？
11. 尝试从网上订购一本图书，谈谈我国目前网上购物存在的问题，以及给出改进的建议。

案例分析

2001 年 12 月，国际采购商——欧洲连锁零售商 Rewe 集团委托我国电子商务营运商实华开电子商务有限公司承办网上竞价订货会。这次 Rewe 采购的货品是一批不锈钢厨具。

在接到采购商的通知后，实华开网上贸易人员从当时含有五万多家供应商的数据库中选出 56 家生产不锈钢厨具产品的厂家，给他们发出电子邮件寻求参加这次网上竞价订货的意愿和报价。结果，有八家供应商被选中参加。

选择标准主要包括：通过了实华开公司的资格认证；经过实华开贸易部人员到工厂实地考察生产情况和产品质量，认为各方面条件基本符合采购商的要求；报价水平大致符合采购商的要求，最好具有进一步竞争的优势。

随后，采购商做出决定，举行网上竞价订货会。实华开在互联网跨国交易平台上采用英式逆向拍卖的市场形式购买所预订采购的货品。北京时间 2001 年 12 月 18 日下午，网上竞价订货会在一小时内完成。在供应商一方，中国大陆某中小企业获得了 Rewe 的订单，从而开创了直接出口欧洲的业务。在采购商方面，Rewe 通过网上竞价也更加认识到了中国大陆供应商的竞争优势，取得了降低直接采购成本10%的成果。

上述在虚拟空间里发生的真实交易过程，充分体现了实华开网上跨国交易市场为国内、国际厂商服务的巨大潜在效益。

根据以上案例，简述利用互联网开展网上跨国采购订货的方法，以及它与传统商务企业的做法有什么不同，电子商务有什么优势？

第2章 市场经济与商品流通

本章你将学到以下知识：

- ✓ 市场的含义及市场对资源配置的作用；
- ✓ 市场体系及其构成；
- ✓ 市场商品供给与需求之间的关系；
- ✓ 市场竞争的作用、形式和内容；
- ✓ 商品流通过程中的商流、物流、信息流与资金流；
- ✓ 商品流通环节与商品流通渠道；
- ✓ 批发交易的职能、特点和组织形式；
- ✓ 零售交易的职能、特点和组织形式；
- ✓ 经销、代销、信托与经纪；
- ✓ 现货交易、远期合同交易与期货交易；
- ✓ 商品经营活动中的采购、销售、运输与存储。

零售企业的泰坦尼克——沃尔玛

成立于20世纪60年代初的美国沃尔玛，1970年销售额只有0.4亿美元，到1980年销售额增加到17亿美元。1988年3月1日，第一家沃尔玛购物广场在美国密苏里州的华盛顿开业。将鲜活食品与传统百货业态相结合，沃尔玛购物广场“一站式”的经营方式不仅为消费者节省了时间和开支，而且为消费者提供了一种独特的购物体验。这种全新的零售业态一经推出就受到了广大顾客的青睐和喜爱。到1990年沃尔玛的销售额达到330亿美元，其成为全球最大的零售企业。2000年沃尔玛跃居《财富》杂志世界排名500强中的第二位。直至今天，沃尔玛在全球已拥有一千多个购物广场。目前，沃尔玛在全球开设了超过7 000家商场，员工总数190多万人，分布在全球14个国家。每周光临沃尔玛的顾客有1.76亿人次。沃尔玛的成功秘诀，就在于它不是一个墨守成规的传统商务企业，而是一个善于利用资本市场和网络技术的现代企业。

沃尔玛超市集团被公认为是世界零售业的“泰坦尼克”，其市场资本已超过2 070亿美元。1999年销售额达到1 650亿美元，比上年增长20%，2000年销售额则近2 000亿美元。近年来，沃尔玛的眼睛一直紧盯欧洲市场，已经将业务拓展到了十四个国家。

为了抢占市场，沃尔玛1996年进入中国，在深圳开设了第一家沃尔玛购物广场和山姆会员商店。经过11年的发展，沃尔玛目前已经在全国共53个城市开设了101家商场，包括沃尔玛购物广场、山姆会员商店、沃尔玛社区店三种业态，其中沃尔玛购物广场 96 家、山姆会员商店 3 家，社区店 2 家。沃尔玛至今在中国创造了超过 40 000 个就业机会。截至 2001 年，沃尔玛在深圳和大连开的分店，总投资达到 11 亿元人民币。同时，沃尔玛每年有 100 多亿美元的中国商品在世界各地的沃尔玛商场出售，从中国直接采购并出口到美国的商品总值达 25 亿美元。从全球市场来看，沃尔玛在美国以外建立了庞大的商业帝国，每年有 320 亿美元的销售额来自于海外市场，旗下 1 100 家分店分布在九个国家。

沃尔玛秉承“天天平价，始终如一”的经营理念，专注于开好每一家店，服务好每一位顾客。沃尔玛购物广场通过积极采购，灵活配销，严格控制成本，从而能向顾客提供价廉物美的商品，最终将利益转让给顾客。沃尔玛顾客至上的服务准则在购物广场得以充分体现，在这里，顾客永远第一，为确保顾客的需要得到满足，沃尔玛的每一个员工正在致力于为顾客提供盛情的服务。2007 年 8 月，在由上海商情-供应商满意度测评办公室中心发布的《2007 供应商满意度调查报告》中，沃尔玛问鼎多项满意度最高指标，再次被供应商选为“综合满意度最高的连锁卖场”。

2.1 市场经济

商务将社会资源转化为商品和服务。在社会主义市场经济条件下，社会资源配置主要是通过市场来实现的。组织商务活动，就要了解市场，遵循市场经济规律，按市场经济原则办事。

1. 市场与市场体系

（1）市场

市场作为商品经济的产物，随着商品经济的发展而发展。最初的市场只是指商品交换的场所。在原始社会的初期和中期，由于社会生产力水平很低，没有剩余产品，没有商品交换，也就没有市场。到了原始社会末期，随着社会分工和商品交换的产生，人们需要一个集中的地点和统一的时间来进行交易，于是便产生了市场。随着交易的扩大，市场也在不断扩展，出现了各种商店、集贸市场等。可见，在过去商品经济不发达的时期，市场只是一个空间概念，即商品交换的场所。随着商品经济的发展以及交易手段的日益丰富，交换既可以在一定的空间、一定的场所进行，也可以在没有任何场所的条件下进行，例如电子商务。市场已经不再局限于一定的交易场所，而成为交易的一种渠道，成为商品所有者与消费者之间经济联系的纽带。此外，市场并不只是一个外在形式，它还是一个复杂的社会经济现象，体现着各个商品所有者之间错综复杂的经济利益关系。因而，市场是商品交换方式和商品交换关系的总和。

市场对资源配置起基础性作用。所谓资源配置，就是社会如何把有限的资源（人力、物力、财力、土地等）配置到社会需要的众多领域、部门、产品和劳务的生产上去，且使配置最为合理有效，产生最佳的效益，最大限度地满足社会需求。这包含两层意思：

- 资源必须用于生产社会最需要的产品；
- 资源必须分配给最能发挥其效能和生产水平高的企业。

在现代的社会化大生产中，资源配置一般有两种方式，即计划方式和市场方式。凡是资源配置方式以计划为主的，就称做计划经济；凡是资源配置方式以市场为主的，就称做市场经济。计划方式是按照行政指令和指标的分解，由政府来统一配置调拨资源，主要依靠行政指令的手段来实现。市场方式是按照市场上的供求变动，通过市场机制的作用过程来进行资源配置。哪种产品价格高，生产该产品就有利可图，资源就往哪边流，等到产品多了，这种产品的价格就会下跌，这时资源就会流到别的地方去，生产社会更需要的产品。

通常，市场配置是按照价值规律的要求，通过适应供求关系的变化，发挥竞争机制的功能来实现的。它的优点是能通过灵敏的价格信号和经常存在的竞争压力，来促进优胜劣汰，协调供求关系，把有限的资源配置到最优环节的组合上去。但市场经济也有缺陷，市场调节具有自发性、盲目性及滞后性等特点，它对于促进经济总量平衡，防止经济剧烈波动，合理调整重大经济结构，防止贫富悬殊、两极分化，以及对于生态环境及自然资源的保护等，是无能为力的。

（2）市场体系

市场体系是指以商品市场为主体，包括各类市场在内的有机统一体。它包括商品市场（消费品市场、生产资料市场），生产要素市场（金融市场、劳动力市场、技术市场、信息市场、房地产市场等）。其中，商品市场、金融市场、劳动力市场是构成市场体系的三大支柱。在市场体系中，各种市场既是相互独立、相互制约的，又是相互依赖、相互促进的。如果某个市场发展滞后，就会影响其他市场的发展和功能的发挥，从而影响市场体系的整体功能和效率。

① 商品市场。商品市场包括消费品市场和生产资料市场。

消费品市场

消费品市场是交换用于满足消费者个人生活消费需要及社会消费需要的消费品的商品市场。消费品市场是整个市场体系的基础。消费品市场的发展状况，直接影响到消费需求的实现程度。对生产者来说，绝大多数产品价值的实现是在消费品市场上。消费品市场需求的变动，会引起生产资料市场和其他生产要素市场需求的变动。

消费品市场有以下特点：

第一，交换的广度和深度超过其他市场。由于消费品是人们日常生活所必需的商品，涉及社会的所有成员，个人和社会集团等，这是其他市场所不能比拟的。

第二，市场需求有明显的多层次性和多变性。由于消费者个人和团体的购买力水平有高、有低，他们的购买心理千差万别，影响需求变化的因素错综复杂，所以市场的消费品需求呈现明显的多层次性和多变性。

第三，市场需求有较大的弹性。因为多数消费品都有互相替代的特点，而且消费数量也有很大的伸缩性，所以在商品价格变动时，需求量就会相应地变动。

生产资料市场

生产资料市场是交换人们在物质资料生产过程中所需要使用的劳动工具、劳动对象等商品的市场。它是市场体系的重要组成部分。

根据生产资料的自然属性进行划分，生产资料市场包括工业品生产资料市场和农产品生产资料市场；根据不同的用途进行划分，生产资料市场包括用于工业的生产资料市场和用于农业的生产资料市场；根据不同的产业进行划分，生产资料市场包括农业生产资料市场、重工业生产资料市场、轻工业生产资料市场、建筑业生产资料市场、能源和交通运输业生产资料市场等。

生产资料市场与消费品市场相比，具有以下不同的特点。

- 在生产资料市场上所交换的商品大部分是初级产品和中间产品，而不是最终产品。这些商品主要用于生产过程，交换主要是在生产企业之间进行，其商品流通广度要比消费品窄。
- 交易次数少，每次交易批量大，产品一般缺乏需求弹性，供销关系比较固定。
- 有较强的技术性和专用性，对商品质量和技术要求高。由于不同的生产资料在生产、使用和保管过程中都有不同的技术要求，所以要求买卖双方都必须具备专门的商品知识和市场知识。
- 时间性强，供货要求高。生产资料的供应时间性强，如果供应不及时，生产则难以顺利进行。尤其是农业生产资料供应的季节性更强，贻误农时，就会造成严重损失。由于生产的专业化程度越来越高，因而对商品的规格、型号、技术条件、质量、交货时间等方面都有严格要求。

② 生产要素市场。生产要素市场主要包括金融市场、劳动力市场、技术市场、信息市场、房地产市场等。

- 金融市场

金融市场是资金供应者与需求者进行资金融通和有价证券买卖的场所，是资金债权人和债务人之间经济关系的总和。金融市场的基本功能是资金交易和资金融通，加速货币流通。金融市场是由资金供求者、金融工具和金融中介三个基本要素构成的。资金供求者包括各级政府、各类企事业单位、各种金融机构及居民个人等。金融工具包括政府、企事业单位和个人签发的公债、国库券、公司债券、股票、借贷合同、抵押契约及其他有价证券。金融中介包括商业银行、储蓄机构、投资公司、信用合作社及其他金融机构。其中，银行是金融市场的主体。

金融市场的作用如下。

第一，通过各种金融资产的买卖交易，为资金供给方和资金需求方提供双方直接接触和多种选择的机会，从而更好地聚集社会各项资金用于经济建设，提高资金的作用效率，合理配置社会资源。

第二，通过金融市场可以提高金融证券的流动性，扩大社会融资的规模和范围，降低融资成本。

第三，提供、整理、分析和传递经济信息，为国家宏观决策和宏观调控提供依据。

- 劳动力市场

劳动力市场是指组织劳动力使之合理流动的场所。它是劳动力供求双方的双向选择和劳动力资源配置的经济关系的总和。

在市场经济条件下，企业作为自主经营、自负盈亏的经济实体，有挑选、聘用和解雇劳动者的权力。同时，劳动者个人作为劳动力所有者，也有权根据自身利益选择适合自身的职业和企业。发展劳动力市场，可以使企业获得所需的劳动力，使劳动力得到合理利用并促进劳动者素质的提高，调动劳动者的积极性和创造力，从而促进社会经济的发展。

劳动力市场与一般商品市场相比，其特点如下。

第一，以区域性市场为主。

第二，进入劳动力市场的劳动力的范围是广泛的，一切具有劳动能力并愿意就业的人都可以进入劳动力市场。

第三，劳动力的合理配置主要是通过市场流动和交换实现的。

市场供求关系调节着社会劳动力在各地区、各部门和各企业之间流动，劳动报酬受劳动力市场供求关系和竞争情况的影响，劳动力在供求双方自愿的基础上实现就业。

技术市场

技术市场是指组织技术商品交易的场所。它反映了技术商品交换中的各种经济关系的总和。技术市场具体包括了以技术商品的开发（生产）为起点，以技术商品的应用（消费）为终点的全过程。技术市场是市场体系中的重要组成部分，在科技与经济的结合中起着桥梁和纽带的重要作用。

目前，我国已初步形成了一个多层次、多渠道、多形式的网络技术市场。其主要形式包括科技成果的有偿转让、技术咨询、技术服务、技术培训、科技开发等。

信息市场

信息市场是能提供各种信息来满足用户需要的信息交换的场所。大多数信息都能够进入市场进行交换。

信息商品的特殊性决定了信息市场具有如下特点。

第一，信息交易活动具有多次性。同一个信息商品可以在其有效时间内多次、反复出卖。

第二，信息的获得具有间接性，即需求者不一定通过直接的交换方式获得信息，而是通过广播、电视、报刊杂志等获得信息。

第三，交易获得信息具有很强的时效性。随着时间的推移和条件的变化，其使用价值会失效。

信息市场的发展，信息的商品化，对社会经济的发展起着显著的作用，如下所述。

第一，为社会生产和流通提供大量有效的信息资源，有利于促进经济发展。

第二，为企业提供必要的市场需求信息，有利于提高企业的竞争能力和应变能力。

第三，为消费者提供有关商品供应的信息，是促销的有利手段。信息市场发挥着中介作用，是产、供、销的桥梁。信息是企业经营管理的重要资源。

2. 市场供求关系

供给与需求是市场经济活动的基本内容，也是市场存在的基本条件。在市场经济条件下，生产者离不开市场，生产的产品只有通过市场上的商品交换才能实现其价值；同时，消费者也离不开市场，只有通过市场才能实现其个人生活消费的需求。每种商品的市场都有供给方和需求方。在商品市场中，商品的生产者不断生产商品和出售商品，形成了商品供给方；商品的购买者因需满足自身需求，购买商品形成商品的需求方。这两方通过交易媒介物——货币和市场，紧密地联系起来并互相制约，构成商品市场活动的基本内容，形成商品市场供给与需求两方面的关系。供给与需求之间的相互关系，就是市场供求关系。

（1）商品供给

商品供给是指在一定时期内，生产者愿意且能够提供给市场的商品数量。

商品供给受多种因素的影响，主要有如下几个方面：

商品的价格

市场的供给量与商品的价格存在着密切的关系。在其他因素不变的情况下，一种商品的价格越高，获取的利润越大，企业生产的商品也就越多，其供给量就越大；反之，商品价格越低，获取的利润越小，其供给量就越少。

生产要素的价格

生产要素的价格是构成产品生产成本的重要组成部分。因此，生产要素价格的高低直接影响到产品生产成本的高低，进而影响到生产经营该产品利润的大小及该产品供给的多少。

生产技术状况

生产技术状况主要包括生产规模的大小、生产周期的长短、生产技术水平的高低等。在投入量确定的情况下，提高生产技术水平，可以降低生产成本，增加生产该产品的利润，从而增加该产品的供给。

生产者对未来商品价格变动的预期

如果生产者预期该商品价格会降低，就会减少该商品的生产；反之，如果预期该商品价格会上升，就会增加该商品的生产。

影响市场供给量的这些因素，既可以单独发生作用，也可以同时发生作用；有些因素的作用力是同向的，有些因素的作用力则是相互抵消的。

（2）商品需求

商品需求是指在一定时期内，消费者愿意且能够购买的商品的数量。这种需要在商品经济条件下，不是以人们的消费欲望为转移的，而是取决于人们有支付能力的社会需求。只有具备支付能力的需求，才是现实的需求。商品需求表现为买方的购买能力。

市场上对商品的需求是有很大伸缩性和变动性的，影响需求变动的主要因素如下。

商品的价格

在收入一定的情况下，人们总是想以现有的收入来满足更多的需要，以一定的货币去购买尽可能多的商品。在质量相同的情况下，人们总是愿意购买价格较低的商品。因此，商品价格的变化影响着消费者对这种商品需求量的变化。在其他条件不变的情况下，通常，所需商品的价格下降会刺激需求，价格上涨会抑制需求。

消费者的收入

在其他条件不变的情况下，若消费者的收入增加，则其对商品的需求增加；若其收入减少，则其对商品的需求也减少。消费需求与消费者收入呈正方向变化。不同商品的需求量变动对收入变动的敏感程度不同，通常，生活必需品的需求变动对收入变动的敏感程度较差，而奢侈品的需求变动对收入变动则较敏感。

消费者的偏好

在其他条件不变的情况下，如果消费者对某种商品的偏好发生了变化，同样会引起某种商品需求的变化。例如新产品的出现，往往会引起人们更新的需求，从而增加对新产品的需求量，减少对老产品或过时产品的需求量。成功的广告就是通过激发人们新的偏好而起作用的。

消费者对未来商品价格变动的预期

如果消费者预测未来物价将上涨或收入将增加，则可能引发对当前消费的增加；如果消费者预测未来物价将下跌或收入将减少，则可能引发对当前消费的减少。

此外，商品生产经营者的促销手段、人口变化、社会财富分配上的变化，以及人们的价值观念、审美观念、思维方式、生活习俗等社会因素也会引起商品需求的变化。

（3）商品供求规律

商品供给与商品需求是一个相互依存、相互制约、相互对立的矛盾统一体。如果从供给量和需求量上考察，商品的供求矛盾运动可以归结为两种形态，即供求平衡状态和供求不平衡状态。商品供给数量与需求数量大体一致，称做供求平衡；商品供给数量大于商品需求数量，称做供过于求；商品供给数量小于商品需求数量，称做供不应求。商品供求矛盾的运动过程是从不平衡到平衡，又出现新的不平衡，再寻求新的平衡。商品供求之间的矛盾运动具有特定的规律性，即商品供给与商品需求在矛盾运动中，在商品价格的作用下，具有不断趋向一致、趋向平衡的客观必然性。

与供求不平衡状态相对应的有两种市场形态：一为买方市场，是指市场上的商品普遍处于供过于求的状态，因而买方处于相对有利的地位。从市场选择权方面看，消费者集团在市场选择中占据优势，因而在买方市场中形成消费者主权。二为卖方市场，是指市场上的商品普遍处于供不应求的状态，因而卖方处于相对有利的地位。从市场选择权方面看，生产者集团在市场选择中占据优势，因而在卖方市场中形成生产者主权。

商品供求矛盾的运动，是在商品价格的影响中进行的。从根本上说，这是价值规律对供求的调节作用。当某种商品供不应求时，价格便上涨，商品价格就会高于商品价值，生产者有利可图就会增加生产，结果引起供给量的增加。同时，消费者因为价格上涨而减少对这种商品的需求，导致需求量减少。这种增减会使供不应求趋向于供求平衡。与之相反，市场商品供过于求后，价格开始下跌，当市场价格降低到商品价值以下时，生产者无利可图，就会减少生产，从而引起供给量减少。而此时，消费者的需求量会因为价格降低而增加。这种增减又使供过于求趋向于供求平衡，并且随着价格下跌而走向供不应求。这种情况的反复出现，形成一种连续不断的规律性循环。供给与需求相互作用决定市场均衡价格，如图 2.1 所示。

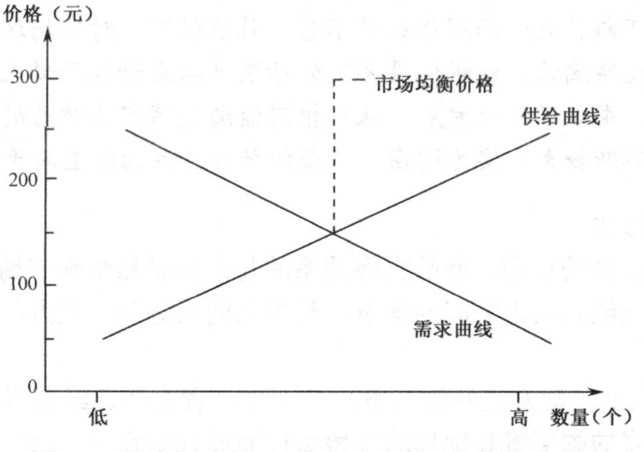

图 2.1　供给与需求相互作用决定市场价格的关系图

如果市场商品供不应求，社会商品购买力不能完全实现，削弱了消费者对商品质量的监督，不利于企业改进生产并引起物价上涨，使消费者和社会利益受到损害。如果市场商品供过于求，就会造成商品积压，使部分劳动耗费得不到社会补偿，造成企业亏损，社会劳动大量耗费。因此，商品供求平衡具有重要意义。

3．市场竞争

市场竞争是指在市场经济中，不同的经济主体之间为了最大限度地实现自身经济利益而进行的抗衡和较量，体现了商品生产者、经营者和消费者之间在物质利益方面存在着的一种本质的、必然的联系。

（1）市场竞争的作用

市场竞争在推动经济进步、增强企业活力和繁荣市场起到积极的作用。市场竞争的主要作用如下所述。

- 市场竞争可以促使商品生产者和经营者提高自身素质，增强其生存和发展能力。实现利润最大化是每一个企业所追求的目标，这就要求企业必须大力开拓市场、占领市场，不断拓宽自身生存和发展的空间。而生产者和经营者之间的竞争行为，在客观上构成彼此之间的市场风险与压力，企业只有提高自身素质，不断提高自身工作效率，才能适应市场变化，规避市场风险，在市场竞争中立于不败之地。企业通过公平竞争，可以培养营销人才，积累经营管理经验，鼓励优秀的经营者积极进取、大胆革新；可以提高企业对市场供求关系变化的灵活力和适应力，提高企业识别、辩认风险和寻求发展时机的能力。企业只有通过竞争，优胜劣汰，才有利于提高企业的总体素质。
- 市场竞争可以带来市场繁荣，可以使消费者的需求得到更大的满足。商务企业积极参与竞争活动，会使市场活跃、商业繁荣，促使企业适应市场变化，满足市场需要，加强经济核算，努力降低商品流通费用，认真研究消费心理，自觉改进服务手段，提高服务质量，扩大服务领域，开拓新的品种，开辟新的市场，诱导新的需求，从而满足消费者日益增长的多样化需求。这样，从客观上必然使市场繁荣并充满活力，为国民经济的快速发展和良性循环创造有利条件。
- 在市场竞争中优胜劣汰，有利于鼓励先进，鞭策或淘汰落后，推动经济的发展。市场竞争的结果必然是优胜劣汰，那些在市场竞争中能够适应市场变化的经营者，通过竞争，实力不断增强，规模不断壮大；而那些经营不善、效益低下、对市场环境不能适应且素质差的企业将在竞争中被无情淘汰。这种优胜劣汰的结果可以更好地调动人们的生产和经营积极性，在竞争中求生存、求效益、求发展，从而推动流通领域经济效益的不断提高。同时，竞争环境又使优秀企业不断壮大，实力增强，从而使社会资源的配置趋于合理。

（2）市场竞争的形式

市场是商品交换关系的总和，商品交换关系的复杂性必然带来市场竞争的复杂性。市场竞争的形式主要可以归纳为卖方之间的竞争、买方之间的竞争、卖方与买方之间的竞争三种形式。

① 卖方之间的竞争。卖方之间的竞争，是指生产者之间、经营者之间以及生产者和经营者之间，为争取更多的购买者和优越的出售条件而展开的竞争。其目的是在最有利的价格下，出售自己的商品，把商品需求者尽可能多地吸引到自己这一方来，从而取得尽可能多的利润。

卖方市场之间的竞争，通常发生于商品供大于求的买方市场条件下，一般情况下，越是供过于求，竞争则越激烈。在买方市场条件下，为了企业的生存和发展，卖方之间必然要展开激烈的且形式多样的商业竞争。这种竞争有利于提高商品质量和改善卖方的服务态度，有利于市场商品价格的稳定。

② 买方之间的竞争。买方之间的竞争，是指生产资料或生活资料的需求者为争夺商品货源和取得有利的购买条件而展开的竞争。买方之间的竞争，通常在商品供不应求的条件下

表现得尤为激烈。例如抬价抢购、不断降低购买条件等。买方之间的竞争，会造成市场的虚假现象，容易助长经营者的不正之风。

③ 卖方与买方之间的竞争。卖方与买方之间的竞争，是指买卖双方共同在交易条件上的讨价还价的竞争。商品的卖方为争取优越的出售条件，想以较高的价格尽快地销售商品；商品的买方为争取优惠的购买条件，想以比较低的价格买到满意的商品。因此，买卖双方为实现各自的经济利益，常常需要讨价还价达成最终交易条件。

（3）市场竞争的主要内容

随着市场经济的发展，市场竞争在更广泛的时间和空间上以更多的形式、更大的范围、更广的内容展开。市场竞争的内容主要表现在如下几个方面。

① 商品竞争。商品竞争是指商品在质量、品种及新产品等方面的竞争。质量是商品价值和使用价值的集中表现。质量竞争的实质就在于它是满足用户需要程度高低的标志，主要表现在商品的功能、效用、精度、寿命、安全、外观等方面的高低、好坏上。质量竞争主要是以质取胜，以优致胜。商品的品种是指不同性能的商品和同类商品的型号、规格、系列、款式等特性的总和。商品品种的竞争表现在品种的多样化、系列化和新颖化的对比和较量上。商品品种竞争主要是以多取胜，以全取胜。新产品是指在结构、材料、工艺等某一方面或几方面比老产品有明显的区别和改善，因为采用新技术、新设计、新材料，从而显著提高了产品的功能或扩大产品的使用功能。新产品的竞争是以新取胜，以奇取胜，以快取胜。许多成功的商品经营者提出的“人无我有，人有我优，人优我新”的竞争策略，就深刻地反映了商品竞争的内容。

② 素质能力竞争。商品经营者的素质和能力是市场竞争中最重要的因素之一。有的企业虽然处于较好的地理位置，资金宽裕，条件优越，但由于经营者素质低、服务态度差、商业信誉低，而出现经济效益差甚至亏损严重而倒闭的情况。而某些商务企业虽然地理位置偏僻，却由于经营人员素质高，熟悉市场，善于经营，服务热情周到，信誉很高，能吸引广大用户，从而取得了良好的经营效益。这些事实说明，市场竞争归根结底是人才的竞争，是人的素质和能力的全面较量，是管理水平和经营水平的竞争。拥有一大批具有现代经济意识、勇于开拓、善于经营的管理者和经营者，是商务企业在竞争中立于不败之地的最关键性因素。

③ 服务竞争。服务竞争是指商品经营者对购买者进行各种服务的竞争。随着科学技术的进步，导致同类企业生产或经营的产品在质量及性能等方面的差异越来越不明显，所以市场竞争的关键不仅仅是在于企业能够生产或经营什么，而更多的在于企业所提供服务的水平高低。因此，商品生产者和经营者应着眼于在系列化服务上取得有利地位。

④ 信息竞争。信息竞争是指竞争者多、快、准地获取和运用信息的能力的竞争。信息是商务活动的基本依据，是决策的基础，是竞争取胜的前提。信息就是市场，就是机会，就是价值。信息的竞争主要表现为信息的捕捉能力、消化处理能力和反馈应变能力的对比和较量上。

⑤ 价格竞争。价格竞争是指商品的生产者和经营者为了尽可能多地推销商品、占领市场而采取的订价策略和订价方法的竞争。价格竞争是市场竞争的主要表现形式，是一种见效快且容易被消费者所接受的竞争形式。由于竞争的对手不同，价格竞争的目标也不一样，所采取的订价策略和订价方法也有较大的区别。价格竞争的目标一般可分为争取最大利润的订价目标；占领市场的订价目标；针对竞争对手的订价目标；维护良好信誉的订价目标等。

⑥ 信誉竞争。信誉竞争是指商务企业在经营信誉方面的竞争。商业信誉是指商业企业或商人在频繁的商品交换中所形成的顾客对企业和商人的一种信赖关系。信誉是企业市场形象的重要标志，建立和维护良好的信誉对企业经营有巨大的促进作用。企业在商品、素质能力、信息、服务、价格等方面的竞争优势，最终往往表现为较高的商业信誉。在商业信誉竞争中获胜，往往可以使经营者长期受益。正是基于这一点，许多企业家视信誉为企业的生命，他们投入巨大的精力和财力，力图改善企业的形象，提高企业的信誉。因为商业信誉是无形资产，所以为提高商业信誉而进行的投资称做无形投资。重视商业信誉方面的无形投资，在发达的市场经济社会中已经成为一种趋势。

上述几方面市场竞争的内容是相互联系、相辅相成的。总之，市场竞争的实质，是商业企业总体素质和实力的竞争。企业总体素质较高，实力较强，是其在竞争中能最终取胜的基本条件。因此，参与市场竞争的企业应努力提高商务企业的总体素质和实力。

2.2 商品流通过程

商品流通过程是指商品在商品所有者的推动下，进行着一系列的交易转手，从生产领域向消费领域转移的过程，是无数次商品交换行为的总和，从总体上看是商品的交换。

1．商流、物流、信息流与资金流

在商品流通过程中，任何一次商品的交换，都是以商品所有者向需求者转让商品的所有权为前提的。通过一次次商品所有权的转移，商品与货币两种价值形态不断转化，直到把商品从生产者手中转移到消费者手中，商品才最终退出商品流通领域。在商品交换过程中发生的商品所有权的转移称做商品价值流通，简称商流。商品所有权的转移，必然带来商品实体的转移。商品实体空间位移称做商品使用价值流通或商品实体流通，简称物流。商流与物流过程包含着错综复杂的社会人际关系和经济利益关系，反映这些关系和各种有关经济现象的客观描述，以及市场上经济事物运动变化的各种数据及资料的传递、处理与使用，便构成了商品流通过程中的信息流。同时，商流过程中又必然伴随着货币的流通，称做资金流。商流、物流、信息流和资金流紧密联系，相互依存，相互制约，构成了商品的整个流通过程。

（1）商流

商流是商品流通过程中最本质的经济活动，主要表现为物资与其等价物的交换运动和物资所有权的转移运动。商流所表现的商品价值形态变换和所有权转移，实际上就是一种连续不断的买卖行为。买是卖的前提，卖是买的目的。如果买进的商品不适合市场需要而卖不出去，商品价值就不能实现。因此，商流是买与卖的统一。商务企业的商流采取的是“货币—商品—货币”的形式。商品采购是由货币转化为商品；商品销售则是由商品转化为货币。这种资金的运动，实质上是商品价值运动的反映。

商流的活动内容主要包括：交易前收集商品信息，进行市场调查；按照市场调查的结果，对商品生产计划、数量、质量、销售渠道等因素进行调整；买卖双方通过谈判达成交易；交易的履行。

（2）物流

物流是指商品使用价值的转移，即商品实体的空间位移与停留。根据美国物流管理理事会的定义，物流就是把消费品从生产线的终点有效地移动到有关消费者的广泛活动，也包括将原材料从供应源有效地移动到生产线始点的活动。物流是为满足消费者需求而进行的对原材料、中间库存、最终产品及相关信息从起始地到消费地的有效流动与存储的计划、实施与控制过程。它是通过商品运输、存储以及与此相联系的商品包装、装卸搬运、组合分装配送、加工修理及其他服务活动来实现的。

物流的组织形式和内容在很大程度上取决于商品经济的发达程度。在商品经济不发达的阶段，物流一般是与商流结合在一起进行的，即进行一次交易，商品的所有权便转移一次，商品实体也运动一次。例如买卖过程中的“一手交钱一手交货”。商流与物流一致的形式至今仍是市场交易尤其是零售交易的主要形式。但随着市场经济的发展，商品交易情况更为复杂，商品交易方式也更为灵活，促使商务企业内部分工更加专业化，许多专门以组织商品实体流通为职能的物流企业相继出现，商流与物流开始出现分离，成为商品流通过程中既有联系又有区别的两个方面，两者的流通路线和环节出现了许多不一致。在商品流通过程中，就有如下几种分离情况。

- 时间上的分离。

例如预购商品是商流在前，物流在后；赊销商品是物流在前，商流在后。

- 流转路径的分离。

例如直线供货，曲线结算。商流与物流的起点和终点是结合的，而中间运动过程却是分离的。商品从产地到销地，商流往往要经过许多层次的中间转手，而物流却可以直接由产地运输到销地。

- 流转次数的分离。

有时，商流次数多于物流次数，而有时物流次数多于商流次数。例如远距离交易及网上交易等，经一次交易成功，而商品受交通运输及其他条件限制，需经多次周转才能到达。有时，只有商流没有物流。例如中间交易及期货交易等，商品可能在不同所有者之间被转卖多次，而商品仍在原地不动。

商流与物流的分离，从不同的侧面、不同程度上解决了商品流通过程中出现的矛盾和问题。例如，对农产品收购预付定金（商流在前，物流在后），就可解决农民在生产过程中资金短缺的困难，从而为促进了农业生产和发展。在商品销售中，对某些价值较高的耐用消费品实行分期付款（物流在前，商流在后），则可以刺激消费、扩大需求。可见，商流与物流的分离，是商品流通过程中的进步。它能够简化交易手续，加快商品流通速度，节约商品流通费用，有利于尽快实现的商品价值，提高经济效益。

目前，现代物流已成为体现企业核心竞争力的重要环节。物流的系统化促使物流向两头延伸，其基本过程是从采购物流开始，经过生产物流，再进入销售物流，经过包装、运输、仓储、装卸、加工配送到达消费者手中，最后可能还有回收物流。

（3）信息流

信息流指反映商品流通中的各种信息交流与传递的过程。在商品流通过程中，信息流总是伴随着商流和物流一起进行，并且贯穿于商品流通过程的始终。商流和物流不断产生着信息，并且通过信息的传递、接收和处理，实现生产、流通、消费及流通领域内各环节之间的联系，保证商品流通的顺利进行。信息流是商品流通的前提和先导，是企业所拥有的重要战略资源和无形财富。世界上，许多企业是以高度重视信息的作用而闻名于世。例如日本三井物产商社是全球最大的综合商社，拥有1.3万多名职工、1 000余家下属企业，在世界93个国家和地区设有226个办事处。根据20世纪90年代初的统计：它的通信网络连接着世界87个国家和地区的149个分支机构；通信线路总长44万千米，可绕地球11圈；每天的信息通信量在5万件以上，使其对全世界各地的经济、贸易、市场状况了如指掌。目前，我国的商务企业也非常重视信息的作用，为尽快赶上世界科技发展的水平，适应社会主义市场经济发展的需要，正在加快信息现代化建设的速度。

（4）资金流

在商务活动中，商流必然伴随着资金流或货币流，因为在商务活动中，商品与货币的两重运动是相互依赖、相互制约的。一方面，它们是相互制约的。商品运动是货币运动的基础，商品运动决定着货币运动的方向和数量。商品运动每改变一次所有者，都必须以货币返回为条件，通过货币的反向运动实现商品所有权的转移。另一方面，它们又是相互转化的。在商品运动中，以货币为媒介，由商品形态转化为货币形态，再由货币形态转化为商品形态，使买卖连续不断地进行下去；在货币运动中，又以商品为中介，由货币形态转化为商品形态，再由商品形态转化为货币形态，通过资金的运动带来货币的增值，以推动商品运动不断进行。

2. 商品流通环节

商品流通环节是指商品在从生产领域到消费领域的转移过程中，所发生的导致商品所有权变更的商品买卖活动。每一次商品买卖活动，便形成一个商品经营环节或商流环节。

商品流通过程中的环节，是在商业介入商品交换之后出现的。在商业产生之前，生产者与生产者、生产者与消费者直接进行交换，商品交换一次完成，没有中间环节。商业产生以后，商业成为生产者与消费者之间的中介，起到商品交换媒介的作用，成为商品交换过程的中间环节。商业使商品交换过程分成了两个阶段，即生产者先把商品卖给商业，然后由商业再卖给消费者，商品至少要经过两次经营活动才能从生产者手中转移到消费者手中。这样，在商品交换过程中就出现了两个环节。

随着商品交换的发展，交换的规模和范围越来越大，市场日益扩展，商业内部分工越来越细，使商品流通环节也越来越多，反映的商品交换关系也更复杂了。商品生产出来以后，一般先经过批发环节，再经过零售环节，才能到达消费者手中。继而批发商又分化出产地批发商、中转地批发商、销售地批发商及口岸批发商，然后再经零售商。由此，商品流通过程中出现了一个又一个的经营环节，即商品流通环节。在我国现阶段的商品流通中，以商业为媒介的发达商品流通形式居主导地位，商品流通过程在很大程度上表现为商业组织或商人所推动的商品由生产领域向消费领域的转移过程。因此，商品流通环节也叫商业环节。

在商品流通过程中，商品经历了由分散到集中，又由集中到分散的运动过程。商品流通环节的多少，要受多种因素的影响。例如商品生产和商品流通的规模、生产的布局、市场的范围、商品经营体制和机构的变化、市场供求状况及商品本身的特性等。商品流通环节过多，就会延长商品的流通时间，增加商品的流通费用，影响商务企业经济效益；商品流通环节过少，又有可能造成商品流通困难和流通过程的耗费增大，甚至阻碍商品流通的正常运行。因此，对商品流通环节的多少应根据具体情况具体分析，不能简单地认为商品流通环节越少越好，而应当尽量减少不必要的流通环节，或者说，在保证商品能顺利抵达消费者手中的前提下，商品流通环节越少越好。

3. 商品流通渠道

商品流通渠道是指商品在从生产领域到消费领域的转移过程中，所经过的由商品流通环节连接而成的组织序列，包括商品流通的途径、环节、形式等。商品流通渠道并不是商品实体实际运动的空间路线，而是由一个个有序排列的、共同推动商品向消费领域运动的商品所有者的行为组合而成的系列，反映了不同商品所有者实现各自经济利益的过程。

商品流通渠道是与商品流通环节紧密联系、不可分割的。商品流通环节影响和制约着商品流通渠道。由于每一次商品买卖活动，都会形成一道导致商品所有权转变的流通环节，因而流通渠道又是由一个个流通环节连接起来的，流通环节多则流通渠道长；流通环节少则流通渠道短。一种商品在流通过程中，经历不同的商品流通环节，就会沿着不同的流通渠道运转，就会有不同的经济效益，反映不同的社会经济关系。

在商品流通过程中，根据商品所经历的流通环节排列顺序的不同，商品流通渠道可以分如下所述的两种类型。

（1）直接渠道

直接渠道是指生产者直接把商品销售给消费者或用户，不经过任何中间商转手的市场销售渠道。直接渠道是人类历史上最早形成的，其特点是渠道短、环节少、交换过程简单、经济关系不复杂。目前，直接渠道在市场上仍然存在。例如，农村集市贸易、城市农贸市场、生产单位的自产自销门市部或其销售机构、某些大型专用设备的定点供应等。即使在社会化大生产条件下，它仍然是最为便捷、最为经济的流通渠道，在经济发展中起着积极作用。

（2）间接渠道

间接渠道是指生产者通过中间商来销售产品的一种形式。这里的中间商包括零售商、批发商、代理商等。间接渠道是与发达的商品流通相适应的，是社会专业化分工的结果。社会产品绝大多数是由这种流通渠道实现从生产领域到消费领域的转移的，其优点如下。

① 生产者无须花费大量的人力、物力、财力去直接从事大规模的商品交换活动。产品生产出来以后，先销售给中间商，然后经过中间商内部的运输、存储、编配、加工等活动，经过批发和零售环节，把产品销售给消费者，从而，可以节省生产者大量的销售费用。

② 可以借助中间商丰富的销售经验和市场知识，及其良好的商业信誉、畅通的销售网络来扩大销售范围，提高市场占有率。

③ 中间商拥有庞大的销售网络，能够收集大量信息，掌握市场动态，具有较强的引导消费和反馈消费信息的能力。

④ 由于中间商具有挑选、整理、分类、装配、加工、维修等能力，可以把生产中的一些工作转到中间商手上，从而减少生产工序，节约生产成本，同时也使商品更加方便地销售，更适合消费者需求。

在间接渠道中，还有一种产销结合渠道。这种渠道形式是由企业设立的专职推销商品的机构，或者与商务企业相结合的流通渠道形式。企业设立的专职销售机构虽然属于企业，但生产与流通两种职能已截然分开，各自成为独立的经济过程，因而本质上这种形式区别于直接渠道形式。产销结合渠道，一般先由企业的销售机构完成一部分流通过程，例如大宗批发，再由商务企业继续完成商品流通的其余过程。因此，这种形式下，企业自身与整个社会的商务网络有机地结合在一起，既可以发挥自身渠道的优势，又可以充分利用其他流通渠道及流通网络的有利条件。这种渠道形式是一种产生较晚但发展较快的渠道形式。目前，广泛出现的集生产与流通于一身的联营企业或集团公司，所采用的就是这种形式。

（3）多渠道流通。在商品流通过程中，以上这些形式的商品流通渠道同时存在且运转正常，就称做多渠道流通。为了使商品尽快地从生产领域转移到消费领域，则流通渠道要坚持多样化。通过多渠道流通，可以促进区域市场的发展，有利于形成一个连接城乡市场、沟通全国各地和内外贸易的商品流通渠道体系。

确定或选择商品流通渠道，要考虑商品的自然属性和社会属性，要适应商品的自然流向，符合商品的内在要求以及商品的产销特点。一些消费范围广、生产量大且耐用的工业品，需要经过多环节、长渠道流通，才能满足扩展市场、满足消费的要求。属于集中生产分散消费、分散生产集中消费及地区生产全国消费等类型的商品，为了保证生产的连续性、稳定性，则需要经过多个流通环节和较长的流通渠道。而地产地销的鲜活易腐农副产品，则要求经过最少的流通环节和最短的流通渠道，或者实行产销挂钩，由生产者直接销售给消费者，尽快完成商品的转移。产销距离和交通运输条件决定着商品的流通路径，也影响和制约着流通环节与流通渠道的多少与种类。产销距离近，流通环节就可少些，流通渠道就短；相反，如果产销距离很远，流通环节就可能多一些，一般需经过一次或几次批发，然后再经零售到达消费者手中，流通渠道自然就长。如果运输条件好，产销距离很远，也可以减少流通环节，缩短流通渠道。

2.3 商品交易方式

1. 批发交易

批发交易是以商品的集散为其主要经济活动的交易形式。批发交易主要以生产企业和零售商为贸易伙伴，进行大宗的商品购销活动，为生产者和商品经营者提供服务。

（1）批发交易的职能

批发交易在商品流通过程中处于连接生产与消费的桥梁地位，这一地位决定了批发交易具有如下各项职能。

① 集散商品。这是批发交易的首要职能。为了调节生产企业单品种、大批量地生产和销售商品与零售企业多品种、小批量地销售商品之间的矛盾，通过批发环节从各生产企业购进品种规格与花色齐全的大批量商品，然后经过编配，再分别批发给各个零售企业或个体商人。这样，通过批发交易对商品的集散，调节了生产企业与零售企业在销售批量和品种上的矛盾，促进了生产企业与零售企业的紧密结合。

② 商品加工。批发企业在进行批发业务时，有时需要对从生产企业购进来的商品进行重新包装、分级、加工和编配，再分别批发给各个零售企业。这样，通过对商品加工，进一步满足了不同购买者对商品的不同要求，有利于商品流通的顺利进行，更好地满足消费者的需求。

③ 融通资金。批发企业属于资金密集型行业。批发企业掌握着足够多的资金，在进行批发交易时，可以分别向生产企业或零售企业提供融通资金的便利。主要表现在以预购商品的形式从生产企业购进商品，以赊销方式向零售企业销售商品等。这样，既可以为生产企业及时提供组织生产所需要的资金，也可以使零售企业不至于因资金短缺而不能正常进货。

④ 传递信息。批发企业在批发交易中，可以将收集起来的信息，进行整理分析，然后传递给生产者、零售商与消费者。其中，关于市场供求变化等方面的信息，可作为生产者制定产品开发、生产计划方面的依据；关于产品供求变化等方面的信息，可作为零售商制定购进、销售决策的依据。

⑤ 承担风险。商品在从生产领域进入消费领域的过程中，存在着各种流通风险，例如商品损坏、变质、丢失，以及由于市场经营环境发生变化而引起的其他流通风险等，这些风险大多发生在商品的存储期间，由于批发商在组织商品流通过程中承担着商品存储的任务，因此，承担流通中的风险，是批发交易的重要职能。

（2）批发交易的特点

批发交易与零售交易相比，在经营活动上具有如下几方面特点。

① 批量交易和批量作价。批发交易一般要达到一定的交易规模才能进行，通常都有最低交易数量的规定，而零售交易没有这个限制。因此，批发交易与零售交易相比，前者每笔平均交易量要大得多。一般来说，批发交易实行批量作价，成交量大，成交价则比较低；成交量小，成交价则相对较高。

② 购销关系比较稳定。由于批发交易的对象是专门的经营者与使用者，在批发交易中很容易使交易双方的购销关系稳定下来。由于彼此之间比较熟悉，容易形成一致的交易习惯，达成默契或形成惯例从而节省交易费用。

③ 交易专业性强。由于现代社会商品的品种繁多，为了适应和满足各类用户的需要，批发企业一般选择经营某一类商品，准备充足的货源，做到同类产品品种、规格、花色齐全，以供购进者挑选。

④ 经营范围广，服务半径大。批发交易一般面向地区，有的面向全国，甚至面向全世界。在交易上联系着众多的生产者和商品经营者，经营活动范围很广，服务半径较大。因而在商品流通过程中的作用非常重要。

⑤ 交易具有理性化。批发交易主要以组织购买者为服务对象，他们往往有专门的采购机构与科学的购买决策程序。通常，按既定的规则行事，对各种促销方式有自己的看法，有较丰富的市场经验，一般不会盲从媒介的宣传和指引，比起零售交易来更具有理性化。

（3）批发交易的组织形式

① 批发商。批发商是指通过购进商品，再加价出售给其他批发商、零售商或生产用户以谋取利润的经营者。按经营种类划分，批发商可分为综合批发商和专业批发商两种。通常，综合批发商的经营品种齐全，主要供零售商进货；专业批发商经营的商品类别比较单一，但货源数量充足，同一类商品的规格花色齐全，主要供其他批发商、零售商或生产单位购买。

依据批发商所处的地理位置和作用的不同，又可将其划分为产地批发商、口岸批发商、中转地批发商和销地批发商四种。对某一批发商既可以是单一批发商，又可以兼有几种各不相同的批发职能。

② 贸易货栈和代理商。贸易货栈和代理商不拥有其经营商品的所有权，只是为买卖双方进行联络、提供交易场所和其他便利条件，促成双方交易，并从中赚取一定数量的佣金。贸易货栈为居间性、服务性的经营机构，主要是协助买卖双方交易，由委托一方付给佣金。它本身并不存货，所以不承担风险；代理商主要是接受生产者委托代为推销商品，以被代理人的名义进行活动，他的行为直接对被代理人产生法律后果，由被代理人承担销售商品所产

生的权利和义务。代理商自己不拥有商品所有权，也不承担经营风险，只从中收取销售的佣金。代理商必须严格执行生产商的商品定价，代理商所从事的业务是在一定的处所或区域范围内进行的，即代理商的权利有一定的空间范围。代理商对所代理销售或购进的商品一般不具有法律上的所有权，不能对其商品进行销售以外的活动，例如加工、包装、拆散或分装等。代理商包括总代理商、独家代理商、普通代理商、厂家代理商、销货代理商、进货代理商和佣金代理商等。

（4）批发交易方式

批发交易方式主要有如下几种。

① 门市销售。门市销售有固定的营业场所和营业时间，主要负责陈设各种商品或样品，并且备有可供商品的目录。购买者可以根据需要，随时到门市根据样品采购自己需要的商品，并且办理购买手续。

② 商品交易会。商品交易会是企业有计划地组织产销见面，减少流通环节，进行市场调节的商品销售形式。这种商品交易会具有商品品种多、参加人员广、成交形式多样、成交额大、交易方便等特点。这种交易方式既有现货交易，又有期货交易；既有全国性的交易，也有地区性的交易；既有综合性的商品交易，也有专业性的商品交易；既可以由一家企业主办，也可以由几家企业联合主办或由政府部门出面主办。具体形式可分为供货会、展销会、洽谈会等。

江南水果批发市场

③ 批发市场。批发市扬是指一些分散的商品经营者集中在一个特定的场所或交易组织内，通过自由选择和竞争确定彼此间的交易对象，以批发价格进行批量交易，进行商品购销活动的一种商品交易场所。批发市场也是指具有一定的交易设施、多种功能、广泛的交易对象和统一交易规范的组织形式。

批发市场实行开放式经营和规范化管理，具有场所固定化、市场有形化、交易规范化、信息集中化、人员职业化和管理制度化的特点。只要具有合法经营者的身份，均可进入批发市场参与交易活动。在依法经商的前提下，交易对象、交易方式、交易数量及交易价格均不受限制（特殊商品必须执行国家有关部门制定的最高限价）。批发市场除了提供必要的交易设施外，一般还提供与交易有关的市场行情信息、通信、运输、存储、结算、公证甚至食宿等一系列服务。

批发市场可分为产地批发市场、销地批发市场、集散地批发市场；综合性批发市场或专业性批发市场；经营服务型批发市场或纯服务型批发市场；全国性批发交易中心或区域性商品集散地等。

④ 商品交易所。商品交易所是一种大宗商品买卖的场所，一般具有提供交易场所、监督交易秩序、传播价格信息及保证交易履约等各项功能。

商品交易所按固定的方式或规则进行交易，交易的商品质量及其标识有严格的规定，实行标准品制度和等级制度。交易所都有必备的结算系统和有效的保护结算系统，以及相应的规章制度。同时，还有应急备用系统，即在不可预测事件造成交易所功能中断时的紧急处理措施等。因此，商品交易所是现代市场经济中结构最严谨的市场组织。

大连商品交易所

商品交易所可分为现货交易所与期货交易所。它的组织形式主要有两种，即公司制和会员制。公司制的交易所是以股份有限公司或有限责任公司的形式设立的，一般注册为非营利性的特殊企业法人。会员制的交易所是由会员出资兴建的，也是非营利性的组织，其建设资金及营运资本由会员以缴纳会费的形式来筹集。

⑤ 展览销售。企业通过举办展览会，陈列展示商品样品，邀请有关人员参加，看样选购的形式，也有的是长期展示样品，顾客看样选购后，在仓库或现场取货，或者送货到家。其主要特点是将各种品种、规格、花色的商品集中陈列展销，并且由售货人员宣传、介绍或演示，解答顾客提出的问题，引导顾客购买。这种形式通常伴有一定的促销活动，以吸引顾客。

⑥ 代理经销。代理经销是指综合代理与经销商品结合的一种新型的工业品批发或零售形式。代理经销的形式有多种，例如挂牌代理点经销、特约代理经销、监制代理经销等。

⑦ 联营联销。联营联销是由工商、农商、商商之间在平等互利的基础上实行的联合经营形式。这种形式既有利于生产部门根据销售情况改进生产，提高产品在市场上的竞争力，又有利于商务企业扩大销售、节约资金、稳定货源及建立贸易伙伴关系，从而增强本企业的竞争实力。

⑧ 网络销售。网络销售即通过互联网进行销售活动，顾客可通过自己的网络终端登录到企业商务网站定制或选购商品。

2. 零售交易

零售交易是以直接为最终消费者提供商品或服务为主要经济活动的商务形式。它承担着实现消费、满足消费、服务消费、指导消费，以及引导生产、协调产销关系等社会经济功能。

（1）零售交易的职能

① 最终销售职能。当批发商将商品销售给零售商时，商品并没有离开流通领域，只有当零售商将商品销售给消费者以后，商品才最终退出流通领域，商业媒介商品交换的职能才得以最终实现。因此，最终销售职能是零售交易的基本职能。

② 服务职能。零售交易直接面向消费者，服务质量直接影响消费者的购买情绪。因此，为满足消费者购买的需要，在零售交易活动中，应高度重视服务质量并提高服务水平，努力为消费者提供全方位的服务。

③ 融资职能。零售交易向生产企业或批发企业提供融资便利，主要通过预购和预付货款的形式进行；向消费者提供融资便利，主要是通过赊销形式与发放信用卡、购货券等方式，使消费者很方便地得到商品。

④ 承担风险职能。零售商承担的风险主要是指商品在运输、保管过程中商品被损坏、丢失、积压或销售中的价格波动等产生的风险。

⑤ 传递信息职能。由于零售交易直接面对消费者，对于市场上的需求状况了解得最快

且最全，零售商将这些信息向批发商或生产企业反馈，往往能对调整商品结构起到重大作用。同时，零售商通过广告宣传及时将供给信息传递给消费者，对于刺激消费者的购买欲望、扩大商品销路也有重大作用。

（2）零售交易的特点

零售交易与批发交易相比，其特点如下所述。

① 交易量小而交易次数多。零售交易的对象一般是最终消费者，消费者从零售商那里购买商品的目的，是为了满足自己的消费需要。因而零售交易一般数量比较小，其交易活动一般是单个地、分散地进行，销售次数频繁，经营规模也相对较小。

② 零售交易的商圈较小。商圈是指企业吸引消费者的区域范围。零售交易的对象主要是个人消费者，购买的批量小，个性化强，而且多为生活消费品，故以其商圈多为当地。有时也会吸引其他地区或其他城市的人来跨地区购买，但规模不会太大，比起批发交易来规模要小得多。

③ 零售交易受消费者购买行为的影响较大。由于消费者的购买行为多样，在购买商品时常表现的冲动或情绪化，零售商为达到扩大商品销售的目的，要特别注意激发消费者的购买欲望和消费兴趣，为消费者提供优质服务，并且要在备货、商品陈列、广告促销等方面下工夫，把商品经营搞活。

④ 零售交易除了销售商品以外，通常还要为顾客提供各种服务，例如送货、安装、调试、维修等。这种增值服务的提供成为零售商市场竞争的重要手段。

（3）零售交易的组织形式

零售交易的组织形式主要有如下几种。

① 门市销售。门市销售主要有柜台售货、敞开式售货及自选式售货等形式。柜台售货是一种传统的售货形式，这种形式有利于保护商品，但不利于顾客挑选，营业员劳动强度大；敞开式售货，顾客可直接到商品货架或商品陈列处看样选购，一般适用于花色规格复杂、挑选性强或体积大且笨重的商品；自选式售货，即商店陈列的商品均为标准化、定量化、包装化并标有价款，完全由顾客自己完成选购活动，最后到出口处计价付款。这种形式便于顾客挑选商品，而且售货人员较少，劳动强度较低，商品价格比较便宜，但对商品的包装配送及管理方面的要求较高。

北京王府井百货大楼

② 百货商店。百货商店是零售交易的主要组织形式。百货商店经营范围广泛，品种繁多，有些大型百货商店的吃、穿、用、住、行商品一应俱全，商品品种可多达几十万种。百货商店一般设点于城市的繁华地段、交通要道或居民区以方便顾客购买。由于客流量大、交易频繁、气氛热烈，顾客的购买欲望能被刺激。大型商店资金雄厚，货源充足并重视商誉，通过商品的合理布置与陈列，能吸引顾客购买；同时，大型商店能够提供良好的售前、售中和售后服务，使顾客放心购买。但百货商店也存在一些问题，例如人员队伍庞大、管理复杂、经营费用高，以及投入资金大等。

③ 专业商店。这类商店的根本特征在一个

“专”字。例如食品店、服装店、钟表店、书店、鞋店、妇女儿童用品商店、结婚用品商店、家具店等。这种专业商店里每类商品的花色、品种、规格、数量都比较齐全。有的商店专业化程度较高，适合特定的顾客购买，有的商店经营品种则稍多适合某类顾客购买。

专业商店的类型如下所述。

- 特种商品或贵重商品专业店，例如古玩、字画、钟表、珠宝首饰、工艺品等。
- 花色品种选择性强的专业店，例如花卉店、棉布店、丝绸店、服装店、鞋店、床上用品店等。
- 耐用品专业店，例如家用电器店、厨房设备店、家具店等。
- 规格、品种、型号复杂的商品专业店，例如五金店、工具店、药店等。
- 生活用品专业店，例如粮油、食品、蔬菜、茶叶、水果店等。
- 文教用品和科学器材专业店，例如文具纸张、办公用品、体育用品、电脑等。
- 有特定消费对象的专业店，例如妇女用品、儿童用品、老年用品专业店等。

④ 超级市场。超级市场也称做自选商场，是一种大型自助式综合商场。在这类商场里，顾客可以从敞开式货架上自己选取已包装好并标明售价的各种商品，店内不设售货员，只有少数人员负责上货和整理货架。超市内提供的商品既有食品，也有日常生活用品。消费者进入超级市场以后，一般都可挑到自己所需要的各种商品。超级市场具有自助取货、品种齐全、挑选方便、注重包装、携带方便、节约时间等特点，适应快节奏的现代社会需要。

大型超市又称大卖场，其实质就是一个食品公司加一个百货公司。超市规模的大小，既可用营业面积来表示，也可用收费通道来表示。例如，一个大型超市，一般有 50 个以上的收费通道。

超级市场所需的一次性投资较高，利润率较低，经营管理难度较大。但总的来看，超级市场有很强的生命力，并且正在向大型化、连锁化方向发展。近十几年来，世界著名的外资零售企业纷纷来我国开设大型超市，已落户中国的著名零售业跨国公司有法国的家乐福和欧尚、美国沃尔玛和普尔斯玛特、日本伊藤忠、德国麦德龙和英国 TESCO 公司等。家乐福是世界第二大零售业跨国公司，自 1995 年在中国开设第一家“大卖场”以来，至 2002 年 8 年间，已相继在我国 17 个城市开设了 36 家分店。2002 年，家乐福在中国的销售额已达 120 亿元，从业员工达 1.5 万人。

⑤ 连锁商店。连锁商店是指零售业、饮食业中若干同行业店铺以共同进货方式联结起来，共享规模效益的一种经营形式。大致分为如下三种类型。

- 正规连锁

同属于某一个商业资本的店铺统一经营。本部对各店铺拥有完全的所有权和经营权，实施人、财、物和产、供、销等方面的统一管理。

- 自由连锁

自由连锁为各店铺保留单个资本所有权的联合经营。这种形式的连锁主要存在于中小企业中，本部与各店铺之间是协作和服务的关系，统一订货和送货，统一使用信息和广告宣传，统一拟订销售战略。各店铺独立核算、自负盈亏、人事自主安排，在经营品种、经营方式、经营策略上有很大的自主权，但每年都要按照一定比例向本部上缴加盟金。

特许连锁

特许连锁又称做加盟连锁或合同连锁，是指特许专卖授权者与接受者之间，通过合同建立起来的一种连锁组织，即本部与有关店铺按一定条款签订合同，使该店铺在一定时间内经营本部的某种商品或服务。

上海世纪联华超市

我国的连锁经营是从20世纪80年代末、90年代初开始发展起来的。以上海联华超市为代表的连锁经营业是目前我国发展速度最快的零售业。这一新兴业态的迅速崛起，打破了国内零售行业数十年来由传统的百货商店一统天下的旧格局。联华超市于1991年起在上海开展业务，从一间800平方米的超市起家，在15余年间，以直接经营、加盟经营和并购方式发展成为一家具备全国网点布局、业态最齐全的零售连锁超市公司。1996年以来，联华以平均每两天新开一家门店的速度在全国商业市场上“开疆拓土”，因此被业内称做“联华速度”。1999年联华成为中国零售业50强的榜首，到2000年其销售额达111亿元人民币，2001年其销售额突破140亿元。至2005年年底，联华超市的总门店数目已经达到3 609家，遍布全国21个省份及直辖市，继续保持中国零售连锁超市行业的领先地位，连续9年成为营业额最高的零售连锁超市营办商。联华超市及其附属公司通过大型综合超市、超级市场及便利店三大主要零售业态，分别通过“世纪联华”、“联华超市”、“快客便利”品牌不断扩张。近年来，“联华超市”、“快客便利”获得中国连锁经营协会特许委员会评定的“中国优秀特许品牌”称号。

⑥ 购物中心。购物中心是由很多商店有计划地集中在一个大型商业设施内而形成的，共同为某个地区服务的商业组织形式。购物中心的每一个商店作为一独立的经营单位，与其他租户共同使用公共设施，共同分担有关费用，共同形成一个整体的企业形态或组织，但各商店之间并无特殊经济联系。购物中心一般以几家著名的核心商店来提高购物中心的声誉，并且包含经营食品、服装、药品、家具、电器、五金等各种商品的专业商店，另外开设理发店、美容院、洗衣店、照相馆、餐厅、茶座等服务业，以及银行、邮局、广场、剧院、停车场等配套设施，形成满足顾客购物、休闲、娱乐等生活需要的综合性服务中心。

⑦ 便利店。便利店是一种小型商店，一般设在居民区内，经营家庭生活必需品，例如小百货、食品、副食品、调料等，经营种类有限，但营业时间长，与居民日常生活关系密切。

除上述零售交易的组织形式外，还有商店集团（超级商店）、仓储式商场、消费者合作社、商业街等组织形式，以及折扣商店、样本售货商店、仓库商店、邮购商店、网络经营、专卖店、流动售货、上门推销等各种类型。

3．经销、代销、信托与经纪

除一般的批发与零售交易形式外，以商品所有权是否发生转移为标志，还有经销、代销、信托、经纪等方式。

① 经销是指由生产厂商与经销商签订经销协议，按协议规定的范围经销该厂生产的商品。经销商包括批发经销商和零售经销商两类，他们拥有商品的所有权，承担经营风险。经销有多头经销、独家经销和总经销三种形式。其共同特点是厂商与经销商之间已实际发

生买卖关系，商品所有权已发生转移，经销商通过差价获得利润。对于经销商来说，通过经销形式可以得到厂商的优惠条件，而独家经销和总经销（也称做包销）则享有特定地区内的商品专营权。

② 代销是指零售商为他人代销商品的交易方式。在代销活动中，代销商（也称做代理商）与委托人只是委托代理关系，而没有发生商品所有权的转移。代销商在代理期间有商品的处理权，并且必须以委托方的名义进行，通过代销获得一定比例的代销费。代销商属于中间商。

③ 信托是指信托人接受他人委托，以自己的名义代他人购销或寄售商品并取得报酬的经济行为。实施信托行为的有信托公司、寄售商店、贸易货栈、拍卖行等。在信托活动中，信托人是以自己的名义来进行业务活动的，所以信托人一般是具有法人地位的机构，例如信托公司、拍卖行等。信托人要独立承担相应的责、权、利，这是信托与代销商的不同之处。信托人虽然可以以自己的名义开展信托业务，但并不拥有商品的所有权。因此，其与代理商性质相似，都属于中间商的范畴。

④ 经纪是指在商品流通中专门从事代理业务并向客户提供咨询和信息服务的经济行为。实施经纪行为的主体是各类经纪人和经纪组织机构。

4．现货交易、远期合同交易与期货交易

在商品流通过程中，以商品交易时间的差异为标志，存在着两种不同的交易形式，即现货交易和期货交易。

现货交易又分为即期现货交易和远期现货交易两种。即期现货交易是指买卖双方立即进行的一手交钱、一手交货的交易。这是人们常见的商品交易方式。远期现货交易指买卖双方事先签订商品买卖合同，约定在一定时期内按合同条款进行实物交割的交易。这种交易方式也是当前经济生活中普遍运用的交易方式，例如加工企业向原材料生产企业预购原材料，商务企业向生产企业预购商品等。进行现货交易的市场称做现货市场。

现货交易是人们使用最多的一种交易方式，消费者为获得自己生活消费所需要的各种消费品，主要是直接通过多种形式的现货交易来达到，尤其是零售交易方式，它从产生到现在，一直是在各种社会形态中普遍存在的现货交易方式。

期货交易的萌芽，出现于中世纪欧洲节庆日时的市场上。最早的期货交易市场是 1894 年成立的美国芝加哥商品交易所。进入 20 世纪后，进行期货交易的商品种类越来越多，例如谷物类、棉花、木材、有色金属、石油、国际通货、股票、债券等都在商品交易所上市。在我国，随着社会主义市场经济的发展，期货交易方式开始受到了重视，人们开始进行研究和实践，使其得到了一定的发展。

期货交易是一种较为复杂的特殊交易方式，交易的客体并非商品实体，而是商品的标准化期货合约。期货合约是一种在期货市场上可以任意转让的某一种商品的标准化合同。一笔期货成交，是指买进几个期货合约或卖出几个期货合约（简称期货）。合同交易与实物交割并非同时发生，甚至只有合约的转让，没有实际的商品交割。一般来说，期货交易中进行实物交割的不到 2%，所以期货交易可以理解为买卖标准化期货合约的交易。

商品期货交易的基本功能是发现价格和规避价格风险。

（1）发现价格。参与期货的交易者众多，都按照各自认为最合适的价格成交，因此期货价格可以综合反映出供求双方对未来某个时间的商品供求关系和价格走势的预期。这种价格信息增加了市场的透明度，有助于提高资源配置的效率。

（2）规避市场风险。在实际的生产经营过程中，为避免商品价格的上下波动导致成本上升或利润下降，可利用期货交易进行套期保值，即在期货市场上买进或卖出与现货市场上数量相等但交易方向相反的商品，使两个市场交易的损益相互抵补。期货也是一种投资工具。由于期货合约的价格波动起伏，交易者可以利用价差赚取风险利润。

期货交易必须在期货交易所内以公开、平等竞争的方式进行。期货交易所采取会员制，交易主体必须是经过严格资信审查的正式会员，非会员单位可以委托会员进行交易。为了有效地控制期货交易的风险，现代期货市场规定参与期货的人，首先必须在其所属的期货公司开立账户，存入一定数量的初始保证金，然后按照保证金的数量与每类商品期货保证金（一般每张期货合约保证金为其总金额的 5%～18%之间）的要求开始期货交易，并且根据价格的变动每日进行交易结算，计算交易者的盈亏状况，不断调整交易者的保证金数额，使其达到规定的保证金水平。期货交易通过保证金制度来保证到期兑现，维护交易双方的利益。

期货交易对交易的商品品种有一定限制，只有符合下列条件的商品才有可能上市交易：

- 商品的质地不易变化，具有相对的稳定性，便于在当时的条件下确定未来商品的价格；
- 商品的使用价值大小可以事先确定，并且质量容易分等定级，能够贯彻按质论价的原则；
- 商品的交易量大，价格容易波动，影响较广；
- 商品拥有众多的买主和卖主，只有这样，交易量才会大，成交的价格才具有真实性和代表性。

当今世界期货商品主要有两类：

- 农产品、矿产品、能源等实体性期货商品；
- 外汇、证券等金融性期货商品。

其中，农产品期货商品是最早出现的期货商品，而能源与金融性期货商品是在 20 世纪 70 年代以后才引入到期货行列中来的，但其发展速度惊人，远远超过了传统的农产品期货，成为当今世界期货交易的主流。

5．现金交易、信用交易与票据交易

以交易行为的中介手段为标志，交易方式还可以分为现金交易、信用交易和票据交易。

（1）现金交易

现金交易是指在商品买卖活动中，伴随着商品所有权转让的同时，当即付清货款的交易形式。这是一种最古老的交易方式。在现金交易中，商品价值的运动、所有权的转让与商品实体的运动一般是同时完成的。

现金交易的功能在于保证商品流通与货币流通的相向运动。在现实的经济生活中，由于交易量的扩大以及现货交易存在一定的风险，例如现金可能被丢失、被盗窃、被伪造等。各国对企业之间单笔交易的现金数量，都有相应的财务会计制度进行限制。因此，现金交易主要用于商品零售环节，即主要用于城乡居民个人生活消费品的商品交易。

（2）信用交易

信用交易是指不同所有者之间的商品与货币资金的借贷及赊销预付行为。信用是商品经济发展的产物，并且随着商品经济的发展呈现出多种形式，例如银行信用、商业信用、国家信用、消费信用等。其中，最普遍的形式是银行信用和商业信用。银行信用是银行对各类生产者或经营者提供货币资金以满足其对资金的需要，从而加速其资金周转，提高资金利润率的经济活动。银行信用是采取货币形式提供的。商业信用则是各类企业之间用赊账的方式，买卖商品时彼此提供的信用，是商品形态的信用。

商业信用交易是指在商品交易过程中，以延期付款或预收货款的方法取得商品的交易形式，即以一方向另一方赊欠货款来完成商品交换的。它包括买方向卖方赊欠和卖方向买方赊欠两种情况。

商业信用交易分为后期付款和预付货款两种形式。

后期付款

后期付款是指买方向卖方赊欠，也称做购货款赊欠，即买方从卖方得到商品，而卖方得到的只是买方的信用，货款要按约定于后期支付。例如商品赊销、分期付款、商品租赁销售等。这种后期付款的交易形式，一般都是在卖者为了扩大销售，或者为了同对手竞争的情况下运用的。

预付货款

预付货款是指卖方向买方赊欠商品，即卖方先收到买方预付的货款，于后期付给买方商品的行为。例如预购、订购及委托加工等。预付货款可以是全部也可以是一部分的货款。预付一部分货款的称做预付定金，待收到全部商品时将货款补齐。这种预付货款的交易形式，一般都是在商品缺少的情况下，买者为了保证自己尽快得到所需要的商品或有稳定的货源，而在接受卖者强硬立场的情况下进行的。

在信用交易中，交易的基础是企业之间、企业与消费者之间，按照相互达成的承诺条件，在商品形态上提供的信用。因此，信用交易的要求是赊欠的货款和商品，必须按照双方约定的时间和方式保证清还。如果赊欠者没有按约履行义务，不仅要丧失信誉，影响其以后的交易，而且被赊欠者还可以诉诸于法律，根据法律强制对方执行。

（3）票据交易

票据交易是指以具有一定格式的书面债据为结算基础的交易方式。这种债据上一般要注明一定的金额，在一定时期内执票人可以向发票人或指定付款人提取款项。在现代经济中，商品交易多以票据为媒介，其原因在于携带和结算方便。在商品经济发展过程中，票据形式也是多种多样的，例如汇票、支票、本票、期票、商业承兑汇票、银行承兑汇票等。除直接面对消费者的零售交易之外，票据交易几乎可以充当一切交易活动的媒介。

任何一笔商品买卖都必须采取与其相适应的商品交易方式。这时，商品流通中客观经济规律的要求和商品交易方式的选择，都会影响到商务活动的效率与经营目标的实现。同时，不同商品的自然属性、经济属性和社会属性的不同也会影响到交易方式的选择。

阅读材料

零售业的变迁历史

零售业的变迁历史，大致可以划分为如下所述的六个阶段。

第一阶段是前百货商店时期。当时，人们的物质需求比较单一，商品化程度较低，所以零售业态是以流动的商贩和杂货铺为主。

第二阶段是百货商店时期。在美国，百货商店起始于19世纪60年代，到19世纪末20世纪初达到了高峰。它适应了当时的经济发展，引发了第一次零售革命。它经营的品种较多，满足了顾客多样化的需求，节约了顾客的购物时间，为厂商提供了展示自己产品的固定场所。

第三阶段是连锁店时期。连锁店的出现引发了第二次零售革命。连锁店在同一个总部的指导和管理下，经营同类商品，使用统一的商号，采取统一的采购配送方式，实现了规模经营。连锁店的经营适应了社会大生产的需要，把现代化的大生产与流通的规模经营及消费者的自由购买和个性化消费有机地结合起来。

第四阶段是超级市场时期。以20世纪30年代出现的超级市场为代表，它引发了第三次零售革命。为了适应人们快节奏的生活，满足城市居民购物的需要，超级市场吸取了百货商店和连锁经营的优点，采取大量进货、批量销售的经营方式，从而降低商品价格。超级市场主要经营食品和其他生活日常用品，倡导自助购物，这种理念也影响和推动了整个零售业的发展。

第五阶段是以购物中心、专卖店、仓储商店和折扣店等引发的第四次零售革命。在这个时期，由于消费需求的差异、经济收入的差距，以及消费理念的不同，必然导致消费者的分化。因此，出现了各种针对不同消费群体的零售业态，零售业态呈现出多元化的发展趋势。例如，购物中心的出现是为了解决并适应城市中心百货商店出现的停车难、交通不便等问题。人们需要一种购物方便，同时又满足餐饮、娱乐等多种需求的更大的场所，因此大型购物中心应运而生了。而专卖店则满足了消费者对某一个具体品牌商品的需求。仓储商店和折扣店把价格敏感型的消费者作为主要服务对象。

第六阶段是以无店铺销售引发的第五次零售革命。无店铺销售可以说是对有形门市的一次革命。它具体包括挨门挨户访问推销、邮政销售、电话销售、自动售货机（亭）等。20世纪90年代以来，伴随着电子技术的发展，电子购物成为时尚，电子商务可以看做无店铺销售的集成者。电子商务具有全天候、跨疆域、速度快、准确性高、成本低、高信息反馈等优点。同时，由于是顾客和销售商的双向交流，因此销售商可以及时了解顾客要求，充分满足消费者的个性化需求。

2.4 商品经营活动

商品经营是围绕商品价值的实现，按照商品流转程序来进行的。商品从生产领域到消费领域的转移过程中，一般要依次经过采购、运输、存储、销售这四个基本的商品流通环节。在这个过程中，商品采购和商品销售是以货币为媒介，在不同企业或个人之间实现商品所有权的转移，属于商流活动；商品运输和商品存储则是实现商品实体在空间位置上的移动，加上为之服务的商品分类及包装等，属于物流活动。它们既相互依存、又相互制约，共同构成了商品经营活动的全过程。

1. 商品采购

商品采购是商务企业以市场消费需要为依据，通过商品货币关系向生产企业或其他流通企业取得商品所有权的经济活动。商品采购是商品流通过程的起点，在商品流通和商务企业经营中有重要意义。商品采购的作用如下所述。

商品采购是商品生产的物质基础。通过商务企业的商品采购活动，使生产部门的产品转变成商品并进一步转化为货币，实现了商品价值，为扩大再生产提供了资金；同时，又为向其他生产部门供应生产资料创造了实物条件。

商品采购是市场供应的物质基础。没有商品采购，就没有可供市场销售的商品，也就无法满足人民群众的消费需求。消费者的消费需求能否得到充分满足，消费者对购物活动是否满意，在很大程度上取决于商务企业能否提供消费者所需要和欢迎的商品。

商品采购是提高企业经济效益的前提。合理组织商品采购是其他业务活动顺利进行的关键环节，也是提高企业经济效益的前提条件。如果商务企业适时且适量地购进质量好、价格合理、适合市场需要的商品，就能尽快销售出去，从而加速资金周转，减少流通费用，降低经营成本，增加经营利润，实现经营目标。从某种意义上说，利润是在进货时已经形成，而在销售时实现的。良好的采购工作，可以帮助企业建立独具特色的商品优势，树立企业注重质量的良好信誉。

做好商品采购，有利于保护消费者利益。由于商务企业是商品从生产领域向消费领域转移的监护人和推动者，同时还担负着消费者购买代理人的职责，因此，商务企业必须把好进货关，在众多的供应者提供的成千上万种商品中进行选择，决定哪些商品可以进入商店经营，哪些商品不能进入商店经营。商务企业应处于消费者的立场上，对商品进行严格的监督与审查，防止假冒伪劣商品进入流通领域和消费领域。

（1）商品采购的基本原则

商品采购的基本原则如下。

① 以销定购。以销定购原则是根据销售需要决定商品采购的品种和数量。商品经营活动必须做到以市场为中心、以销售为中心、以消费者为中心，根据市场需求状况决定购进什么、购进多少。力求在商品的品种、花色、规格、款式、价格、质量、数量等各方面适应市场需要，保证商品适销对路、不积压、不脱销断档。这样既有利于满足消费需要，又有利于引导生产部门按社会需要组织商品生产，避免产销脱节。

② 勤进快销。这是商品采购的基本原则，对零售商更为重要。零售商没有储备商品的职能，因此，其主要是利用本身有限的资金，购销适应市场需求的商品及时满足消费者需要。为加速资金周转，避免资金呆滞和商品积压，零售商必须坚持勤进快销的原则，及时掌握市场的供求变化，以小批量、多批次、周期短、品种全、随销随购来争取市场主动权，增加利润。

③ 以进促销。以进促销是指在进货时，通过多方面渠道开辟货源，扩大购进品种并引进新产品，增加适销对路的商品，促进商品销售的不断扩大。应用该项原则应注意认真研究市场状况和变化趋势，重视商品的更新换代，特别是对新产品，要积极引导消费需要，一般先采取小批量、多品种的方式，通过试销、展销、联销等手段，先打开销路，然后再增大进货批量，最大限度地满足市场需要，促进销售。

④ 存储保销。存储保销是指在进货时，要保持一定的商品库存，以保证商品销售的连续性。尤其是对一些季节性生产、常年性消费的商品，要及时购进，保证长期销售不脱销断档。

⑤ 保质保量。无论购进什么商品，都应坚持质量第一的原则。消费者需要的商品是以

它具有质量保证为前提的。坚持质量第一的原则，是维护企业利益和消费者利益的一项重要措施。零售商要把好购进商品的质量关，不购进不合格商品，不缺斤少两，坚决杜绝假、冒、伪、劣商品进入流通领域，积极维护消费者的合法权益。

⑥ 注重经济效益。企业要尽可能地降低采购成本，提高采购效益。因此，企业在组织货源时，要对商品的质量、价格、货源地点、结算条件、运输方式、销售风险等因素进行综合分析，优选进货渠道和进货时机，以取得最好的经济效益。

（2）商品采购的基本方式

① 市场选购。商务企业根据销售需要，直接通过商品市场向生产者或其他供货商自由选购商品。这种方式适合于商品的品种和规格复杂、购买选择性强、而供货方多且货源有保证的商品，商务企业可在市场上进行比较、选择及充分协商定价。

② 合同订购。商务企业根据与生产者或其他供货方事前签订的订购合同购进商品。这种形式适用于生产集中、销售面广、市场供求状况稳定、对生产与人民生活影响较大的商品。它既有利于运用经济手段和法律手段加强生产和流通的计划性，又能够灵活地适应市场供求变化，是一种最常见、最基本的购进形式。

③ 计划收购。计划收购是指商务企业根据国家计划，对某些关系国计民生的特别重要的商品进行收购的形式。这种形式集中体现了行政手段与法律手段的权威性与严肃性，又体现了其经济手段的灵活性，有利于国家掌握重要商品的货源，保证市场供应。生产企业按计划生产，其产品由商务企业按计划收购。生产企业的产品超计划部分可以自销，也可以由商务企业计划外进行收购。

④ 代批代销。代批代销是指商务企业接受生产企业或其他部门委托、代理批发或零售，销售后再办理结算付款手续，由委托方按购销数量（或金额）付给商务企业手续费的经营形式。

（3）商品采购的基本程序

① 编制商品采购计划。企业应根据经营任务的要求，在市场预测的基础上，定期编制商品采购计划，明确需要采购的商品品种、规格、花色、质量、数量、进货时间、进货单位等内容。根据确定的采购计划目标，选择供货方。

② 购货业务洽谈。与供货商进行业务洽谈是商品采购工作的重要内容。无论采购人员有多么高超的选择商品的技术和经验，如果不懂得业务洽谈，企业预期的采购目标和利润目标都将难以实现。与供应商的业务洽谈主要包括如下几方面。

- 对商品的品种、规格、花色、质量、包装等内容进行谈判。
- 价格谈判。供货商通常会提供基本价格表，并根据购买的数量、时间、支付方式和结算期限的不同给予一定的价格折扣。商务企业在谈判中应力求争取到对自己有利的价格折扣。
- 就供应商提供的服务进行谈判。例如谈判供应商运送商品是免费还是收费，商品维修期限及附带条件，商品如何退换及如何进行信息咨询服务等。
- 促销谈判。通常，供应商会采用合作广告、商品陈列等手段，在商店或其他营业场所开展促销活动，因此，关于促销的谈判也是购货业务洽谈的重要内容。

总之，企业可以通过购货业务洽谈，争取到最好的经济利益。

③ 签订购货合同。经过双方协商一致决定购买后，应签订购货合同。购货合同是保证

企业采购活动顺利进行的重要手段，签订合同和管理合同是采购工作的一项重要内容。合同内容要完整、具体、详实，双方的责任、义务和权利要明确。

④ 商品检查验收。对所购商品的品种、规格、质量、数量及其包装要严格按合同条款规定进行核对验收，发现与合同不符，应查明原因及责任，与交易方进行交涉处理。

⑤ 组织商品入库和付款结算。经验收无误后要及时组织商品入库、登记入账，并且按合同规定的时间和方式及时结算货款。

2. 商品销售

商品销售是指商品所有者利用其营业设施，采用适当的方法和技巧，说服或引导潜在顾客购买某种商品或服务，从而满足顾客需求并实现企业经营目标的活动过程。生产的最终目的是为了满足社会消费的需要。商品销售是连接生产与消费的桥梁，只有通过商品销售，生产企业的产品才能变成商品进入流通领域，并且最终进入消费领域，实现生产的目的。

首先，商务企业通过及时向生产企业销售必需的生产资料，例如各种原材料、设备等，以保证生产的顺利进行，为扩大再生产创造条件。生产企业的销售活动，可以使商品尽快转化为货币资金，从而加速资金周转，增加生产过程中的资金投入，实现一定的货币资金积累。其次，通过商品销售，可以为生产企业的产品寻求广阔的市场，扩大产品销路，从而促进生产的发展。通过商品销售，可以沟通生产与消费，促进生产与消费的结合，引导生产的发展。商务企业根据社会需求和消费者购买力的情况，适时组织好生活资料的商品销售，就可以满足生活消费需要，促进人民生活水平的不断改善和提高。同时，还可以通过宣传、试销、展销，以及改进商品供应方法，调整商品价格及赊销等手段和方法，积极地影响和指导消费，促进新的消费需求的增长和新的消费习惯的形成。同时，商品销售是实现企业经营目标、提高经济效益的必要条件。

（1）商品销售的基本原则

商品销售应坚持的基本原则如下。

① 全心全意为顾客服务。顾客是企业进行商品销售和服务的对象，也是企业利润的来源，因此，顾客就是“上帝”。企业的一切销售活动只有以顾客为中心，为顾客提供优质服务，自觉维护消费者利益，才能扩大销售，提高经济效益和社会效益。因此，企业应注重与顾客的关系，端正企业服务态度，全心全意为顾客服务。

② 经济效益与社会效益相统一。商务企业要通过改善管理并采用灵活多样的销售方式扩大销售，减少销售成本，争取以最小的劳动耗费取得最大的经济效益。只有提高企业利润，才能做到企业利益和消费者利益兼顾，经济效益与社会效益相统一。

③ 主动适应市场，销售方法灵活多样。企业要主动适应市场需求，根据生产的发展、消费结构的变化、企业经营条件的变化及不同商品的特性适时调整经营机构和经营策略，按经济区域内的商品自然流向组织销售，尽量减少不必要的流通环节，以最短的时间、最少的费用供应市场。同时，要采取灵活多样的销售方式和方法，运用各种促销手段不断扩大市场、占领市场，保证商品畅销，扩大销售额，提高企业经济效益。

④ 依法经商，文明销售。企业在进行商品销售时，既要关心企业自身的经济效益，又要自觉地履行社会责任，严格执行国家的有关方针政策和法律法规，例如《产品质量法》、《食品卫生法》、《反不正当竞争法》、《商标法》、《消费者权益保护法》、《价格法》、《广告法》、《合同法》等，切实维护消费者的合法权益。认真执行国家有关商品政策和价格政

策，在某些商品的销售上应以全局为重，以社会效益为重。规范执行商业职业道德，做到文明经商，全心全意为顾客服务。

（2）商品销售过程

① 批发企业的商品销售过程。

制定销售计划。

商品销售计划要根据企业的经营思想、经营目标及销售原则，在市场调查和预测的基础上进行编制。

进行销售洽谈。

批发企业要同下一级批发企业或零售企业进行广泛的业务洽谈来促进商品的销售。要注意通过积极的努力与广大客户建立长期稳定的合作关系，树立良好的企业形象，巩固老客户，发现新客户，开拓新市场，提高市场占有率。

签订销售合同。

批发企业除部分现货交易外，大部分销售采用的都是期货交易，一般要经过签订销售合同这个程序。合同签订后交业务部门有关人员保管存档，作为开票供货的依据，并且依此检查合同履行的情况。

开销货单据。

开单时，要字迹清楚且各栏目填写齐全，确保准确无误，防止出现差错。

办理结算。

出纳员按照开单员送来的销货单办理结算手续。如果采用委托银行收款方式，经复核后办理待结算手续，待商品正式发运后，凭运单办理委托银行收款手续。

交货发运。

② 零售企业的商品销售服务。依据向顾客提供服务时所处时间段的差异，商品销售服务大致分为售前服务、售中服务和售后服务三个阶段。

售前服务。

在零售交易之前，为使顾客能买到合适商品并方便顾客购买，应事先做好各项服务工作。例如营造良好的服务环境，做好各类商品的配置等。售前服务的目的是要让顾客感到有一个热情为他服务的团队。一个企业要想在竞争中站稳市场，只有赢得人心，全心全意为广大顾客和消费者服务，才能有长久不衰的生命力。因此，多一些完善的服务措施，多一些为顾客着想，做到“顾客至上”，常常能收到意想不到的效果。

售中服务。

现代商品销售服务观念的重要内容，就是摒弃了过去那种将销售视为简单的买卖行为的思想，把销售过程看做既是满足顾客购买商品欲望的服务行为，同时又是满足消费者心理需要的服务行为。优良的销售服务可以为顾客提供享受感，会增强顾客的购买欲望，从而提高商场的经济效益和商业信誉，因此，零售企业的售中服务是商品销售服务的核心。

零售企业不论采用哪种售货方式，一般要经过接待顾客、展示商品、计量包装、收款付货、送别顾客等步骤。整个售货过程都要做到以顾客为中心，全心全意为顾客服务。要向顾客实实在在地介绍商品的特性和功能，不厌其烦地讲解和演示，为顾客答疑解惑。在商品销售过程中，必须认真探索顾客的心理特点和规律，采取顾客易于接受的接待和销售方法，节省顾客的购买和等待时间，提供顾客满意的热情周到的服务。

售后服务。

商品售出后，零售企业应继续向消费者履行应尽的各种责任。主要有送货服务、安装调试、商品退换、商品维修、零配件供应、技术培训与服务、质量咨询、质量跟踪调查、提供保险等。如果说高质量的产品是打开市场的前提，那么，优质的服务则是开拓市场的保证，是对用户在使用产品过程中发现产品不足的一种补偿。消费者选购商品，首先考虑商品的质量、价格，其次就是考虑售后服务问题，尤其是高档商品的售后服务，用户看得更为重要，常常把能否上门安装调试、免费送货、保修维修等条件作为是否购买的重要因素。如果用户在产品有质量问题时能得到迅速又耐心的解决，顾客的满意度则会比没碰上问题的更高。为顾客提供尽善尽美的服务已成为每一个成功企业的信条。

售后服务除了一般性的服务外，获悉顾客对商品使用后的感受和意见也很重要，它可以促使企业改进产品和服务，更好地满足消费者需要，为企业带来更多的商机。

3. 商品存储

商品存储是指商品离开生产领域后而未到达消费领域之前，在商品流通领域所形成的相对停滞状态。商品存储包括商品的周转性存储、季节性存储和后备商品存储三大类。

商品存储属于商品流通过程中的物流活动。它们的存在，对于解决商品生产与消费之间在时间和空间上的差异，调节商品供求矛盾，保证商品流通的顺利进行起着非常重要的作用，如下所述。

商品生产与消费之间存在着一定的时间间隔。有的商品是常年生产，常年消费；有的商品是常年生产，季节消费；有的商品是季节生产，常年消费。因此，商品生产出来以后不可能一下子全部销售出去而进入消费领域。为了保证生产和生活的消费需要，就要靠商品存储来解决。

商品生产与消费之间还存在着一定的空间间隔，要完成商品在空间位置上的转移，就必然有一部分商品停留在运输途中，形成在途商品存储。

为了使商品更加适应消费者需要，许多商品在销售前都要经过一定的准备，例如对商品进行挑选、整理、分装、编配等，从而形成售前存储。

为了应对各种偶然事件造成的物资短缺的需要，保证商品供应的连续性，稳定市场，也必须保持一定量的商品储备。

可见，商品存储是十分必要的。

正常的商品存储，虽然是商品在流通领域内的一种停滞，但它又是商品运动的一种特殊形式。一定规模的商品流通，必然有一定量的商品存储。但是，也不能认为商品存储得越多越好。商品存储毕竟要占用大量的资金，延缓商品价值和使用价值的实现，增加流通费用。因此，要做到商品的合理存储。

商品合理存储是根据商品生产、商品流通和商品消费的需要而进行的存储。它包括合理的存储数量、合理的存储结构、合理的存储时间以及合理的存储地点。其具体要求如下所述。

按照商品产、供、销的规律，合理地设置商品存储网点，促进现有存储网点的结构调整，提高仓储设施的利用率。合理地组织商品存储，有利于灵活调运商品，及时供应市场。

- 在商品存储的结构、品种、数量、时间上能适应市场的需要。在数量上，要瞻前顾后，适量存储，保证商品供应不脱销断档、不积压；在结构和质量上，要保证适销对路，质价相符，能与市场上各类商品的需求相衔接；在时间上，力求缩短存储时间，加速商品和资金周转效率。
- 准确迅速地组织商品收发、出入库业务。把好入库验收关和出库复核关，为商品的在库保管养护和进一步流通创造条件。
- 提高仓储的管理水平。搞好商品在库保管养护，确保商品实体不丢失、不损坏、不腐烂变质，降低商品损耗，杜绝仓储责任事故的发生，降低库存费用，并且争取创造新价值。

只有做到合理组织商品存储，才会减少在商品存储上的资金占用，缩短商品流通时间，加速资金周转；才会有利于调节供求平衡，促进商品销售，从而使商务企业的经济效益得到提高。

4. 商品运输

商品运输是指通过各种运力实现商品实体在空间位置上的转移过程。商品运输是物流活动的核心，是商品流通过程的重要组成部分。在商品流通过程中，伴随着每一次的商品交易活动，几乎都有相应的商品运输过程，其功能就是解决产销之间空间距离上的矛盾，实现产销在空间上的结合。

搞好商品运输，可以及时地把生产企业需要的原料、工具等运到企业，并且把企业的产品及时运到销地，从而促进企业的再生产；搞好商品运输，缩短商品在途时间，可以及时供应市场、活跃市场，更好地满足人民群众的生活消费需求；搞好商品运输，可以减少在途商品的资金占压，减少商品损耗，降低运输费用，从而提高企业的经济效益和社会效益。所以说，商品运输是商品经营活动的重要内容。

商品运输依据商品自身的特点和商品购销业务的具体要求，可以选择铁路、公路、水路、航空、管道等不同的运输方式。各种运输方式各有长短，可合理地选择或组合运用。

- 铁路运输。

铁路运输是陆上货物运输的主力军，在我国更是货物运输的主要承担者。其特点是载运量大、速度较快、运价较低、安全可靠，但其机动性差。铁路运输特别适合于大宗、单一、长距离的商品运输。

- 公路运输。

公路运输主要承担短途运输及未建铁路地区的长途货运任务。其特点是机动灵活，可以提供“门到门”服务，节省中转装卸的费用开支，但其运量较小，运价较高，因此主要用于中小批量商品的中短距离运输，特别适合于鲜活易腐商品，例如水果、蔬菜、鲜鱼、鲜肉等商品的运输。

- 水路运输。

水路运输是利用自然条件的运输方式，其特点是投资小、运价低、运量大，但运输速度较慢，并且受自然条件和水运状况的影响，一般适合于时效要求较宽松的大宗、散装货物的长途运输。

↗ 航空运输。

航空运输速度最快、时效性最强，但运量小、运价高，通常只适用于运量不大、时效要求高的贵重商品的运输。

↗ 管道运输。

管道运输不受自然条件影响，安全可靠、运费低廉，但机动性差，并且只能运输特定的商品，例如石油、煤粉、矿石等。

↗ 联合运输。

联合运输是集多种运输方式于一体，综合运用各种运输工具与设施，各取所长、协同互补，充分发挥不同运输手段的运输效率的运输形式，具有手续简便、运输快捷、节省运费的特点。

合理地组织商品运输，要贯彻“及时、准确、安全、经济”的原则，主要做好如下工作。

↗ 选择合理的运输路线。

这是组织商品合理运输的首要原则。在满足生产和市场需要的前提下，从现有的交通运输状况出发，科学地选择运输路线，尽量做到使商品从产地到销地的运输里程最短，消除各种不合理的运输现象及增大运输总里程的各种因素，最大限度地缩短商品的平均运输里程，从而缩短商品的在途时间，加速商品流通，降低流通费用，节约社会运力。

↗ 选择正确的运输方式。

良好的运输方式能减少中转环节和装卸搬运次数，减少不必要的手续，缩短商品的在途时间并节省运费。企业应根据具体情况选择合适的运输方式。运输方式概括起来有两种：一是直达运输；二是转线运输。企业应尽可能选择直达运输，即在商品运输中，尽量越过中间仓储批发环节，把商品从产地直接运到销地，采取最短的运输路线，避免对流、迂回、倒流、路程过远等不合理的运输现象，减少中间环节，缩短商品在途时间，加快商品流通过程，节省流通费用。此外，企业还可以选择“四就直拨”的运输方式，即在组织商品运输时，对当地生产的商品外运或外地商品的运达，采取“就工厂、就车站、就仓库、就码头”，直接发运到要货单位。没有条件实行直达运输的商品，要注意尽量减少中间流转环节，以加速商品流通并降低流通费用。

↗ 合理选择并有效使用运输工具。

不同的运输工具具有不同的特点，选择运输工具时首先要分析和对比各种运输工具的运价和运输速度，然后根据商品的价值大小、自然属性、运输距离及市场急需程度，综合考虑各种因素加以确定。无论用哪种工具，都应努力提高其利用率。通过改进商品的包装方法、装载技术，以提高运输工具的装载量。大力开展联运和集装箱运输，提高装卸效率，加速运输工具运转。合理安排货源，消除或减少空驶里程。

↗ 完善运输计划制度，加强与各方的协作关系。

要科学地编制运输计划，做到有计划地组织商品运输，以减少不合理的运输，节约运力，降低运输费用。加强与交通部门、中转环节和仓储部门的协作，使各部门、各环节紧密配合，从而达到及时、准确、安全、经济的运输要求。

阅读材料

松下幸之助的经营理念

1894 年，松下幸之助出生于日本和歌山县一个农民家庭，他少年时代只受过 4 年小学教育，因父亲生意失败，曾离开家到大坂去当学徒。1918 年，松下幸之助用仅有的 100 日元做本钱在大坂建立了“松下电气器具制作所”，接连推出了先进的配线器具、炮弹形电池灯、电熨斗、无故障收音机、电子管、真空管、晶体管等一个又一个成功的产品，7 年之后，松下幸之助成了日本收入最高的人，从那时起，直到 1988 年，有 10 年他的收入均为日本第一位，有 6 年居第二位，1989 年他逝世时，留下了 15 亿多美元的遗产。他是日本企业家中第一个上了美国《时代》周刊封面的人物，人称“经营之神”。在日本乃至全世界，松下电器的服务工作都得到了顾客们的称赞，这就是他们蓬勃发展的原因之一。

经营之神——松下幸之助

松下幸之助以一生的事业奋斗经历和优秀的经营管理才能以及世人瞩目的业绩，为自己赢得了无比辉煌的荣誉。在这些荣誉的背后，是他所取得的无与伦比的成就。松下认为，经营的第一理想应该是贡献社会。以社会大众为企业发展考虑的前提，才是最基本的经营秘诀。松下幸之助常常告诫自己的属下说：“我们要深刻地感觉到对顾客服务是非常非常重要的。如果你是制造商，你就要努力制造物美价廉的东西来服务顾客；建立顾客一有要求，就立刻把商品送到的服务制度；加强万一有不良商品或发生故障时，就全力维修的售后服务等。各方面的服务都必须考虑得很周到。”

他还说：“销售产品不要像‘嫁出去的女儿，泼出去的水’一样，要追踪到底才行。对自己制造的产品或自己售出的商品，如果不再过问，心理上难免感到遗憾，对不起社会，也对不起工作。应该认真地制造产品，诚实地出售，全身心地去工作，对于产品要始终加以注视。不仅注视它，同时也要负责到底。这种认真关心工作成果的态度，即使令人觉得有点过分，但客户一定会感激生产者的诚意。从事生产必须具备这种心理，从事买卖或工作，也应当如此。”

对于搞好售后服务的理解，松下幸之助这样比喻，对于自己销售出去的商品，就像嫁出去的女儿，顾客购置商品，就等于娶了自己的女儿，因此商店与顾客之间就有了姻亲。如果能这样想，那么自然就会关心顾客的需要，会重视商品是否符合顾客的心意。如此，必然会对出售的商品质量加以关心，例如会想到，顾客使用后是否满意？有没有发生故障？甚至干脆去听听他们的意见。这种心情跟嫁了女儿还依依不舍的心情是一样的。如果每天抱着这样的态度做买卖，就能跟顾客建立起超买卖关系的相互信任感，一旦到了这种程度，必然会受到顾客的欢迎，从而使生意日益兴隆。

习题 2

1. 什么是市场？为什么说市场对资源配置起基础性作用？
2. 消费品市场和生产资料市场各有什么特点？
3. 生产要素市场主要包括哪些类型，金融市场、劳动力市场、技术市场和信息市场各有什么特点？
4. 什么是商品供给与商品需求？它们各自受到哪些主要因素的影响？
5. 市场商品供求关系是什么？供给与需求如何影响商务活动？
6. 市场竞争有哪些积极作用？市场竞争的形式和内容各是什么？
7. 商品流通过程中的商流、物流、信息流和资金流各是指什么？它们之间有什么关系？
8. 什么是商品流通环节？商品流通环节是否越少越好？
9. 什么是商品流通渠道？商品流通渠道有哪些类型？各有什么特点？
10. 批发交易的职能和特点是什么？简述批发交易的组织形式和销售方式。
11. 零售交易的职能和特点是什么？简述零售交易的组织形式。
12. 商品采购的基本原则、基本方式和基本程序是什么？
13. 商品销售的基本原则是什么？简述批发企业和零售企业的商品销售过程。
14. 商品合理存储的要求是什么？
15. 商品运输的方式有哪些？如何做到商品运输的合理化？

案例分析

北京华联超市的经营理念如下所述。

顾客守则：第一条，顾客永远是对的；

第二条，如果你有疑虑，请看第一条。

顾客的定义：顾客是我们的衣食父母，是上帝；像我们的亲人，是真正的老板——给工资的人。

待客之道：三米微笑，100%原则，排忧解难，以客为尊，绝对不能与顾客争吵。

顾客投诉：只要有 1/20 的客人投诉，每一位不满的客人就会向另外 10 人宣泄他心中的不满；每一位顾客来商场之前有一个“期待”，就是想得到称心如意的商品和最好的服务，那么商场各方面的表现如果比顾客“期待”的更好，那就可以收到顾客满意——口碑更好——更多的新老顾客——生意更好——商场效益更好——员工的福利待遇更好。

问题：

1. 为什么说顾客永远是对的？
2. 你认为应该怎样对待顾客的投诉？
3. 北京华联超市的经营理念有什么好处？

第 3 章　现代商务组织与管理

本章你将学到以下知识：

- ✓ 商务组织的含义；
- ✓ 企业的特征和三种基本形式；
- ✓ 独资企业、合伙制企业和公司制企业的特点；
- ✓ 公司的基本功能和类型；
- ✓ 商务企业集团的特征和类型；
- ✓ 现代商务组织的发展趋势；
- ✓ 商务企业管理的任务和职能；
- ✓ 商务企业管理的主要方法；
- ✓ 目标管理和全面质量管理；
- ✓ 商务企业管理人员的作用；
- ✓ 企业的合作精神；
- ✓ 人力资源管理的职能；
- ✓ 人力资源获取的方法；
- ✓ 员工的绩效考评与激励机制。

海尔集团的管理模式——日清日高管理（OEC）

1998 年 3 月 25 日，海尔集团首席执行官张瑞敏登上了哈佛大学的讲坛，讲述中国企业全面质量管理案例。在全面质量管理过程中，“海尔”采取了日清日高管理法。为了便于在国际上交流，我们把它叫做“OEC 管理法”，就是全面地对每人每天所做的每件事进行控制和清理。“日事日毕，日清日高”：今天的工作必须当天完成，今天完成的事情必须比昨天有质的提高，明天的目标必须比今天更高才行。

海尔集团从 1989 年开始进行日清日高管理，当初主要是针对企业管理上对过程的控制不细，生产制造过程中生产的投入产出比不合理，浪费现象比较严重等问题提出的。为解决这些问题，海尔集团提出进行日清管理，即每天对各种消耗和质量进行清理，找出原因并落实责任，做不到日清不准下班回家。这就是日清日高管理法的雏形。后来，海尔集团发现这是一种非常实用且有效的办法，于是加以推广并应用于其他工作中。

海尔集团的有关负责人解释：把所有的目标分解到每个人身上，每个人的目标每天都有新的提高，这样就可以使整个工作有条不紊地、不断地增长。海尔的每个员工都有一张“三 E 卡”，所谓“三 E 卡”就是每天、每件事、每个人，每个员工干完今天的工作后，必须要填写这张卡片，填写完之后，他的收入就跟这张卡片直接挂钩。这张日清卡把整个的工作、大目标分解落实到每个人身上。比方说生产冰箱共有 156 道工序、545 个责任区，这些都落实到每个人头上去。冰箱仓库一共有 1 964 块玻璃，每一块玻璃都有一个责任人，这就使得产品的质量得到了保证。

OEC 管理是由目标系统、日清系统和有效激励系统三部分构成的。这三个体系恰好形成了一个完整的管理过程。首先，由目标体系确立目标，再由日清体系来保证完成目标的基础工作，为了使基础性的工作能朝着对企业有利的方向运动，必须对日清的结果进行正的或负的激励，这便是有效激励机制所要达到的目标。依据张瑞敏的解释，OEC 中的“O”表示全方位；“E”表示每人、每天、每件事；“C”表示控制和管理：核心内容可以概括为五句话：总账不漏项，事事有人管，人人都管事，管事凭效果，管人凭考核。用一句话来概括就是：日事日毕，日清日高。

OEC 管理的本质就是把企业核心目标量化到人，把每一个细小的目标责任落实到每一个员工的身上。OEC 管理深层次的含义如下：

- 管理是企业成功的必要条件。没有严格的管理，企业产值就会下滑，就不可能取得成功。
- 抓管理要持之以恒。管理工作是一项非常艰苦而又细致的工作，管理水平易反复，需要不断地巩固。管理是一种功夫，没有一劳永逸的办法，只有深入细致地反复抓、抓反复，才能抓出成效，提高档次。
- 管理是动态的、无止境的。企业向前发展，管理的标准也要跟着提高。管理无定式，需要根据企业目标的调整，根据内外部条件的变化、进行动态优化，而不能形成教条。目标提出的高度必须依据市场竞争的需要，低于竞争对手就毫无意义。

被誉为“海尔管理之剑”的“OEC 管理”，真正体现了以人为本的管理思想，使得海尔集团的企业管理和生产设备技术齐头并进，达到了世界先进水平。每个员工以争雄国际市场和追求企业长期利益最大化为目标，使企业内部形成了一种充满活力且不断求新、求高的激励机制，从而保证企业生产出品质一流的产品，提高了企业的经济效益。

现代商务活动是有组织的经济活动，海尔集团就是一个大型现代化的商务组织。海尔集团的世界一流的管理水平是其市场制胜的法宝。这一章就让我们来了解现代商务组织的类型及发展情况，以及商务企业的组织管理方面的知识。

3.1 现代商务组织

组织是人类社会所特有的社会现象。人类只要有集体活动的存在，就会出现组织。商务组织是指从事商品生产、流通和服务等经济活动，向社会提供商品和服务以满足社会需要并以营利为目的的经济组织。

商务组织的形成是商品经济长期发展的结果。在商品经济不发达的时候，从事商务活动的大多数是个体商人，其商品交换规模小，数量有限，范围狭窄。随着商品经济的不断发展和市场的扩大，原来分散、零星的个体商人已不适应大批量、多品种、远距离的商品流通发展的需要，于是，商务组织就应运而生了。随着商品经济的进一步发展和市场环境的改变，出现了一些新的商务组织并逐步取代了传统的商务组织。

1. 商务组织的形式

企业是商务活动的基本单位和基本组织。企业在客观上有大、中、小之分，但只要是企业，就要有一定的组织体系和规模，按一定的章程来运作。企业是一种社会化的规模经济，与以个体劳动为特征的小商贩有着本质的区别。企业有符合法律规定的资金数量、组织章程、组织机构和场所，能独立承担民事责任，经主管机关登记批准后成为企业法人并得到法律的承认和保护。企业对其所属的劳动力、生产资料和经济权益，在法律范围内具有使用权和支配权，享有充分的经营自主权。同时，企业又要自负盈亏，独立地承担经营责任。

企业可以有多种组织形式，这取决于企业开展商务活动的性质、特点、规模及类型等，还取决于企业所在国家、地区的法律和规定等。一般来说，企业有三种基本的组织形式，即独资企业、合伙制企业和公司制企业。

（1）独资企业

独资企业是最简单的商务组织形式，即个人拥有的企业。由个人出资兴办，直接经营，虽然也可能有雇员，但企业所有人承担企业的全部责任，经营所得归业主个人享有，其债务完全由业主承担，包括法律责任。

独资企业一般规模较小，内部管理机构简单，容易设立。其优点是经营灵活多样，决策迅速，对市场信息反映灵敏，经营成本较低。但缺点是企业规模小，经营分散，本身财力有限，获得贷款的能力较差，技术水平相对落后，经济上不够稳定，承担市场风险能力较差。如果没有丰富的个人资源，独资企业难以在市场中真正实现发展壮大。

（2）合伙制企业

合伙制企业指两个或多个人共同拥有一个企业。合伙企业被认为是脱离个人的法律实体。合伙人按协议投资，共同经营，共负盈亏，平等享有企业的控制权。每个合伙人在企业中可以发挥不同的作用，例如有人主管销售，而其他人则主管市场、产品和服务等。多数合伙企业规模较小，但也有合伙人数较多、规模较大的企业，例如律师、医生、会计等专业人士通常组成合伙企业。合伙制企业的优点是众多的合伙人共同筹资，共负盈亏，可减小经营风险，增强企业的筹资能力，并且有助于提高企业的信誉度。但其缺点是增加了决策层次和决策程序，经营管理的难度加大。

（3）公司制企业

公司制是现代企业制度的重要形式，也是适应社会化大生产和市场经济发展而形成的一种现代企业制度。在19世纪，随着钢铁、煤炭、铁路等行业的企业规模发展到对资本的要求超出了个人或一个合伙企业出资能力的程度，就出现了公司。所谓公司，就是依法设立的，由法定数额的股东所组成的，以营利为目的的企业法人。多数国家的公司法规定必须有两个以上的出资人才可以组建公司。我国把单一投资主体的国有独资公司也作为公司制的一种形式。

在现代社会中，公司作为独立的企业法人，已成为最重要的市场主体形式，在社会经济生活中发挥着重要作用，其作用体现如下：

- 公司是筹集资金的有效形式。

公司允许投资者以购买的形式加入企业并以分得一份股利或其他有限所有权的形式获得收益。这些投资者被称做股东。公司通过股份形式集资，投资者多，投资范围广，能有效地解决商务资金筹集的问题。

- 公司有利于降低和分散经营风险。

现代公司大多数是有限责任公司，不仅具有雄厚的商务资金基础，而且其最大的优势是保持了个人所有者或股东对企业行为的有限责任，企业的亏损不会转成股东的个人债务，只会损失最初购买公司股票时的投资。这样，既增加了企业的竞争能力，又分散了风险。

公司的资产具有流动性。

公司的资产不仅有利于投资者自由选择投资方向、投资对象，而且使企业能迅速、灵活、方便地筹集到所需的商务资金，进行规模经营，使生产要素与社会资源通过市场机制得到合理流动和配置。

公司为专业化协作和规模经营提供了组织上的保证。

高度专业化协作是社会化大生产的重要特征，公司是适合这种特征的企业组织形式。它可以把分散且专业化程度不高的企业组织起来，通过科学管理，提高专业化程度，实现规模经营。公司提高了专业化组织程度，有利于加强行业管理，发挥行业优势。

在公司中，根据股东对公司承担的债务清偿责任划分，可分为无限责任公司、有限责任公司及股份有限公司等类型。股份有限公司是主要形式。

无限责任公司。

无限责任公司是由两人以上的股东所组成的。股东必须是自然人，对公司债务承担连带无限清偿责任。在公司资产不足以清偿债务时，债权人可以直接向股东行使债权，股东则必须将公司债务如数清偿，方可解除债务责任。其优点是：组织形式较简便，外部关系简单；可以以个人信誉和劳务为出资内容，不以资本总额为信用，股东合作的形式可多样化；投资者经营积极性高，责任感强。其缺点是：股东负连带无限清偿责任，风险太大；股东人数有限，不易资本筹集，不适于从事规模较大的经营活动；出资转让受到严格限制且影响公司发展。

有限责任公司。

有限责任公司是由一定人数的股东所组成的。股东以其出资额为限对公司承担有限责任，公司以其全部资产对公司债务承担责任。公司的债权人不能直接向股东行使债权，而只能对作为法人的公司行使债权。资本分股，但一般不划分等额股份，不发行股票。其优点是：股东人数有限，公司的内部和外部关系较简单；股东对公司的债务只负有限清偿责任，风险较小；内部组织机构明确简单，有利于信息的沟通。但缺点是：股东人数较少，股份转让有严格限制，集资范围和规模小，只适合在中小型企业采用。

我国国有商务公司是由具有单一投资主体和其他条件的国有大中型企业依法改组形成的，在投资、设立、管理、责任等方面与有限责任公司相似，是有限责任公司的特殊形式。

股份公司。

股份公司是一种高度社会化的经济组织形式．它通过向社会集资招股的办法组成企业，并且使所有权与经营权分离。股东可以在公司的重大事件上进行投票表决，但是不参与公司的日常经营管理活动。

股份公司又分为股份无限公司和股份有限公司两种类型。股份无限公司是一种股东对公司债务负有无限责任的公司。这种公司规定股东的投资未经其他股东同意，不得转让他人。当企业经营亏本而面临破产又无力支付债务时，全体股东或合股者对公司的债务负有共同无限责任。除了用股本偿还债务外，余下的债务还得赔偿，直到偿清债务为止。股份有限公司是一种股东仅以自己投资入股的份额对公司债务负有限责任的公司。公司的全部资本分为若干等额股份，由股东按股认购，取得股票，并且按股票面额取得股息。企业债务是由公司资产来担保，股东以所持股票份额对债务负有限责任。一旦公司破产或解散进行清盘，公司债权人只能对公司的资产提出还债要求，而无权直接向股东讨债。公司的最高权力机构是股东大会，由股东大会委托董事会负责处理公司重大经营管理事宜。董事会聘任总经理，负责公司的日常经营管理。

股份有限公司的突出优点是有可能获准在证券交易所上市。股份有限公司上市后，可以面向社会发行股票，具有大规模的筹资能力，能迅速扩大企业规模，增强企业在市场上的竞争力。此外，由于股票易于转让，提高了资本的流动性。当股东认为公司经营不善时，会在证券市场上抛售股票，把资金转而投向其他公司。这样，就对公司经营人员施加了强大的压力，对提高企业的经济效益具有积极作用。在股份公司中，由于股份有限公司具有明显的优势，已成为当今组织最普遍的形式了。

（4）企业集团

企业集团是以大型企业为核心，由不同经济部门和行业的若干法人企业组成的大型经济联合组织。集团内部有众多的企业，其内部关系不是企业间单纯的生产协作和加工结算关系，而是与经济效益相联系的利益与风险共享和共担的整体关系。企业集团以资产为纽带，通过产品、技术、经营、信息、人员、服务等形成广泛的企业间的经济联系，有利于发挥集团优势，形成规模经营。同时，通过这种经济联合，可以进一步形成金融中心、成本中心、利润中心及商品流通中心。

根据经济联系的紧密程度，集团成员可以分为以下层次：

- 由纯控股母公司或控股兼营业务的混合型大企业构成的核心层；
- 由集团公司全资或控股子公司构成的紧密层；
- 由与核心企业和紧密层企业有长期稳定的契约关系的企业构成松散层。

在企业集团中，由资本母公司与它的全资子公司或控股子公司，即其核心企业和紧密层企业，形成的集团公司关系，称做企业集团公司。企业集团的类型如下：

① 松散型。集团成员在人、财、物与产、供、销等方面都是独立自主的。其法人地位、隶属关系和财务关系不变，只是通过双边或多边的经济合同形式，实行生产或流通过程中某一部分或某一环节的联合经营。这种类型的集团没有固定的组织机构和领导制度，重大事务通过谈判或协商解决。

② 半紧密型。集团成员的法人地位、隶属关系、财务关系仍保持不变，但联合经营关系比较固定，一般设有理事会和必要的章程，在商品经营方面采取统一的经济行为。

③ 紧密型。集团成员具有独立从事经营的法人资格，各成员用全部或部分资产参与联营。尽管各成员的法人地位没变，但在人、财、物与产、供、销方面实行较高程度的统一。各成员实际上已结合成了一个利益共享和风险共担的经济联合体。

④ 成熟型。集团成员虽然均为独立的法人，但已实现了完全的联合。集团的董事会或理事会有权决定和协调集团内部的重大事务，有权进行人、财、物的统一管理，有权对产、供、销进行统一安排。它打破了各成员原有的所有制形式及其隶属关系，形成了一个完整独立的经济实体。

2. 现代商务组织的发展趋势

现代商务组织发展的特点如下：

① 现代商务组织中大公司占支配地位。随着市场经济的发展，生产和资本呈现出不断

集中的趋势。所谓生产集中，是指在追逐利润的竞争中，使生产资料、劳动力和产品由为数众多的企业分散掌握而逐步聚集到少数大企业掌握的一种自发的过程。所谓资本集中，是指通过合并与兼并来扩大资本数额，使大量的资本越来越被少数大资本所支配。资本集中是生产集中的重要条件之一，两者往往相伴而行。生产集中和资本集中发展到相当高的程度就必然导致垄断。居于垄断地位的巨型企业和企业联合体形成一种垄断组织，其组织形式多种多样，例如，当今的一些大公司、公司集团、跨国公司、综合商社等形式。

② 商务领域中跨国公司迅速崛起。随着经济全球化和国际化的发展，现有的国际分工已经从原来的垂直分工迅速地向水平分工和产业内部分工扩展。国际分工的这种发展，使世界资源得到了更合理的分配和利用，从而对世界经济的发展起到了巨大的推动作用。其突出表现在两个方面：国际贸易有了巨大的增长；跨国公司不断发展壮大。目前，全球有 4 万多家跨国公司，生产总值占据着世界生产总值的一半，控制着世界贸易总额的 50%左右。这些大型经济组织不仅具有在世界范围内配置各种资源的优势，而且它们推动了国际分工的发展，使世界经济越来越紧密地结合在一起。

③ 信息技术加快了商务组织结构的转型，促使一些新的网络式结构的出现。随着信息技术和网络技术的发展，电子商务得以产生并在世界范围内迅速发展。与此相适应，企业组织形式也发生了巨大变化，其中最明显的表现形式就是虚拟企业的不断产生，以及企业组织中一些新的网络式结构的出现。一些大的商务企业，其销售商与供货商之间的网络，使市场、服务、生产紧密地连为一体，打破了行业的界限，大大提高了整个社会的生产和流通效率。

④ 混合经营的企业组织已成为主流。随着工商、农商和农工商一体化进程的发展，纯零售或纯批发经营的企业已越来越少，兼营批发与零售、商务与制造业，以及农工商一体化的混合型企业越来越多。

⑤ 通过外购的形式形成企业网络。外购的意思是将企业中的部分工作从内部资源中分离出去并交给专门从事该工作的外部企业。企业可以将会计、营销、研发及生产等不同的工作进行外购，这些可通过简单的合同关系实现，例如向注册会计师支付费用让其完成完税手续和财务报告，也可以通过建立长期的伙伴关系来实现。例如与一个生产企业达成未来十年的产品生产协议。这种外购的趋势正在改变着企业。在很多行业中，传统的由公司直接拥有并管理生产产品和服务所需的大部分的资源的公司，正在被更灵活的小型组织替代。例如，托普斯泰尔公司的销售额超过 8 000 万美元，但是它只有 3 个员工，却有 20 多个作为外购资源的供应商，这些供应商负责的范围包括生产公司授权的护发产品，以及为所有的零售客户服务等各种工作。这种网络形式的公司发现，没有必要为使用这些资源而拥有并控制所有的资源。完全利用外购形式优势的关键是有知识资本，即如何使用其他形式的资本创造顾客价值的知识。

3.2　商务企业管理

商务企业管理是指商务企业为实现预定的目标，依照一定的原则、程序和方法，对商务企业的人力、物力、财力及其经济活动进行有效的计划、组织、指挥、监督和调节，以取得良好经济效益的过程。

管理也是生产力。企业管理，小胜靠智，大胜靠德，长胜靠科学管理。商务企业的发展和经济效益的提高，在很大程度上取决于商务企业管理人员的素质和管理水平的提高。国内外的许多经济管理专家认为：企业经营不善的原因，除了资本和技术之外，大部分是管理人员的水平低下和缺乏进取精神。改进和加强商务企业管理，对于商务企业的发展具有重大的现实意义。

1. 商务企业管理的任务

商务企业管理的任务就是要通过计划、组织、指挥和控制活动，充分调动员工的积极性、主动性和创造性，合理分配和使用企业的资源，有效地组织企业的经营活动，以较少的劳动耗费取得较好的经济效益和社会效益，实现组织的经营目标。

2. 商务企业管理的职能

商务企业管理的职能主要包括计划职能、组织职能、控制职能和指挥职能。

（1）计划职能

计划职能是对商务企业未来的经营管理活动做出的规划和安排，关系到商务企业经营活动的方向、方针、政策，以及计划目标、方案的程序、方法和手段的确定，计划职能是商务企业管理的首要职能。商务企业所进行的经济活动规划，可以作为员工共同行动的纲领，以指导企业的经营，协调各部门、各环节的活动，力争企业经营目标的实现。因此，计划职能如果运用得好，就会为企业的运营打下良好的基础，否则就会导致浪费和损失。

计划职能实施的内容如下：

- 分析和预测未来情况的变化。

分析和预测未来情况的变化主要包括两方面工作：一方面是分析研究社会政治和经济环境，预测市场需求的变化趋势；另一方面是分析商务企业自身所具备的条件及其变化。要想正确预见未来，则必须掌握充足、准确且适用的信息。

- 确定计划目标。

确定计划目标是管理活动的出发点和落脚点，应包括确定企业的发展任务、经营方针、政策，以及实现目标的战略方针和途径等。

- 拟定实施计划目标的方案。

根据各种资料的分析研究，制定多种可行性方案并进行论证，对比各种方案的利弊，选择最优方案。

- 编制综合性的经营计划和专业性的具体计划。

这是实施决策的行动规划，各种具体计划必须以最优方案为依据，通过计划对实施最优方案进行具体安排并付诸行动。因此，编制与实施计划是计划职能的重要内容。

（2）组织职能

组织职能是指对实现商务企业目标的各种要素和人们在经济活动中的相互关系进行组合配置的活动。组织职能的作用在于使商务企业经营的各部门、各环节相互衔接，协调一致；使商务企业的人力、物力、财力实现最佳结合，取得最大的组合效益，实现商务企业的经营目标。因此，组织职能是发挥管理作用的保证，是完成计划目标的重要手段。

组织职能的内容如下：

- 建立合理的组织机构。包括内部机构的协调、管理层次的划分及组织结构形式的确定等。

➹ 落实任务。包括确定各职能部门的职责和权限、上下级和个人之间的领导协作关系，保证职责分明、信息流畅、协作良好、整体高速地运转。

➹ 合理调配资源。首先是合理配置人力资源。一方面应当人尽其用，人员数量、素质、技能要和工作相匹配；另一方面应注意发现、培养和选拔人才，充分发挥每个人的特长，做到量才用人，人尽其才。其次是合理组织其他物质资源，讲究财力的开发、聚集、分配和使用，安排好商品的购销规模和结构，做好物质技术装备的合理配备和使用，以及网点合理分布、工作现场的合理布置等方面的工作。

（3）控制职能

控制职能是指管理人员为了保证实际工作与计划的要求相一致而采取的行动，即按照经营目标和计划对商务企业的经营活动及其成果进行监督和检查，发现偏差，及时采取纠正措施，或者适当调整计划，以达到预期目标的管理活动。控制职能是计划职能、组织职能的必要保证。因此，控制职能是管理的一项基本职能。

控制职能的主要内容如下：

➹ 生产经营计划控制。

对生产经营计划的编制进行控制，使之符合生产经营目标，保证决策的正确性。同时，要对生产经营过程中的各环节进行监督检查，使之不偏离计划目标。如果发现计划不切合实际现象，应根据实际情况进行调整。

➹ 营销业务控制。

营销业务控制主要是对购、销、运、存等各个流通环节进行控制。例如，控制销售进度、商品结构、销售现场，以及对进货渠道、数量、质量、价格的控制，使其符合市场的需要。

➹ 服务质量控制。

服务过程中的质量控制，应当侧重于事先控制、自我控制，以避免在服务过程中出现问题而造成的不良影响。

➹ 信息控制。

对经营过程中信息流的控制，就是控制与经营过程有关的信息的传递路线与传递方式。信息的传递路线主要控制信息的传递范围和传递起止点。保密类信息的控制必须强调严肃性和纪律性；有些信息属于政策、命令性质的，这类信息传递必须强调全面性和广泛性。控制信息传递方式，就是从众多传递方式中选择较为理想的一种。同时，还必须考虑信息传递的有效性和有序性。

➹ 财务控制。

财务控制是指对商务企业资金、费用、利润等方面的核算和监督。它可以综合反映商务企业经营管理的状况和结果。

此外，还有对商品价格和广告宣传等方面的控制。

（4）指挥职能

指挥职能是指商务企业管理者为了实施管理决策和计划，运用商务企业赋予的权责，对下属人员进行领导、指导和调度，从而确保企业按照既定目标良好运行的一种管理活动。它是保证商务企业正常经营并实现计划的重要条件。

指挥职能的内容如下：

- 通过行政指挥系统下达各项指示或命令，指挥下属执行各项工作任务，使各部门和全体工作人员在统一指挥下，集中力量为实现商务企业经营目标和完成计划指标而努力工作。
- 对在执行过程中出现的新问题和新情况，及时研究并提出解决办法，给有关下属下达指示，以便排除困难，保证企业计划的顺利进行。
- 深入管理现场，实行面对面的指导，帮助下属人员提高管理能力，解决工作中的疑难问题，协调好横向联系，提高工作效率。执行指挥职能必须坚持指挥的统一性、权威性和科学性。

总之，商务企业管理的各个职能是相互联系、相互依存、相互促进的。在商务企业管理过程中，只有同时发挥各个职能的作用，才能收到良好的管理效果。

3．商务企业管理方法

商务企业管理的方法很多，主要有行政方法、经济方法及法律方法等。

（1）行政方法

行政方法是指依靠行政机构和管理者的权力，通过强制性的行政指令等手段，直接对管理对象施加影响，按照行政系统进行管理的方法。其实质是通过职务而不是通过个人进行管理，它具有权威性、强制性和直接性的特点。行政方法是按照行政系统和行政层次，从上到下，直接下达命令，规定任务，直接进行控制，有时甚至是面对面指挥。行政方法主要包括行政命令、指示、各种条例、规章制度及办事细则、指令性计划等。

运用行政方法管理时要注意如下几点。

- 必须按客观规律办事。科学的管理方法，必须建立在客观规律的基础上。管理机构所发布的指示和命令只有反映客观规律的要求，符合企业经营管理的实际，才能真正被全体员工所接受，才能取得良好的管理效果；否则，就是脱离实际的瞎指挥。
- 必须把责、权、利三者有机结合起来。各个层次管理者应明确自身的权力、责任和利益，防止管理者滥用权力、不负责任、独断专行，甚至以权谋私等现象的发生。
- 与经济方法相结合。商务企业管理不能没有行政方法，但又不能单纯使用行政方法。行政方法与经济方法应该是相辅相成的，行政方法的实施必须兼顾各方面的经济利益，只有这样，行政命令和指令才是真正有权威的。
- 必须把服从命令与调动人的积极性、主动性结合起来。管理中的“服从”有被动服从和主动服从之分。被动服从很难产生令人满意的效果；主动服从才能形成有效的管理。因此，在运用行政手段管理商务企业时，必须加强思想政治工作，重视调动人的主动性和自觉性。

（2）经济方法

经济方法是指根据客观经济规律的要求，利用各种经济杠杆，正确处理各方面的经济关系和企业内部各种经济利益的一种方法。经济方法是建立在人们对物质利益的追求之上，以物质利益去引导和推动人们去做什么、怎样做，把人们的行为引导到实现企业目标的轨道上来。经济方法的实质是以物质利益为动力管理商务企业。

商务企业管理的经济方法的特点如下：

- 平等性。

商务企业内部的每个人通过劳动获得经济利益的权力是平等的。在分配中必须贯彻按劳分配的原则。

- 间接性。

经济方法不直接干预和控制经济组织和劳动者的行动，而是以经济规律为原则和以物质利益为基础，通过调节人们的经济利益，产生一种间接的调节力量，迫使作用对象按照等价交换的商品经济法则，为满足自身的经济利益的需求，采取与管理目标一致的行动，来达到商务企业管理的目标。

- 广泛性。

经济利益同所有的经济组织、个人都有广泛且密切的联系。每个经济组织和个人都在经济方法的控制之下。同时，一种经济方法的运用，会引起多方面经济利益关系的变化，对当前或今后相当一段时间内的商务企业活动及个人行为都会产生影响。

商务企业管理中经常使用的经济方法主要有：工资和奖金、经济承包责任制，与经济利益相联系的各种定额管理、单项的和综合的物质奖励等。

经济方法把商务企业与员工个人的物质利益结合起来，能有效地调动企业和员工的积极性，提高他们的工作责任心。但经济方法不是万能的，同任何其他事物一样，都有自己的局限性，所以不能把它视为调动积极因素的唯一途径，正确地做法是与其他方法配合使用。

（3）法律方法

法律方法是指通过国家制定的法令、法规、条例等强制性手段来处理、调解、制裁各方面经济关系和经济纠纷的一种方法。法律方法具有权威性、强制性、稳定性、规范性等特点。经济法规明确规定了各类组织和个人在社会经济活动中所拥有的权利、义务和责任，谁违反了法律就要受到法律的制裁。

运用法律方法要求做到如下几项：

- 不断完善商务企业管理的各项经济法规，建立相应的机构，加强对经济案件的查处和审理。真正做到有法可依，有法必依，执法必严，违法必究，使商务企业管理工作纳入法制轨道。
- 加强法制宣传教育，增强法制观念培养，使商务企业员工人人知法、懂法、守法。了解商务企业经济行为规范及处理经济关系的准则，坚持合法经营，自觉履行法律规定的权利和义务。
- 加强对经济合同的管理和监督。商务企业外部经济活动主要以经济合同的形式进行，因此必须加强对合同的管理监督，认真执行合同法，按照法律规定做好合同的签订、鉴定、公证和履行工作，充分发挥合同在商务企业经营管理中的作用。

4．目标管理与全面质量管理

（1）目标管理

目标管理是指商务企业首先确定一定时期的总目标并依此确定各个部门的分目标，使商务企业的全部活动都按一定的目标进行，从而保证商务企业总目标实现的方法。

目标管理使商务企业在一定时期内各项活动的目的确切、具体、简化、明了。它既不是口号，也不同于上级指示，而是商务企业与员工责、权、利的有机结合，是其共同奋斗的具体标准。商务企业的总目标是由多层次的具体目标构成的，各个具体目标又是由总目标分解而来的，因此，目标管理是从整体出发确定商务企业目标的，又以提高整体效益为结果，从而表现出很强的整体性。商务企业总目标和各具体分目标，一般都是经过反复酝酿后制定的。目标的实现与员工利益息息相关，这就使每个员工的责任感增强，自觉性提高，为实现各自的目标而进行自我控制、自我管理、自我检验与自我评价。

目标管理的目的就是实现商务企业的总目标，提高经济效益。因此，一切经济活动都紧紧围绕着总目标和经济效益来进行。它以提高经济效益为出发点制定总目标，又以实现总目标提高经济效益为截止点，是一种反向的定时管理方法。

目标管理的程序大体可以分为四个阶段，即制定目标阶段、实现目标阶段、对目标成果进行检查考核阶段和对目标成果的评价阶段。这四个阶段构成一个周期，称做目标管理周期。商务企业的经营活动就是从一个阶段到另一个阶段，从一个周期到另一个周期，不断循环进行的。在每一个循环中，其目标都是在上一个目标的基础上提高一步制定的，从而形成螺旋式不断上升的运动。其过程如下：

- 制定目标。

这是目标管理活动的开始。其主要任务是根据一定的原则，运用一定的方法，制定出科学且符合商务企业实际的目标体系。这一阶段包括搜集信息，制定战略性目标，对制定的目标进行反复磋商，以及对各项目标成果的评价标准达成一致的认识等具体工作。

- 实施目标。

在制定目标的基础上，首先，要为实施目标准备好各项工作，包括制定实施各项个体目标的计划、措施和方法；明确各级的责、权、利，必要时签订合同与协议，同时把工作任务、目标落实到个人，实行岗位责任制。其次，要组织好目标的实施。各个管理部门和个人按照落实的责任，以目标为中心，开展各项工作。在实施目标的过程中，要充分发挥每个人的主观能动性和创造性。

- 目标成果的检查。

在目标实施过程中，要经常检查目标完成的情况，找出存在的问题并分析产生问题的原因，及时采取有效措施进行目标控制，及时总结经验，以保证企业目标的实现。通常，检查工作是在每个阶段工作终止时进行，例如月末、季末、年末等。

- 目标成果的评价。

目标成果的评价一般采取自评、互评和上级评定的方式。在规定的计划期限结束时，首先由执行者进行自我评价，评价时尽可能定量表示出每个人的实际业绩。然后由上级有关部门检查评定，确定其目标完成情况的等级。目标成果的评价，要以有利于改进领导工作方法和促进全体员工努力达到下一期目标为主要目的。评价的结果要与人事考核、工资调整结合起来，作为员工培训、晋升、调资、工作调动、奖励的依据。

（2）全面质量管理（TQM）

全面质量管理（TQM）是指企业为提高产品和服务的质量，综合运用从产品的研发、设计、制造到售后服务等一套质量管理体系、手段及方法进行的系统管理活动。企业组织全体员工和各个部门，把专业技术和经营管理结合起来，综合运用现代科学和管理技术成果，控制影响质量全过程的各因素，从而有效地利用人力、物力、财力和信息等资源，提供顾客满意的产品和服务。

全面质量管理强调在为顾客的服务过程中持续改进企业管理和服务工作的重要性。在全面质量管理中，“全面”的意思是包括持续的改进顾客价值及相关的企业程序的全部过程。这些主要内容应用于从收发室到会议室的企业整体和全部的商务活动。全面质量管理不仅是一个改进工厂产品质量的方法，而且还适用于营销、研究与开发、会计及其他的专业活动。“全部”还意味着所有的活动都必须通过团队工作统一起来。“质量”的意思是把企业的每一件事都做到并且做好的普遍态度。它不仅意味着避免缺陷或提高生产效率的狭隘的产品和服务质量观念，还意味着在公共关系、对待员工及投资者收益等方面都要做到最好。“管理”意味着将这一切综合起来实现企业的宗旨。

全面质量管理包括如下三个关键的内含：

- 强调持续的改进；
- 把企业作为由相关程序组成的开放系统进行管理；
- 把顾客放在最优先的地位。

持续的改进是指即使现行的企业运作程序、产品和服务看起来已经足够好时，也要实施持续的、自发的、预先的变革程序。许多企业在实施全面质量管理时遭遇失败，主要原因是他们过多地强调控制与稳定，而没有认真考虑持续改进。

把企业看做是一个由相关的企业程序组成的系统的做法是很重要的。因为它可以培养企业全体管理人员的协作精神。当管理人员认为在一个由相关的企业程序组成的系统中工作的时候，他们不会像一个独立部门那样行动或将自己从其他部门中孤立出来，由于知道其行为影响了别人，因此他们会作为一个团队相互协作，以确保整个企业取得良好的业绩，而不仅仅限于使本部门取得业绩。

将顾客放在最优先的地位意味着企业要努力改进向顾客提供的产品和服务的价值。通过提供优质的产品和服务，而不仅仅是提供符合最低质量要求的产品和服务，企业可以培养忠诚的顾客。这种持续的忠诚会产生长期的经济利益并提供令所有利益相关者（例如员工、供应商、投资者等）满意的资源。位于美国佛罗里达州的一个餐饮服务公司经理杰佛里·芒特用下面的话表达了他对这个原则的理解：“我接到一个愤怒的顾客打来的电话，他叫嚷说不喜欢我们生产的三明治中符合卫生标准的腌菜，这时我想机会来了。我问他喜欢什么样的腌菜？因为问题不是腌菜，而是要让这家伙感到满意。这有什么真正的对与错吗？我认为没有。我有一套让这个家伙高兴的现成方法。如果他高兴，他会再来的。”杰佛里·芒特认识到迎合顾客不仅仅是在销售三明治上。

实行全面质量管理常常采用 PDCA 循环工作法。这种方法是按照计划、实施、检查、处理的顺序，循环不断进行的一种科学管理方法。PDCA 循环的四个阶段具体包括八个步骤，如下所述：

PDCA 循环八步骤

- 分析现状，找出存在的质量问题并用数据资料加以说明；
- 逐一分析影响服务质量、经营商品质量和工作质量的原因；
- 找出影响质量的主要原因；

◆ 针对主要原因制定相应的措施，提出改进计划；

◆ 按计划阶段预定的目标执行措施，这是实施阶段的内容；

◆ 根据工作计划的要求，检查工作效果，这是检查阶段的内容；

◆ 根据工作检查进行总结，把成功的经验和失败的教训都纳入有关的标准和规范中去，以防止问题的再次发生；

◆ 提出这个循环尚未解决的问题，即本次循环遗留的问题，转入到下一个 PDCA 循环中去解决。

PDCA 循环有如下三个明显的特点：

- 四个阶段、八个步骤紧密相连，不可分割，相互渗透；
- 大循环套小循环，企业中的每个部门、每个人都可以根据企业的大循环确定自己的小循环；
- PDCA 循环呈螺旋式或阶梯式上升，每循环一周，质量就上升一个阶梯。这次循环的结束，又为下次循环的开始提出了课题，这样周而复始地循环往复，就会使商务企业的经营和服务质量得到不断提高。

全面质量管理的方法还有排列图法、ABC 管理法等。

5. 商务企业管理人员的作用

现代商务企业必须建立一支高素质的管理人员队伍，没有高水平的管理人员，没有良好的管理，公司就不可能获得成功。一个好的企业经理应该做好以下工作：

- 了解企业环境，例如经济、行业趋势、政府规章、竞争的特点、顾客的需求及市场机会等；
- 阐明并传达公司在未来的企业环境中的宗旨和设想；
- 为实现宗旨和设想制定计划；
- 发现并获得所需的人员和其他资源；
- 为实现计划分配资源；
- 组织与协调这些资源以开展所需的工作；
- 提供使人们能够开展工作的方法、生产程序和信息；
- 激励并领导人们开展工作；
- 与他人沟通以获得信息并向他人学习；
- 衡量并评估完成宗旨的程度和水平；
- 持续地改进企业的每一个方面。

企业管理人员的职责随着他们在企业中的职位变化而发生变化。高层管理人员负责设计经营战略和长期计划并为企业制定主要的具体战略；中层管理人员负责传达并实施上级制定的战略和策略；第一线的管理人员负责监督非管理人员的工作，他们的工作相当于教练，为下属提供手把手的培训和指导。

6. 企业的团队精神

在企业内部，各个部门的专业技术人员、管理人员往往只关注自身或本部门的工作，却并不完全了解和关心企业全局工作。例如，营销人员和销售人员负责企业促销活动并赢得顾客，他们为这个目的会迎合顾客做很多事情。例如为增加订单或为增加产品市场份额而推出新产品和服务；会计和金融人员关注控制费用、遵守预算、保持低成本并保持企业营利；人力资源管理人员会根据心理学和社会行为学理论促进人员发展和培养其创新才能；工程人员关心如何设计并生产产品和服务；生产管理人员注重实际生产符合潮流的产品和服务，因此他们会避免或克服破坏稳定生产过程的活动。以上这些专业技术人员和管理人员都在发挥各自的职能作用。这些职能和作用都非常重要，但遗憾的是，他们没有从企业全局角度去做工作，可能无法进行合作去实现企业的整体目标。

企业家及各个部门领导的责任，就是调节这些专业人才发挥的作用，将这些不同的活动统一起来，并且领导所有人沿着企业成功的共同目标前进。相关方面如下：

- 营销人员和工程人员必须相互合作，以便保证销售人员及时且真正地向顾客提供所需产品和服务。营销人员和销售人员一定要了解工程人员的条件限制和能力，如果不能实现给顾客的承诺就可能影响与顾客的关系。
- 营销和生产管理人员也一定要合作，以赢得生产时间，即赢得从接到订单到实际向顾客交付最终产品和服务之间的一段时间。营销和生产管理人员还要联合制定最小的订单数量和相应的价格。营销人员一定要了解企业的实际生产能力，以免做出无法兑现的承诺。生产管理人员一定要了解顾客的需求，这样，他们可以调整和改进生产能力以满足这些需求。
- 为赶上技术潮流，企业必须阶段性地购买新设备和机械。财务和生产管理人员必须相互合作，以便评估费用、收益及发现财务问题。会计人员必须考虑在以后的财务阶段中，如何才能更好地处理这些问题。
- 随着全球竞争的加剧，企业必须经常调整他们产品和服务的价格。这样的调整是极其重要的。在决策时，必须有财务和营销人员参加，同时还要考虑对企业和顾客的影响。
- 会计和信息系统的人员应该合作开发收集和分析资料的系统。如果设计得当的话，一个信息系统就可以满足多种需求。它可以满足向会计人员提供规范格式的财务资料的需要，还可以向经理及其他需要做出日常决策的人员及时提供生产计划、成本控制、库存水平及现金流量等方面的信息。
- 营销人员需要与人力资源部门实行人力资源密切合作，制定未来需要的雇员的技能。通常，营销人员对行业趋势了如指掌，因为他们负责预测未来的市场变化。一旦人力资源部门知道这些趋势，就可以更好地选择、培训及培养员工，使之符合未来的技术挑战的要求。这些计划通常构成企业未来战略计划的一部分。
- 人力资源部门负责在职位上安排合格且有进取精神的员工．为吸引、留住及激励最佳的人选，企业必须支付具有吸引力的工资并提供其他的利益和奖励。但是又不能过于大方，否则就会产生大量的雇工费用。人力资源和会计部门必须共同了解并评估雇用员工的真正费用，例如旷工、人事变动、解雇、聘用、选择及培训新员工的费用。通过合作，人力资源部门和会计人员可以找到降低成本的最佳工资水平。

3.3　人力资源管理

人力资源是指能够推动社会和经济发展的，能为社会创造物质财富和精神财富的体力劳动者和脑力劳动者的总称。人力资源管理是指企业对员工的招募、录取、培训、使用、升迁、调动、退休等一系列管理活动的总称。人力资源管理的主要目的在于科学、合理地使用人才，充分发挥人的作用，推动社会和组织的进步。

在企业所拥有的各种资源中，人力资源是最关键的资源。现代管理大师彼得·德鲁克曾经说过："企业只有一项真正的资源——人。管理就是充分开发人力资源使其做好工作。"企业经营水平的高低乃至事业的成败，主要取决于企业家及员工素质。在商务企业的各项管理工作中，人力资源管理处于核心地位。

1. 人力资源管理的职能

人力资源管理的职能如下：

- 帮助实现企业目标。

企业中的任何目标都需要人的参与。人力资源部门要主动配合企业的各种需要，制定人力资源计划，及时为企业提供和配备各个岗位所需的人员，并且做好人员的管理工作，以帮助企业实现目标。

- 招聘企业所需的人员，补充"新鲜血液"。

企业的人员组成情况是动态的。在正常情况下，因企业员工的升迁、辞退、病死等，需要人员的补充。企业为开辟新的市场，扩大企业的规模，以及兼并其他企业等都对人力资源提出了新的需求。人力资源部门必须帮助企业获取所需要的各类适合的人力资源。

- 培训员工以达到企业的要求。

培训基层和中层管理人员的管理能力使其有效地行使自己的管理职责；培训各类岗位上的普通员工使其技能满足岗位要求等。

- 激励员工以帮助企业建设优秀团队。

正确地激励员工，使他们保持一种积极向上和高昂的士气；培养员工的协作精神，接纳和理解合作伙伴；引导员工对企业目标的执著和对领导的信任，帮助领导建设一支有战斗力的优秀团队。

- 指导员工进行职业规划，为他们提供发展空间。

帮助员工找准工作方位和发展方向，测试他们的性格、专业能力和专业兴趣，帮助他们制定职业规划，为他们的职业生涯提供最大的发展空间。

- 提高员工的工作、生活质量和对企业的满意度。

工作生活质量包括领导者的管理风格、员工参与决策和管理、安全而稳定的职业发展、合理的工作报酬、较好的工作条件、良好的企业形象等。改善这些工作环境，可以提高员工的满意度。

- 承担维护政策和伦理道德的社会责任。

表扬员工的高尚道德和遵守企业政策的行为，确保人力资源管理活动的公平和公正，遵守国家的法律，保护员工的人格尊严和基本权利，维护企业及社区、社会的伦理道德，鼓励员工遵纪守法。

2. 人力资源的获取

（1）人力资源计划

一项好的计划其关键在于对企业的人力资源环境的了解，同时也要对企业战略和将要执行的工作有一个透彻的了解。

① 人力资源环境。影响人力资源计划的一些环境因素包括全球化、竞争性、技术进步、教育水平和工作技能、工人喜欢的生活方式、工人的多样化及法律的要求等。

全球化。

像海尔集团等一些大公司在通过设立子公司、合资企业和其他分支机构走向全球化时，国家的特点越来越模糊了。在全球经营的公司需要那些能够消除干扰企业交易的语言和文化障碍的人员。各国文化差异也将带来更多的人际关系问题和沟通问题。

竞争力。

全球化的重要结果之一就是增强了竞争性，这就要求竞争企业具有一种鼓励人们更灵活、更有创造力，不断提高的企业文化。这种文化能够使企业对市场需求和竞争压力做出更快的反应，更好地为顾客和其他利益相关者服务。同时，企业也面临着在吸引优秀人才的竞争压力。

技术进步。

面对日新月异的新技术的挑战，当今企业的员工必须通晓技术，并且必须掌握改进了的生产技术，懂得如何操作和维修新设备。机器人和数控机床变得越来越复杂，并且正在被广泛地用于代替人类进行单调和重复性的生产线工作。

教育水平和工作技能。

随着整个社会受教育水平的提高，越来越多受过教育的员工将被要求更多地参与企业决策制定的过程中，并且企业希望利用他们的智力和能力来给企业带来经济效益。那些受过更好教育的员工将会更加重视自我发展和个人成长，企业应该为他们提供这种机会。

喜欢的生活方式。

当今，个人对其工作的要求不再仅仅是优厚的报酬和晋升的机会，他们越来越关注工作与其全面的生活方式是否相适应的问题，其中包括休闲娱乐和家庭责任。越来越多的企业开始实施事业开发方案以满足雇员中特殊群体的要求。

人才的多样化。

随着企业规模的扩大，企业需要得到各种人才，而无论其国籍、性别、种族、信仰等如何。这种多样化的劳动大军进入同一个企业，不同性别、种族、年龄、信仰的人在一起工作，如何更好地将他们结合在一起，促进团队工作，为人力资源管理提出了新的挑战。

法律要求。

国家的法律法规是人力资源管理最为直接的约束力并影响着人力资源管理的各个环节，从员工的招聘、录用、培训、晋升、工资和福利到辞退等。企业面对复杂多样的法律规定，必须把人力资源管理纳入到法制的轨道上。

② 工作分析。工作分析是人力资源计划中的一项重要工作，是企业人力资源管理的基石。在知道需要什么人力资源之前，必须了解人员将要进行的工作或就任的职位。工作分析是用来收集关于工作任务所要求的信息，并且对信息进行分类的程序和过程。它也具体说明了完成工作需要具备的知识、技术、能力等。工作分析的结果可以作为制定工作描述、工作评价与分类、调整工作、招聘设计、选拔、培训与开发方案的依据。它是人力资源管理活动的起点。

③ 人力资源规划。人力资源规划是在了解企业内部人力资源的结构、分布和余缺情况

并对现有档案进行调查和分析的基础上进行的。人力资源规划包括的主要内容如下：

- 人力资源供求平衡计划；
- 人力资源招聘计划；
- 人员培训发展计划；
- 人力资源职业生涯管理；
- 人力资源的评价、控制和调节。

人力资源规划的步骤

◆ 预测：根据企业的战略和现在企业的人员情况，预测人力资源的需求和供给情况；

◆ 制定人力资源目标：制定人力资源目标包括人力资源的学历、年龄、专业结构和区域布局，各类人才比例等战略目标，以及招聘地点、方式、方法等战术目标；

◆ 实施：实施过程包括招募选择、安置、培训开发、报酬计划、绩效考核、职业管理、激励、福利、退休等；

◆ 控制与评价：对人力资源规划的分析和实施情况的控制与反馈。

（2）人力资源的获取方式

① 内部招聘。内部招聘是指在企业内部获取企业所需要的各种人才。企业本身是一个人才的蓄水池，由于工作和岗位的原因，很多人才未被发现，因此内部招聘是人力资源获取的重要途径。内部招聘让员工感受到了自己发展的空间和推销自己并引起企业领导重视和信任的机会，内部招聘方式有利于激发员工的内在积极性。没有这种动力，事业停滞和缺乏成长机会的前景将挫伤期望发展自己技能和事业的员工的士气。内部招聘还有利于员工迅速地熟悉工作和进入角色，有利于保持企业的稳定性，有利于规避识人用人上的失误，而且也避免了人员招聘代理、广告、筛选、适应和培训的费用。内部招聘的缺点是，容易形成企业内部人员的帮派和板块结构，例如同学、同乡、同事等帮派和一些利益群体的形成，会阻碍那些对改进公司有着新想法和观点的外人进入公司，使企业内部人员缺少思想碰撞，影响企业活力等。

内部招聘的主要方法是竞聘上岗。

竞聘上岗的步骤

◆ 发布竞聘公告，包括竞聘岗位、职务、条件、报名时间、报名地点、方式等，使可能的应聘者确定工作是否符合他的兴趣和能力；

◆ 对申请人进行初步筛选，剔除明显不符合要求的申请者；

◆ 组织相关的文化考试或技能考核，以及与竞聘岗位有关的必要的其他测试；

◆ 组成考核小组进行面试；

◆ 对应聘者以往的工作业绩、工作能力、群众对其的认可度等进行组织考察；

◆ 进行全面衡量，做出决策；

◆ 公布决策，宣布任命。

② 外部招聘。一个不断发展的企业最终还是要从外部引进人员，这就要求进行外部招聘。外部招聘可以带来外部人员的新思想、新观念，补充新鲜血液，使企业充满活力，有利

于战略性人力资源目标的实现。外部招聘的优点是：可以规避内部招聘容易产生的各种不良反应，而且外部招聘企业所需要的高素质人才是“拿来主义”，不仅节省了培训费用和培训时间，还节省了为获取经验所交的“学费”。其缺点是：招聘成本高，错选人的风险大，文化的融合需要时间，工作的熟悉及配合也需要时间。外部招聘具体步骤如下：

外部招聘步骤

◆ 发布招聘公告。

大多数公司通过报纸杂志和专业刊物刊登招聘广告（列出简要的工作描述和资格要求）来进行外部招聘，或者通过人才交流中心或人才市场等代理机构及各种协会来确定可能的应聘者。公司还应与有关职业技术院校的就业办公室紧密合作，举办人才招聘洽谈会，收集应聘申请并启动选拔程序。有的公司还会在大学校园中进行招聘。为了节约招聘专业人员时的成本，许多公司鼓励一些专业技术人员直接到公司应聘。

◆ 初选。

对于应聘者的应聘表或简历要认真研究，然后决定哪些应聘者具有胜任具体工作的潜在能力。初选时，并不对候选人进行排序，而只是将应聘者的数量减少一些。初选剔除了那些缺乏经验和教育背景及其他条件不符合要求的人，然后使公司把注意力放在剩下的这些人身上。

◆ 面试。

在选拔中，最重要的一步就是面试。面试中，应聘者会见来自于公司的某个人员或一组人员来谈论与工作相关的问题。由于面试既费时、费力且成本又高，所以面试通常在选拔程序的后期进行，即经过筛选后只剩下最合格的候选人时才进行。应聘者经过面试后才会最终决定是否被录用或被拒绝。

◆ 测试。

许多岗位招聘人员还必须进行能够客观而准确地衡量应聘者与工作相关的能力的测试，例如应聘者的认识能力、个性及操作能力的测试等。通常，认识能力测试评价候选人学习、应用知识的情况，以及是否能够解决许多领域中的问题。个性测试在多方面评价应聘者的个性特征，例如社交能力、自我接受能力、责任感、社会化、自我控制、忍耐性、灵活性及其他特点；操作测试或工作测试是用来考察应聘者的动手能力。

◆ 背景调查。

在完成了上述步骤，进一步将候选人的数量减少之后，还要进行背景调查以收集关于剩下的候选人更多的信息，也可以确定候选人在汇报其历史方面是否诚实。背景调查有时相当简单，只是检查一下候选人简历表上的工作简历，然后只需同候选人以前的同事或主管通上十分钟的电话。当然这种背景调查方式有时可能范围很广且成本很高，这要看工作岗位的性质及候选人的实际情况。

◆ 聘用。

选拔程序的最后一步是做出聘用（或雇用）候选人的决定。在正式聘用前，公司也可以进行体检以确保候选人在身体上和精神上都适合做某项工作。在决定聘用哪名候选人之后，将进行正式的工作提议，进入谈判程序。如果候选人有其他工作选择的话，那么他在同公司谈判工资水平和福利待遇时就处于有利位置。而对于第一次得到聘用的人，例如刚刚毕业的大学生、职业技术院校毕业生等，在工资和福利待遇问题上就没有多少讨价还价的余地。只有公司和候选人都同意这些聘用条件后，聘用程序才算完成。

新录用的员工一般都要接受一定期限的试用期考查，以决定是否被正式雇用。在受聘者开始工作之后，公司一般都提供一段适应过程和培训计划来开始新员工在公司中的事业。

不论是内部招聘还是外部招聘，都要贯彻能岗匹配原则。能岗匹配原则是指应尽可能地使人的能力与岗位要求的能力达成匹配。它包含两方面的含义：

- 此人的能力完全胜任此岗位的要求，即人得其职；
- 岗位所要求的能力此人完全具备，即职得其人。

人有能力大小的区别，不同的岗位也有不同的职责要求。能级高于岗位的要求，个人的才华无法施展，积极性也会受挫，企业的人员流动率就大；能级低于岗位的要求，则很难胜任岗位职责要求，难以提高工作效率和质量，企业的凝聚力和竞争力都会受到影响。因此，“匹配”比“个体优秀”更重要。

（3）新员工的上岗培训

新录用的员工进入企业后一般都要进行培训。通过培训，使新员工熟悉工作场所，了解企业的规章制度、企业文化和公司的有关政策，清楚企业的组织结构和发展目标，以利于新员工尽快适应新的工作环境，使新员工明确工作职责、程序和安全要求，掌握一定的操作技能，逐步胜任工作，建立良好的人际关系，增强员工的团队意识与合作精神，通过一定的态度改变和行为整合活动，促使新员工转变角色，并且将企业的经营理念和企业文化自觉融入到自己的行为与观念之中，使新员工真正成为企业的一员。通过新员工上岗培训，还可以为招聘、甄选和录用、职业生涯管理等提供信息反馈。

新员工培训的内容主要包括：

- 公司的地理位置和工作环境；
- 企业的标识及由来；
- 企业的发展历史和阶段性的英雄人物；
- 企业具有重要标志和意义的纪念品的解说；
- 企业的产品和服务；
- 企业的品牌和市场占有率；
- 企业的组织结构及主要领导；
- 企业文化和企业的经营理念；
- 企业的战略和企业的发展前景；
- 科学规范的岗位说明书、规章制度和相关的法律文件。

3. 人力资源的绩效考评与激励

（1）绩效考核与评估

绩效考核与评估是指企业对被评估者完成岗位（或某项）工作的结果进行评价与考核。这种结果既包含被评估者所完成工作的数量、质量、成本费用、经济效益和社会效益，以及对企业发展的影响和贡献等，也包含被评估者自身素质、态度和表现等。

面对强手如林的市场竞争环境，企业内部的团队精神和工作热情是至关重要的。这就需要一个良好的沟通渠道和科学的绩效评估系统加以支持。绩效评估与考核的主要功能在于为付酬、奖惩、升迁等重大人事决策提供准确的信息，而且对于员工发现自身优缺点并及时加以发扬或改正也有着重要的意义。只有对员工进行公正客观的评估与考核，才能充分调动员工的积极性，为实现企业的战略目标服务。通过绩效评估与考核，可以为企业建立合理的薪酬和奖金制度提供基础，为员工的晋职、晋级、奖惩提供依据，使员工的学习和培训安排更有针对性。有助于对员工的认识和了解，帮助管理者建立良好的团队。对于员工来说，需要并期望得到业绩反馈，通过这种反馈以进一步提高个人业绩，绩效的差异促进了公平竞争，有利于员工正确地认识自己，加强自身的学习和修养的提高，激励员工不断进取。

绩效评估与考核的程序包括确立目标和标准、技术准备、收集资料信息、分析评价、结果运用等。

（2）报酬、奖励与承认

① 报酬。报酬是指员工为企业工作所获得的回报与酬劳。基本报酬是由工资、薪金、福利和特殊待遇组成的。

以时间为基础或以可以测量的工作量为基础，支付给工人的货币报酬称做工资。对于专业人员和管理人员，货币报酬主要采用薪金的形式，即不取决于其工作时间或工作量，每年支付给他们的货币报酬。

福利是企业通过增加福利设施，建立各种补贴制度，为员工提供生活方便，丰富员工文化生活，以及为员工提供在职或短期脱产培训和进修等一系列事业的总称，是培养员工对企业的归属感和忠诚心的独特手段。

除了福利外，许多企业还为他们的管理者和专业技术人员提供特殊待遇，例如，免费提供住房、交通工具及其他特权。当然，企业为一部分人提供过度的特殊待遇会在其他员工中引起不满，会破坏团队的合作。

② 奖励。除了标准的报酬和福利外，许多企业还支付额外的钱用于对员工的努力进行奖励。企业可以根据实际需要，建立形式多样的奖金制度，及时调整奖励对象、奖励数额、获奖人数及奖励周期等。奖金能比较灵活且准确地反映员工劳动和劳动成果的实际变化，及时将员工的劳动和报酬更直接地联系起来，产生更好的激励效果。同时，奖金又是对那些为企业付出超额劳动或做出突出贡献的员工的奖励，可以起到褒扬先进、鞭策后进的作用，其具有工资和其他薪酬形式所不具备的荣誉性。

为了使员工考虑自己的利益的同时考虑整个企业的利益，许多企业还采用了分红制、同技能挂钩的工资及与顾客满意度挂钩的工资等方式计算工资，如下所述：

- 分红制是指企业每季度或每年拨出一定比例的利润分给员工的制度。根据员工的工资或薪金水平，分红的金额有所不同。分红制能激励员工去更努力地工作，生产出质量更高的产品并更好地为顾客服务，以增加企业的收入。
- 与技能挂钩的工资是根据员工所掌握的与工作相关的技能水平的高低来给员工增加工资和奖金。与技能挂钩的工资可以提高个人的工作能力。
- 与顾客满意度挂钩的工资是将每月、每季度或每年度的奖金与员工和整个团队工作受到顾客满意的程度结合起来。越来越多的企业引入风险机制，根据在质量和顾客满意度方面测量方法的改进来发放工资。

③ 承认。除了正式的报酬和工资外，企业还使用承认及感谢等方式来奖励员工。承认及感谢可以通过各种非正式的方式进行，例如，真诚地表达“谢谢你所做的工作”，可以将每月表现突出的员工的照片挂在墙上以表示对其工作的承认，也可以发一些实物表示对员工的感谢。

企业以举行正式的仪式来承认并感谢员工的特殊贡献，例如，召开劳动模范、先进工作者、技术革新能手、生产或销售标兵及全面顾客满意小姐等表彰大会，以及先进事迹报告会等。这种会议不但可以作为学习和获得信息的渠道，而且也是对宣传他们的努力和成功的一种个人奖励。

④ 提升和调动。提升是员工在企业组织等级中职位的升高，通常表现在工资的增加、责任和权力方面的提高。调动是横向移动员工的工作岗位，而工资水平、责任和权力保持不变。提升和调动是管理者填补空缺职位的一种方法，但对于个人而言，提升和调动可以用于奖励和承认其出色的业绩，并提供员工体验多样化工作，给员工带来新挑战和获得更广泛经验的基础。在实际中，有些公司使用提升和调动来奖励公司中的优秀业绩者，而有些公司中的提升是以资历为基础的，奖励的是那些稳定的、能够创造长期业绩的人，而不一定是优秀业绩者。

1996 年 7 月，海尔集团颁布了《各类人才培养、升迁条件》，每个员工都可以从管理职务、专业职务和员工这三个途径得到培养和升迁。这三条路又是交叉的，不同的人员可以自由选择符合条件的升迁道路。当时按照如下所述的程序操作。员工填写好人事部门定时发放的升迁申报表后，本部门干部处（劳动人事处）、分管领导、公司领导要根据平时表现和考核情况进行核查和审批。如果该员工不符合升迁条件，审批部门要给予答复并在谈话中指出需要改进之处；如果该员工有特殊贡献，他还可以越级升迁。这样，每位员工都得到了一个平等的升迁机会，特别是厂里那些季节工和农民工，同样可以成为班、组长，实现农转非，甚至获得车间主任或更高的职位。文件中对每个职位都规定了明确的条件，什么样的人能够竞争什么职位，以及是否符合要求等都一目了然。这就增强了人员管理的透明度，增强了员工对企业的信任感。同时，海尔集团还建立了“在位要受控，升迁靠竞争，届满要轮换，末位要淘汰”的用人制度。改变传统的考察委任制为竞争聘任制，打破年龄、资历、身份的界限，为人才的脱颖而出搭建了一个公平、公正、公开的竞争平台。从此，海尔集团的员工无论是谁想升迁，都要遵循公平的制度，经过公正的程序和公开的竞争进行。

阅读材料

松下电器公司的人力资源管理

成立于 1918 年的松下电器公司到目前为止之所以取得了巨大成就，除了它多元化的经营战略和特定的社会历史环境外，其经营思想的精华——人才思想，为其成功奠定了重要的基础。松下电器公司的总经理松下幸之助有句名言：造物之前先造人。松下电器首先是培养一流的人才的公司。因为只有拥有一流的人才，才能生产出一流的产品。松下幸之助制定了公司的经营方针，那就是“集中智慧的全员经营”。他认为，松下电器公司不是仅仅依靠总经理经营，也不是仅仅依靠干部经营，更不是仅仅依靠管理监督者经营，而是依靠全体员工的经营智慧。为此，公司员工在公司内部得到培养，希望在公司发展的同时，个人也得到相应的成长。

松下公司建立了一套完整的培训体系。松下员工的教育和培训是从加入公司开始抓起的。凡是新录用的员工，都要进行 8 个月的实习培训，才能分配到工作岗位上。松下公司课长、主任以上的干部多数是公司自己培养起来的。为了加强经常性的教育培训，总公司设有教育训练中心，下属 8 个研修所和 1 个高等职业学校。为了适应事业的发展，松下公司的人事部还规定了辅助办法，如下所述：

- 自己申请制度。

干部工作一段时间后，可以自己主动向人事部门申请，要求调动和升迁，经考核合格，也可以提拔使用。

- 社内招聘制度。

在职位有空缺时，人事部门也可以向公司内部招聘适当人选，不一定非在原来单位中论资排辈地依次提拔干部。

- 社内留学制度。

技术人员可以自己申请，经公司批准后到公司内办的学术或教育训练中心去学习专业知识。公司则根据发展需要，优先批准所申请专业为急需专业的人才去学习。

- 海外留学制度。

定期选派技术人员和管理人员到国外学习，除向欧美各国派遣留学生外，也向中国派遣留学生。北京大学和复旦大学都有松下公司派来的留学生。

松下公司把人才培养放在首位，有一套培养人、团结人、使用人的办法，在松下用人体制确立以来培养了一支企业家、专家队伍。在事业部长一级干部中，多数是有较高学历且熟悉管理的人才，不少人会一门或几门外语，经常出国考察，知识面广，年纪较轻，比较精干，而且雄心勃勃，渴望占领世界市场，有在激烈的竞争环境中获胜的志向。这就是松下公司能够实现高效率管理的保证。

松下公司在人才的运用上更是有独到的建树：用人注重人品；对于人才标准不拘一格；重视员工的提升和激励；用人善于组合搭配；任用谁就信任谁；主张任用强过自己的人等。这就使松下公司与员工之间建立起可靠的信任关系，使员工自觉地把自己看成是公司的主人，产生为公司做贡献的责任感，焕发出员工高涨的积极性和创造性，员工内部形成极大的亲和力、凝聚力和战斗力，使松下公司不但从一个小作坊发展成了世界上最大的家用电器公司，而且成为电子信息产业的大型跨国公司。其产品之多，市场范围之广，成长速度之快和经营效率之高都令人惊叹！无怪乎世人这样评价：别的公司输给松下电器公司，是输在人才运用上。

习题 3

1. 什么是商务组织？商务企业基本的组织形式有哪些？
2. 简述独资企业和合伙制企业的特点。
3. 公司的特征是什么？公司在社会经济生活中的作用体现在那些方面？
4. 公司有几种类型？各有什么特点？

5. 企业集团的特征是什么？它有哪些类型？各有什么特点？

6. 现代商务组织的发展具有哪些特征？

7. 商务企业管理的任务和职能是什么？

8. 商务企业的管理方法有哪些？

9. 目标管理的程序是什么？

10. 简述全面质量管理的意义和方法。

11. 商务企业管理人员的作用是什么？

12. 你怎样理解企业的团队精神？

13. 人力资源管理的职能是什么？

14. 影响人力资源计划的一些环境因素有哪些？

15. 如何在企业内部招聘人员？内部招聘的优缺点是什么？

16. 如何在企业外部招聘人员？外部招聘的优缺点是什么？

17. 什么是能岗匹配原则？

18. 什么是报酬？报酬的基本形式是什么？

19. 提升和调动应怎样被用做奖励？

案例分析

1. 大通曼哈顿银行非常重视员工的在职培训，并且把培训与晋级、提升、奖惩紧密结合起来。在银行的规定表上有这么一条：凡无正当理由多次拒绝参加培训者，银行予以解雇。请思考，这家银行为什么这么规定？

2. IBM 前任总裁沃森说：“你可以毁掉我的工厂，烧掉我的厂房，然而只要留下我的人，我就可以重建 IBM。”他为什么这样说？有什么依据？

3. 海信集团是一家拥有万名职工，年销售额近百亿元，净资产达到 20 亿元的大型国有企业。谈起在中国竞争最激烈的家电行业取得成功的原因，海信集团总裁周厚健说：“海信是技术型企业，如果不掌握技术创新的主动权，在大开放的市场上就只能拿到‘微利’；要赶超世界先进水平，要在市场上拿到长期的‘厚利’，就必须舍得在技术创新上花大价钱。”最近五年间，海信集团在技术开发和技术改造中的投资共达到 14 亿元，而同期用于基本建设的投资则只有 8 000 万元。在海信集团工作的博士有 40 多名，硕士有 290 多名，学士有 3 000 多名。在 1998 年，集团还成立了自己的海信学院，专门对各个专业岗位的骨干进行在职培训，还与北京航空航天大学合办了计算机专业研究生班。海信集团每年用于人才培训的费用就达到 1 000 余万元。

海信集团在技术创新上的超额投入，使它以高科技含量品牌的形象在市场上稳稳站住了脚跟。目前，海信集团平均每两天半就推出一种新产品，新产品的市场份额已经占到销售总额的 85%以上。其中有一种新产品，创造的单月利润就达到 800 万元。1999 年，海信集团的销售额达到 100 亿元，在彩电、电脑、空调市场上已经位居前列。

试分析：海信集团是凭借什么优势在家电市场上站稳了脚跟？海信的新技术开发与人才培训有什么关系？

第 4 章 现代商务商品管理

本章你将学到以下知识：

✓ 商品分类的概念和意义；
✓ 商品分类的原则和方法；
✓ 商品的分类标志和体系；
✓ 商品目录与商品代码；
✓ 商品代码的编制原则与方法；
✓ 商品条码的特点和种类；
✓ 商品质量管理的基本要求；
✓ 商品质量管理的责任要求；
✓ 商品标准和商品标准化；
✓ 商品的质量认证。

消费者投诉的热点——红木家具“李鬼”多

红木家具用材讲究，造型典雅、雍容、高贵，承袭着东方文明神韵，一直以来被誉为家具中的“贵族”。高档名贵的硬木和传统国粹文化的融合使它成为高品位和高价位的代名词。曾经是财富象征的名贵红木家具，如今正越来越多地进入普通消费者的家庭。据北京市家具协会的统计，20 世纪 80 年代初，北京红木家具企业不足十家，年销售额仅为几千万元。目前，北京红木家具生产和经销企业达到 70 多家，年营业额达到 10 亿元以上。

在红木家具市场繁荣的背后，以次充好、以假乱真的现象也非常严重。近年来，红木家具逐渐成为全国消费者的投诉热点，投诉反映的主要问题是红木家具的木材质量及制作质量。主要原因如下。

红木树种名称混乱。

2002 年国家质量技术监督局发布了红木的国家标准，将 33 个树种归为紫檀木、花梨木、香枝木、黑酸枝木、红酸枝木、乌木、条纹木和鸡翅木 8 类。这个标准的实施虽然明确了红木的树种范围，但是仍存在不完善的地方。其主要表现是红木树种的名称很多，存在同种异名或异名同种的现象，无正确的拉丁名。无论什么树种的木材名称都必须有正确的拉丁名。拉丁名用的是不变的拉丁文字，并且以木材解剖构造为前提，通行全世界。很多商家利用这些漏洞以次充好，以假乱真，故意在商品标签上做文章，诱骗消费者。

红木家具经营不规范。

一些厂家不具备生产红木家具的必备条件，大量非技术人员充斥在生产第一线，既没掌握红木的制作工艺，又没有专用的烘干设备、机械加工设备和较固定的原材料进口渠道，生产出的家具材质和工艺都不过关，达不到红木家具应有的国家规定的材质标准。部分家具厂为降低成本，甚至使用假红木制作家具，在销售时不标注真实材质，谎称红木，欺骗消费者。另外，一些红木家具的销售商，在销售红木家具时，标签标注不规范，不标明真实的材质名，或者用攀附的名称进行标注，误导消费者。

消费者辨别能力薄弱。

大部分消费者缺乏专业知识，区分真假好坏的能力较弱。在选购红木家具时往往搞不清它们究竟是用何种材料制成的，因而上当受骗的人较多。而许多不法的经营者正是利用这个漏洞，攀附红木树种的名称进行标注，误导消费者。同时，在给消费者的发票上不写明所购家具的材质名称。一旦发生纠纷，由于消费者不能提供有力的证据，行政调解双方很难达成一致意见。

没有法定的检测机构。

目前，我国还没有国家授权的法定木材检测机构，对木材进行检测的部门多为一些木材研究所。这些部门并不能出具正规的检测报告，在发生检测纠纷时也不会承担相应的法律责任。要实现红木家具市场的规范经营，不仅需要法律法规的进一步完善，同时也有赖于经营者规范经营意识的提高和消费者维权意识的加强。

产品质量问题是近几年的热点问题，也是消费者投诉最多的问题之一。从本案例可以看出，一些不法商贩正是利用消费者对商品的属性和质量不熟悉或缺乏相关的商品质量专业知识，大肆制售假冒伪劣商品，欺骗消费者以牟取暴利。因此，学习有关商品、商品质量和商品标准化的知识，增强质量意识，对于商品生产者、经营者及消费者都是非常重要的。

4.1 商品分类管理

1. 商品分类的概念

商品分类是指为了一定目的，选择适当的标志，根据商品的属性或特征，按照一定的原则和方法，将商品总体逐级划分为不同类别并形成系统的过程。如将商品总体逐级划分为不同的门类、大类、中类、小类、品类或品目、种类、品种、细目等。

商品门类是按国民经济行业的共性对商品总的分门别类，是最高类别。如农林牧渔业产品、电子产品、化工产品、金属制品、橡胶及塑料制品等门类。

商品大类是按商品生产和流通领域的行业来划分的，如纺织品、印刷品、日用化工品、工艺美术品、食品、鞋帽、家具等大类。我国全部工农业产品、商品、物资分为 99 个大类。

商品小类是根据商品的某些特点和性质进一步划分的，例如，针棉织品又可分为针织内衣类、针织外衣类、羊毛衫类等。

商品品类或品目是具有若干共同性质或特征的商品的总称，如酒类、果品、乳制品等品类，它包括若干商品品种。

商品品种是按商品的性质及成分等特征来划分的，是指具体商品的名称，如电视机、洗衣机、茶叶、啤酒等。

商品细目是对商品品种的详细区分，包括商品的花色、规格、品级等，如青岛啤酒又分普通青啤、青岛纯生、青岛优质、扎啤等。

将商品进行分类管理，可以将成千上万种商品在生产和流通中应用科学的方法进行条理化和系统化，以实现商品使用的合理化和流通管理的现代化。但在不同的历史阶段，商品所概括的商品范围、分类对象并不完全相同，商品分类层次也不完全一致。目前，我国通常将商品分成大类、品类、品种、细目四个类目层次。

2. 商品分类的意义

商品分类是商品经济管理和商品经营管理的重要手段，对于发展生产、促进流通、满足消费及提高现代化管理水平和企业效益有重要意义。其具体表现在如下几个方面：

（1）商品分类为国民经济各部门和各企业实施各项管理活动奠定了科学基础。将商品进行科学分类，可以将研究对象从每一个商品的个性特征归结为每类商品的共同特征，有利于从生产领域到流通领域各项管理工作的顺利进行，并且为流通领域的购、销、运、存等业务活动的开展创造条件。

（2）商品分类是实现经济管理现代化的前提和必备手段。商品分类有利于建立统一的经济信息自动化系统，有利于商品编码和存储商品信息，提供信息交流的共同标识。为电子计算机在商品经营管理中的应用和实现经济管理现代化创造了有利的条件。

（3）商品分类是编制商品目录的科学基础。国民经济各部门和各企业必须在商品科学分类的基础上编制各自的商品目录。只有将商品科学分类，才能使编制的商品目录有条理，有层次，眉目清晰，从而保证商品目录的科学性。

（4）商品分类是制定商品标准和实施标准化的科学依据。制定商品标准必须建立在商品科学分类的基础上。同时，商品分类还有利于在一定范围内使商品的名称和类别统一化、标准化，避免同一个商品由于商品名称在不同部门不统一而产生的问题，便于安排生产和流通。

（5）商品分类能够为消费者选购商品提供方便。在商品流通领域，通过商品分类，能够科学合理地编制商品目录，有利于调节商品流通并有秩序地安排好市场供应，为消费者选购商品提供极大的方便。

3. 商品分类的原则和方法

（1）商品分类的原则

为了实现商品的科学分类，使商品分类能够满足特定的需要，分类时必须遵循如下原则：

① 科学性原则。科学性是商品分类的基本前提。科学性原则要求在商品分类过程中所选择的标志必须能反映商品的本质特征，并且具有明显的区别功能以及具有相对的稳定性，以满足分类的客观要求。

② 实用性原则。实用性是商品分类的目的和要求。商品分类应充分满足生产、流通及消费的需要，结合各系统、各部门、各行业、各企业及消费者的实际情况，从实用性出发，满足各方面的需要。

③ 系统性原则。系统性是商品分类的关键。系统性原则是指在进行商品分类时，以选定的商品属性或特征为依据，将商品总体按一定的排列顺序予以系统化，并且形成一个科学合理的分类系统。例如将商品总体分成若干门类，门类分为若干大类，大类分为若干中类，中类分为若干小类等。

④ 兼容性原则。兼容性原则是指商品分类要与国家政策及相关标准协调一致，同时应与原有的商品分类保持连续性和可转换性，以便进行历史资料对比。

⑤ 惟一性原则。唯一性原则是指商品分类体系中的每一个分类层次只能对应一个分类标志，不能同时采用两个或多个分类标志，以免产生子项互不相容的逻辑混乱。

（2）商品分类的方法

商品分类的基本方法有线分类法和面分类法两种。在实际应用中，常常结合采用这两种方法来建立商品分类体系或编织商品分类目录。

① 线分类法。线分类法又称层次分类法，是将商品总体按所选定的分类标志，逐次分成相应的若干个层次类目，并排列成一个有层次、逐级展开的分类体系的分类方法。线分类法将分类对象一层一层地具体进行划分，各层次选用的分类标志可以不同，各个类目之间构成并列或隶属关系。线分类法的一般表现形式是大类、中类、小类、细目等。

线分类法属于传统的分类方法，使用范围最广泛，在国际贸易和国内商品流通领域，许多商品的分类都采用线分类法。它具有分类层次清楚、信息容量大、适用于手工处理或计算机处理等优点。缺点是结构的弹性较差，在进行商品分类目录编制时，要留有补充新商品的余地。

② 面分类法。面分类法又称平行分类法，是将商品总体按不同的分类标志，划分成彼此没有隶属关系的若干个面（商品的小集体），每个面中都包含有一组类目，把某个面中的一个类目与另一个面中的一个类目组配在一起，即成为一个新的复合类目的分类方法。

面分类法具有结构弹性好、可以较大量地扩充、适用于计算机处理等优点。但组配的结构太复杂，不便于手工处理，有些组合无实际意义，不能充分利用容量。因此，目前多是把面分类法作为线分类法的辅助方法。

4. 商品分类标志与分类体系

（1）商品分类标志

商品分类标志是表明商品特征、用以识别商品不同类别的记号。商品分类标志的选择是商品分类的基础。商品的用途、原材料、生产加工方法、化学成分、使用状态等商品最基本的属性和特征，是最常采用的商品分类标志。

① 以商品的用途作为分类标志。商品的用途是体现商品使用价值的标志，因此以商品的用途作为分类标志，在实际工作中的应用最广泛。它不仅适用于商品大类的划分，也适用于对商品种类、品种的进一步详细划分。例如按商品的用途，可将商品分为生产资料和生活资料两大类。生活资料商品按不同用途又可分为食品、服装、家用电器、日用品等。日用商品类按不同的用途进一步分为玩具类、洗涤用品类、化妆品类等。化妆品类按用途可再分为护肤用化妆品、养发用化妆品等。

以商品的用途作为分类标志，便于对相同用途商品的质量进行分析比较，有利于消费者按用途选购商品；有利于生产者提高商品质量，开发商品新品种；有利于商业部门搞好商品的经营管理。但对于多用途的商品则不宜采用这种分类标志。

② 以商品的原材料作为分类标志。原材料是决定商品质量、使用性能、特征的重要因素，选择以原材料为标志的分类方法是商品的主要分类方法之一。例如，纺织品以原材料为标志可分为棉织品、丝织品、麻织品、毛织品、化纤织品、混纺织品等；鞋类商品以原材料为标志可分为皮鞋、布鞋、塑料鞋、胶鞋等。

以原材料作为分类标志，商品分类清楚，并且还能从本质上反映出各类商品的性能、特点。但对于多种原材料构成的商品，不宜采用这种标志进行分类，例如，电冰箱、电视机等。

③ 以商品的生产加工方法为分类标志。很多不同的商品，即使采用相同的原材料制造，由于生产方法和加工工艺不同，所形成商品的质量水平、性能、特征等都有明显差异。因此，生产加工方法也是商品分类的重要标志之一。

对于原材料相同、可选用多种加工方法生产的商品，适宜选用生产加工方法作为分类标志。例如，酒类按酿造方法可分为蒸馏酒、发酵酒、配制酒；茶叶按加工方法分为发酵茶、半发酵茶、不发酵茶。对于那些虽然生产加工方法不同，但产品质量和特征不会有实质性区别的商品，则不宜使用此种分类方法。

④ 以商品的主要成分或特殊成分作为分类标志。商品的许多性能、质量、用途等都取决于其化学成分，尤为重要的是组成商品的主要成分或特殊成分。因此，这种分类的可以通过商品的主要成分或特殊成分说明商品的主要性能和用途。例如，塑料制品可按其主要成分合成树脂的不同，分为聚乙烯塑料制品、聚氯乙烯塑料制品、聚苯乙烯塑料制品、聚丙烯塑料制品等。又如玻璃的主要成分是二氧化硅，但根据其中的一些特殊成分可分为钠玻璃、钾玻璃、铅玻璃、硅硼玻璃等。

以商品的主要成分或特殊成分为分类标志，适用于对化学成分已知且对质量特征影响较大的商品。但对化学成分复杂的商品或化学成分不明显的商品，则不采用宜这种分类标志。

⑤ 以其他特征为分类标志。除上述分类标志外，商品的形状、结构、尺寸、颜色、重量、产地、产季等均可作为商品的分类标志。这些分类标志更容易为消费者所接受。其特点是概念清楚、形象直观、特征具体、通俗易记且便于区别。

（2）商品分类体系

在实际分类工作中，常常是将商品分成大类，然后再按不同的标志依次地将商品划分成中类、小类直至细目等，这样就形成一个完整的商品分类体系。目前，我国通常采用的商品分类体系包括基本分类体系、国家标准分类体系、应用分类体系三大体系。

① 基本分类体系。基本分类体系是以商品的基本使用价值即商品的用途作为分类标志，将商品分为生产资料商品和生活资料商品两大类。基本分类体系对于组织生产和消费的宏观调控具有重要作用。

② 国家标准分类体系。国家标准分类体系是为适应现代化经济管理的需要，以国家标准形式对商品进行科学且系统地分类编码所建立的商品分类体系。1987 年，我国颁布了国家标准 GB 7635—87《全国工农业产品（商品、物资）分类与代码》商品编码准则，这是全国各地区、各行业、各部门必须统一遵守的商品分类与商品编码准则。该准则把我国生产的全部工农业产品、商品、物资划分为 99 个大类、1 000 多个中类、7 000 多个小类，总计 36 万多个品种。体系中各类目的划分及代码见表 4.1 所示。

表 4.1　国家标准分类体系中部分类目的划分及代码

A. 农、林、牧、渔业产品	
01	农业产品
02	林业产品
03	人工饲养动物、捕猎野生动物及产品
04	渔业产品
05	观赏植物
06	其他农、林、牧、渔业产品

续表

B. 矿产品及竹木采伐产品	
07	煤、石油和天然气
08	黑色金属矿采选产品
09	有色金属矿采选产品
10	非金属矿采选产品
11	木竹采伐产品
C. 电力、蒸汽供热量、煤气（天然气除外）和水	
12	电力、蒸汽供热量、煤气（天然气除外）和水
D. 加工食品、饮料、烟草加工、饲料	
13	加工食品
14	饮料
15	烟草加工
16	饲料
⋮	⋮

③ 应用分类体系。应用分类体系是以实用性为原则，为满足使用者的需要进行分类所形成的分类体系。该分类体系没有统一的分类标志，而是根据商品的某些共性加以分类的，可以适应不同分类目的的需要，是一种实用性很强的分类体系。例如：

- 按原料来源分类：植物性商品、动物性商品、矿物性商品等。
- 按加工程序分类：粗制品和精制品等。
- 按行业分工分类：农产品、林产品、水产品、畜产品、工业品等。
- 按产地分类：进口产品、国内产品、地方产品等。
- 按使用期限分类：耐用商品和易耗商品等。
- 按质量分类：优质产品和一般产品等。

5. 商品目录与商品代码

（1）商品目录

商品目录是指国家或部门根据商品分类的要求，对所经营管理的商品编制的总明细分类集。商品目录是以商品分类为依据，因此也称做商品分类目录或商品分类集。商品目录是在商品逐级分类的基础上，用表格、符号和文字全面记录商品分类体系和编排顺序的书本式工具。

商品目录是商品分类的具体体现，是提高经济管理水平，建立统一的、科学的国民经济核算制度以及实行国民经济信息化管理的基础，是实现商品管理科学化和现代化的前提，是商品生产、经营、管理、流通的重要手段。

商品目录由于编制目的和作用不同，因此种类很多，例如生产资料商品目录、消费商品目录、地方产品目录、进出口商品目录等。这里重点介绍按适用范围不同编制的国际商品目录、国家商品目录、部门商品目录和企业商品目录。

① 国际商品目录。国际商品目录是指国际上有权威的各国际组织或地区性集团制定的商品目录。例如，联合国制定的《国际贸易标准分类目录》，国际关税合作委员会编制的《商品、关税率分类目录》，欧共体编制的《欧洲共同体对外贸易统计商品目录》，海关合作理事会编制的《海关合作理事会商品分类目录》和《商品分类及编码协调制度》等。

② 国家商品目录。国家商品目录是指由国家指定专门机构编制，在国民经济各部门、各地区进行计划、统计、财务、税收、物价、核算等工作时，必须一致遵守的全国性统一商品目录。例如，由国务院批准、原国家标准局颁布的国家商品目录 GB 7635—87《全国工农业产品（商品、物资）分类与代码》等。

③ 部门商品目录。部门商品目录是指由国务院直属的各部委、局、专业总公司，根据本部门业务需要所编制并颁布的，仅在本部门、本行业统一使用的商品目录。例如，国家统计局颁发的《综合统计商品目录》，原商业部编制发布的《商业行业商品分类与代码》等。部门商品目录的编制原则应与国家商品目录保持一致。

④ 企业商品目录。企业商品目录是指由企业在兼顾国家和部门商品目录分类原则基础上，为充分满足本企业的工作需要所编制的商品目录。企业商品目录的编制，必须符合国家和部门商品目录的编制原则，并结合本企业的工作需要，进行适当的归并、细分和补充。例如，仓库保管商品目录、营业柜组经营商品目录等。企业商品目录具有分类类别少、对品种划分更详细、便于经营和管理等特点。

（2）商品代码

商品代码又称商品编码或商品代号，是在商品分类的基础上，赋予某种或某类商品的代表符号，通常是由一组按一定规律排列的阿拉伯数字组成。

商品代码是商品分类体系和商品目录的重要组成部分。使用商品代码，既可以使品种繁多的商品便于记忆，简化业务手续，有利于实现商品的现代化管理，又可以加强企业的经营管理，提高工作效率，便于计划、统计、物价管理及核算工作的进行。对于容易混淆的商品名称，使用商品代码还可以避免差错。

① 商品代码的编制原则。商品代码的编制过程称做商品编码。商品分类和商品编码是分别进行的，商品分类在先，商品编码在后。商品的科学分类为编制商品代码创造了前提条件，商品编码的科学与否会直接影响商品分类体系的实用价值两者相辅相成。因此商品代码的编制应当遵循如下原则。

- 唯一性。

每一种商品应编制唯一的代码，一个代码应与指定的商品类目一一对应。

- 简明性。

商品代码应尽量简明实用，即尽可能地使商品代码的长度最短，以便于手工处理，减少差错率，减少计算机的处理时间和节约存储空间。

- 稳定性。

商品代码一旦编制完成，不宜频繁变动，否则会造成人力、物力、财力的浪费。因此，在编制商品代码时，应尽量考虑编码体系的稳定性。

- 层次性。

编制的商品代码应层次清楚，能够清晰地反映出商品分类体系和商品目录的逻辑关系。

- 可扩展性。

编制商品代码时应留有备用码，以适应新类目的增加和旧类目的删减，使商品编码可以进行必要的修订和补充。

- 统一性。

商品编码要同国家商品分类编码标准相一致。

- 协调性。

商品编码要与国际通用商品分类编码制度相协调，以利于实现国际的信息交流和共享。

- 自检性。

商品编码应当具有检测错误的自身核对功能，以适应电子计算机的自动处理。

② 商品代码的编制方法。商品代码按其所用的符号类型，可以分为数字性代码、字母型代码、字母数字混合型代码、条形码四类编制方法。在商品分类代码中，普遍采用的是数字型代码和条形码两类。

数字型代码是用一个或若干个阿拉伯数字表示分类对象（商品）的代码。其特点是结构简单，使用方便，易于推广，便于计算机处理，是目前国际上普遍采用的一种代码。

数字型代码有层次编码、平行编码和混合编码三种编制方法。由于层次编码法的代码较为简单，信息容量大，逻辑性强，便于计算机汇总数据，因此，我国《全国工农业产品（商品、物资）分类与代码》（GB 7635—87），采用的是层次编码法进行商品代码的编制。我国统一商品代码的编制方法如下：

- 代码结构共分四层，即大类、中类、小类、品种。每层均以两位阿拉伯数字表示，从“01”～“99”，升序排列。为便于检索，门类用英文字母表示顺序。
- 第一、二、三层类目不再细分时，其代码后面补“0”，直至第八位。各层均留有适当空码，以备增加或调整类目用。
- 各层数字为“99”的代码均表示收容类目。层内分成若干区间时，每个区间的收容类目一般用末位数字为“9”的代码表示。
- 为满足管理上的特殊需要，第三层设有开列区，其类目用“01”～“09”表示。不设开列区时，第三层类目的代码从“10”开始编码，开列区类目在代码前均标有“*”号。

如贸易粮的代码为 A01010100，冬小麦的代码为 A01011001，其编码方式如图 4.1 和图 4.2 所示。

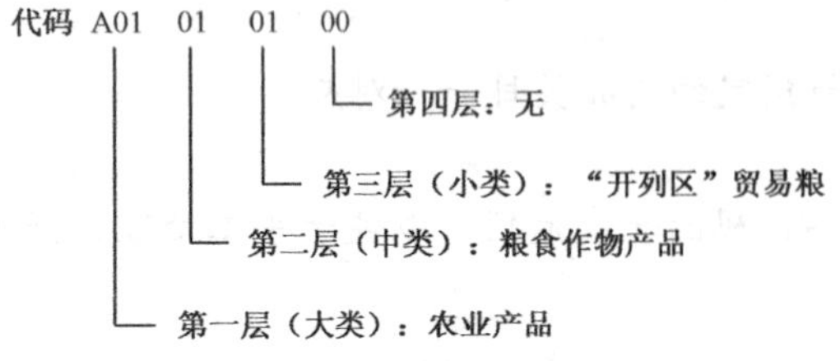

图 4.1 贸易粮的编码方式

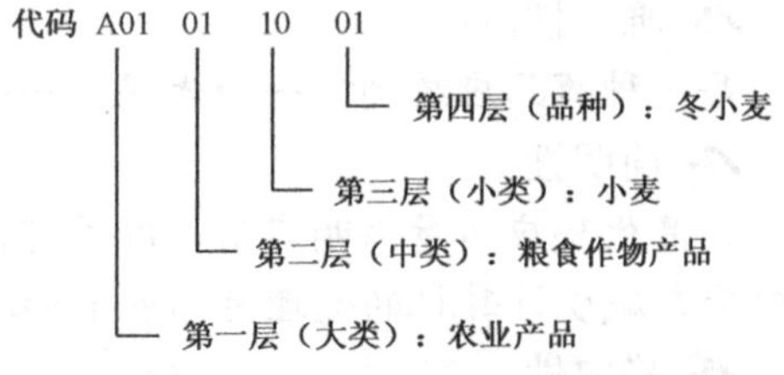

图 4.2 冬小麦的编码方式

（3）商品条码

商品条码又称商品条形码，是由一组宽窄不同、平行相邻、黑白或彩色相间的线条，依照一定的规则排列组合而成的特殊图形符号。为了便于识别商品条码符号，通常在商品条形码的下面印上其所代表的数字或专用符号。在国家标准中，商品条码被定义为用于标志国际通用的商品代码的一种模块组合型条码。

商品条码是一种商品识别标志，供光电识读设备（条码扫描器等）向计算机输入数据的特殊代码，包含商品的生产国名、制造厂商、产地、名称、销售价格、生产日期等一系列信息。借助光电识读设备可以迅速地将条形码所代表的商品信息准确无误地输入电子计算机，并且由计算机自动存储、分类排序、统计、打印或显示出来。商品条码一般印在商品包装上，或者将其制成条码标签附在商品上。对于小批量产品来说，条码也可印在不干胶上张贴。

条形码最初出现在 20 世纪 40 年代的美国，但是直到近 30 年才得到了实际应用和迅速发展。现在，欧美、日本、东南亚及其他经济发达国家已经普遍使用商品条形码。商品条码是实现商业现代化的基础，是企业提高市场竞争力，扩大外贸出口的基础。因此，商品条码可以说是商品的“身份证”，是商品流通于国际市场的“共同语言”。

① 商品条码的特点。条码技术是迄今为止最经济且最实用的一种自动识别技术。商品条码技术的特点如下：

- 输入速度快。

与键盘输入相比，条码输入的速度是键盘输入速度的五倍，并且能实现即时数据输入。

- 可靠性高。

键盘输入数据出错率约为三百分之一，利用光学字符识别技术的出错率为万分之一，而采用条码技术的误码率低于百万分之一。

- 采集信息量大。

利用传统的一维条码一次可采集几十位字符的信息，二维条码更可以携带数千个字符的信息。

- 灵活实用。

商品条码既可以作为一种识别手段单独使用，也可以连接光电识读设备实现自动化识别，还可以和 POS 系统连接起来实现商品的自动化管理。

- 制作简单。

商品条码标签易于制作，对设备和材料没有特殊要求。

② 商品条码的种类。商品条码的种类很多，常用的有以下几种：

- EAN 码。

EAN 条形码是国际通用商品代码，是由国际物品编码协会统一制定的。EAN 码分为标准版和缩短版两种。其条码示意图如图 4.3 所示。标准版的 EAN 码是由代表 13 位数字码的条形码符号组成的，简称 EAN—13 码；缩短版的 EAN 码是由代表 8 位数字的条码符号组成的，简称 EAN—8 码。

(a) EAN−13码　　(b) EAN−8码

图 4.3　EAN 条码示意图

EAN码是当今世界上广为使用的商品条码，已成为电子数据交换（EDI）的基础。我们日常购买的商品包装上所印的条码一般就是EAN码。

EAN码的前两位或三位数字为国家或地区代码，称做前缀码或前缀号，是用于标志EAN成员的代码，是由国际物品编码协会统一管理和分配的，不同的国家或地区有不同的前缀码。凡是加入条码组织的会员国均可以获得该组织分配的国际统一编号前缀。我国于1988年12月成立了中国物品编码中心，于1991年4月正式申请加入了国际编码组织EAN协会。近年来，我国条码技术发展迅速。目前，商品使用的前缀码有“690”、“691”和“692”，也就是以690、691或692为首的国际通用商品代码为中国商品代码。条码技术在我国已经得到广泛的应用。

UPC码。

UPC码是一种只代表数字的商品条码。有12位标准码和8位缩短码两种。UPC码是美国统一代码委员会制定的一种商品用条码，主要用于美国和加拿大地区。EAN条码与UPC条码可以兼容。

39码。

39条形码是一种可表示数字及字母等信息的条码，主要用于工业、图书及票证的自动化管理，目前使用范围极为广泛。

库德巴码。

库德巴条形码也可表示数字和字母信息，主要用于医疗卫生、图书情报、物资等领域的自动识别。

4.2 商品质量管理

1. 商品质量的基本要求

商品质量的含义有狭义和广义之分。狭义的商品质量称做产品质量或实用质量，习惯上称做商品品质，是评价商品使用价值及与其规定标准技术条件的符合程度。狭义的商品质量又包括两个要素，即外观质量和内在质量。人们在评定商品质量时，通常以这两个要素为依据。广义的商品质量称做消费者最满意的质量和产品的服务质量，是指商品实体满足规定和潜在需要能力特性的总和。广义的商品质量是一个动态的、发展的、变化的、相对的概念。消费者对质量的评价受时间、地点、使用条件、使用对象和社会环境及市场竞争等因素的影响。

由于商品种类繁多，性能各异，又有着不同的用途和使用方法，因此，对商品的质量要求也不尽相同。

（1）对纺织品质量的基本要求

纺织品是人们日常生活不可缺少的生活资料。纺织品商品分为纺织品和针织品两类，对纺织品质量的基本要求一般从原料、组织结构、机械性能和服用性能等方面来评定。

① 材料选择适宜性。纺织品的基本性能及外观特征主要是由其所用的纤维材料决定的。纤维材料的种类和品质对纺织品性能有重要影响。采用不同种类的纤维，例如棉、麻、毛、涤纶等，其织品的性能各不相同。即使同种纤维具有不同品质，其织品也各有特色。纺

织品用途不同，所选择的纤维的种类和品质也各不相同。

② 组织结构合理性。影响纺织品组织结构的因素很多，主要包括织物的组织、重量和厚度、紧度和密度、幅宽和匹长等。纺织品的组织结构影响着织物的外观和机械性能。例如纺织品的厚度及紧度等可影响其透气性、保暖性、柔软性等；又如织纹组织可以改变纺织品的花色品种等。

③ 良好的机械性。纺织品的机械性能是指在外力的作用下，织物产生的应力与形变之间的关系。主要是指各种强度及弹性指标，而强度是衡量纺织品耐用性能的重要指标。另外，某些机械强度还会对织物的尺寸稳定性和手感及成品风格有影响。

④ 优良的服用性。纺织品的服用性主要是要求织品在使用和穿着的过程中舒适、美观、大方。织品的服用性能要求其缩水率、刚性、悬垂性符合规定标准，并且具有良好的吸湿性和透气性，不起毛起球，花型、色泽、线条图案符合有关标准。

⑤ 良好的加工性。良好的加工性是指纺织品面料必须方便裁剪和缝制，易于熨烫、定型、染色等。

（2）对食品质量的基本要求

食品是指为人体提供热量、营养，维持人体生命，调节人体生理活动，促进人体生长发育及保证人体健康的营养物质。因此，保证和提高食品质量，对人民群众的身体健康有着极为重要的意义。

① 食品的卫生性。食品的卫生性是指食品中不能含有或超过标准的有害的物质和微生物。由于食品卫生关系到人们的健康与生命安全，所以作为食品商品，卫生、无害、无污染是最起码的条件。影响食品卫生的因素，一般有以下五个方面：

- 食品自身产生的毒素。

有的食品本身含有有毒成分。例如豚鱼、毒蘑菇、死后的鳝鱼、河蟹等。

- 生物对食品的污染。

此污染包括微生物污染，例如细菌、霉菌等；寄生虫及虫卵污染，例如旋毛虫、蛔虫等；昆虫污染，例如粮食中的甲虫类、蛾类、螨类及鼠类活动所造成的污染。

- 加工中混入的毒素。

例如方便面、罐头、饮料等；使用的防腐剂、色素等；烧烤食品时生成甘油醛等。

- 保管不善产生的毒素。

食品因保管不善有可能感染微生物而腐败或霉烂变质。例如温度过高，海产品发生变质，容易致癌。花生、小麦、玉米、豆类等发霉后则能产生黄曲霉毒素，使人体致癌。

- 环境污染造成的毒害。

此毒害主要包括工业上的“三废”不合理排放，以及化肥农药不适当的施加使食物受到污染，产生毒害。另外，食品在生产、存储、运输、销售的过程中，受到化学品、菌类、重金属的污染也会使食品有毒有害。

② 食品的营养价值。食品的营养价值的评定指标包括营养成分、可消化率和发热量三项指标。营养价值能给人体提供营养物质，这是一切食品的基本功能。营养价值是评定食品质量优劣的关键指标。

- 营养成分。

营养成分是指食品中所含蛋白质、脂肪、碳水化合物、维生素、矿物质及水分等。不同的食品营养成分不同，其所含的物质及营养功能也不同。因此，人们可以从各种不同的食品中获得各种营养成分。

可消化率。

可消化率是指食品在食用后，可能消化吸收的百分率。它反映了食品中营养成分被人体消化吸收的程度。食品中的营养成分只有被人们消化吸收后，才能发挥其作用。不同的营养成分被人体消化吸收的程度各不相同，即使是同一种营养成分不同的人消化吸收的程度也不同。

发热量。

发热量是指食品的营养成分经人体消化吸收后在人体内产生的热量。它是评价食品营养价值最基本的综合性指标。人体对食品的需求量通常是采用能产生热量的碳水化合物、蛋白质、脂肪三种主要营养成分的发热量来表示的。

在人们日常吃的主食中的各种米、面之类，是供给人体热量的主要来源；而副食中的鱼、肉、蛋、奶及其加工制品是供给人体热量的重要来源；副食中的各种蔬菜、水果等，是人体所需蛋白质、维生素和矿物质的主要来源。一般来说，营养成分和可消化率越高，所产生的热量就越多，营养价值就越高。

③ 食品的色、香、味、形。食品的色、香、味、形是指食品的色泽、香气、滋味和形状。它是评价食品质量的感官指标。食品的色、香、味、形不仅能反映食品的新鲜度、成熟度、加工精度、品种风味及质量变化等，而且还具有促进人们食欲，提高食品消化率的作用。色、香、味、形具佳的食品，会使人产生良好的食欲，提高对食品各种营养成分的消化和吸收。因此，食品的色、香、味、形是评价食品质量的重要指标。

（3）对日用工业品质量的基本要求

日用工业品的种类繁多，例如塑料制品、皮革制品、玻璃制品、铝制品、洗涤用品、化妆用品、钟表、家用电器等。根据日用工业品的用途和使用特点，对其质量的基本要求如下所述。

① 适用性。适用性是指日用工业品满足其主要用途所必须具备的性能。不同的日用工业品其适用性各有不同的要求。例如服装和鞋帽要求保暖透气，洗涤用品要求去污力强，化妆用品要求对肌肤无刺激等。即使同一类日用工业品，由于品种不同其适用性的要求也不尽相同。例如同属于玻璃制品，保温瓶主要要求其保温性能好，玻璃要求其透光性好，而化学仪器则要求其耐酸、碱性好。因此，适用性是评价日用工业品质量的重要指标。

② 耐用性。耐用性是指日用工业品抵抗各种外界因素对其破坏的性能，它反映了日用工业品的耐用程度。消耗性日用工业品的耐用性主要是指其使用效能和效果；非消耗性日用工业品的耐用性主要是指其使用时间的长短。因此，耐用性是评价绝大多数日用工业品质量的主要依据。

③ 安全性。安全性是指日用工业品在使用的过程中，应具有的安全可靠性能。日用工业品的安全性与人们的生活息息相关且至关重要。例如家用电器不漏电、无辐射，使用时不发生危险；洗涤用品在使用时不伤手、不腐蚀衣物等。日用工业品的安全性是评价其质量的重要因素。

④ 卫生性。卫生性是指日用工业品在使用时不能影响人体健康的质量特性。例如对盛放食物的器皿、化妆品、玩具、洗涤用品及包装材料等商品应无毒无害。另外，日用工业品

的卫生性还表现在使用时和使用后不污染环境等。

⑤ 美观性。美观性是指日用工业品的外观特征。例如日用工业品的造型、款式、大小、色彩、花纹、图案等，要求款式新颖、造型美观、色彩适宜、具有艺术感和时代风格，并且无严重影响外观质量的疵点。

⑥ 结构合理性。结构合理性是指日用工业品的形状、大小和部件装配要合理。若结构不合理，不仅影响其外观，而且直接影响其适用性和耐用性。例如服装和鞋帽的结构不当，不仅使人感到不舒服或不美观，而且无法穿戴，丧失了其使用价值。对于那些起着美化装饰作用的日用工业品，它们的外观造型结构则更具有特殊的意义。

2. 影响商品质量的因素

一般商品都会经过生产过程、流通过程、使用过程三个不同的阶段，而且每个阶段都会对商品的质量造成不同程度的影响。因此，影响商品质量的最根本因素是生产过程中的原材料和生产工艺，其次是流通过程及使用过程中的一些因素。

（1）生产过程

① 原材料。原材料是形成商品质量的物质基础，由于原材料的成分、结构、性质不同，决定着所形成的商品的质量也不同。在相同的条件下，原材料的性质直接决定着商品质量的优劣。通过对原材料成分、结构及性质的分析，可以明确商品的质量特征和对商品质量的基本要求，可以揭示商品质量的变化规律，从而找出提高商品质量的有效途径。

原材料本身的质量又受到品种、成分、结构、性质、产区的自然条件及栽培或加工方法等因素的影响。例如植物性原材料的品种、生长环境、气候条件、栽培技术等不同，会使原材料的质量也不尽相同。因此，选择原材料的质量，对于提高商品质量来说非常重要。

② 生产工艺。生产工艺是形成商品质量的关键，对于商品质量起着决定性的作用。因为商品的各种有用性、结构和性能，都是在生产工艺过程中形成和固定下来的。生产工艺主要是指产品在加工制造过程中使用的配方、操作规程、设备条件及技术水平等。生产工艺不但可以提高商品的质量，也可以改变商品的质量。例如，在原材料相同的情况下，由于生产工艺和技术水平不同，生产的商品的质量也不同。一般情况下，先进的生产工艺，能够生产出优质的产品；而落后的生产工艺，往往生产出劣质的产品。

③ 商品包装。商品包装属于商品生产过程的最后一道工序，所以商品包装对于保证商品的质量非常关键。商品包装不合格，不仅会给商品的运输、保管、销售带来不便，而且会使商品遭受到破坏、污染或变质，对保证商品的质量造成很大影响。因此，商品包装也是影响商品质量的因素之一。

（2）流通过程

流通过程是指商品离开生产过程进入消费过程前的整个阶段，主要是指商品的购、销、运、存等方面。商品在流通过程中，都要经过时间和空间的转移，商品的运输和存储是不可避免的。运输对商品质量的影响，与运程的远近、运输时间的长短、运输方式、运输工具的条件等有关。存储对商品质量的影响，与存储场所、存储时间长短、存储措施与技术等有关。

另外，商品在购销过程中，一般要经过包装、搬运、装配等工作环节，而每个环节都会对商品的质量造成一定的影响。因此，控制好商品流通过程的各个环节的影响因素，就可以有效减少对商品质量的损害，确保商品的使用价值。

（3）使用过程

商品使用过程中影响商品质量的因素主要是指商品的安装、使用和保养。商品的安装及使用方法对商品的质量影响很大，如果商品的安装和使用方法不当，会直接损害商品的质量，降低商品的使用价值。例如，家用空调器的安装和使用方法不当，就会直接损害空调器的机体，并且降低其使用效果和使用寿命。另外，需要定期进行保养的商品，在使用过程中如果不定期对其进行保养，也会影响商品的质量，降低其使用价值。

3. 商品质量管理的责任要求

质量管理是指为保证和提高企业的作业质量、产品质量和工作质量所采取的各种技术方法和组织措施等一系列的管理活动。质量管理的主要内容有搜集信息，制定计划，确定质量水平，建立质量管理体系，进行质量控制，组织质量检验等。

质量是企业的生命线，商品质量的高低和优劣是一个企业管理水平的重要体现。加强商品质量管理，不仅能保证商品的质量以满足消费者的需求，而且也是企业在市场经济中谋求生存和发展的根本途径。

根据《中华人民共和国产品质量法》规定，生产者和销售者应当对其产品质量各负其责。

（1）生产者的产品质量责任

① 产品质量应当符合以下要求：

- 不存在不合理的危及人身和财产安全的危险。如果有保障人体健康和人身财产安全的国家标准、行业标准，则应当符合该标准。
- 具备产品应当具备的使用性能，但是对产品存在使用性能的瑕疵有所说明的除外。
- 符合在产品或其包装上注明采用的产品标准，符合以产品说明及实物样品等方式表明的质量状况。
- 生产者不得生产国家明令淘汰的产品。
- 生产者不得伪造产地，不得伪造或冒用他人的厂名或厂址。
- 生产者不得伪造或冒用认证标志及名优标志等质量标志。
- 生产者生产产品不得掺杂或掺假，不得以假乱真、以次充好，不得以不合格产品冒充合格产品。

② 产品或其包装上的标志必须真实，并且符合如下要求：

- 有产品质量检验合格证明。
- 有中文标明的产品名称、生产厂的厂名和厂址。
- 根据产品的特点和使用要求，需要标明产品的规格、等级、所含主要成分的名称和含量的，应用中文相应予以标明；需要事先让消费者知晓的，应当在外包装上标明，或者预先向消费者提供有关资料。
- 限期使用的产品，应当在显著位置清晰地标明生产日期和安全使用期或失效日期。
- 由于使用不当而容易造成产品本身损坏或可能危及人身或财产安全的产品，应当有警示标志或中文警示说明。
- 裸装的食品或根据产品的特点难以附加标志的裸装产品，可以不附加产品标志。
- 易碎、易燃、易爆、有毒、有腐蚀性、有放射性的危险物品，以及在储运过程中不能倒置及具有其他特殊要求的产品，其包装质量必须符合相应要求，依照国家有关规定做出警示标志或中文警示说明，标明储运过程中的注意事项。

（2）销售者的产品质量责任

① 销售者应当建立执行进货检查验收制度，验明产品的合格证明及其它标志。

② 销售者应采取措施，保证销售产品的质量。

③ 销售者不得销售国家明令淘汰或停止销售的产品，以及失效或变质的产品。

④ 销售者销售的产品的标志应当符合产品或其包装上的标志。

⑤ 销售者不得伪造产地，不得伪造或冒用他人的厂名或厂址。

⑥ 销售者不得伪造或冒用认证标志等质量标志。

⑦ 销售者销售产品，不得掺杂或掺假，不得以假乱真、以次充好，不得以不合格产品冒充合格产品。

在《产品质量法》中还明确指出：国家鼓励推行科学的质量管理方法，采用先进的科学技术，鼓励企业产品质量达到并超过行业标准、国家标准和国际标准。对产品质量管理先进和产品质量达到国际先进水平、成绩显著的单位和个人给予奖励，国家鼓励且支持一切组织和个人对损害消费者合法权益的行为进行社会监督。

4.3　商品标准管理

1．商品标准

（1）商品标准的概念

商品标准是对商品质量及与质量相关的某些或各个方面（例如商品的品名、性能、用途、使用方法、包装、运输、储存等方面）所做的统一技术规定。它是评定、监督和维护商品质量的依据，也是部门之间交接验收商品的共同准则。

商品标准是科学技术和生产力发展水平的标志。对于正式投产的各类商品，都必须制定相应的商品标准。有了商品标准，生产者就有章可循，质量监督者就有法可依，消费者就可以买到质量可靠的商品。商品标准由标准化主管部门批准、发布后，就是一种技术法规，具有法律效力，在商品生产、流通和使用过程中都必须共同遵守。

（2）商品标准的分类

商品标准的分类方法很多，常见的方法如下：

① 按标准的表达形式分类。

文件标准。

文件标准是指以文字、表格、图形等形式，对全部或部分商品质量及有关内容所做的统一规定。绝大多数商品标准都是文件标准。

实物标准。

实物标准是指对某些难以用文字准确表达的质量要求（例如色泽、气味、手感等），由标准化主管部门或指定部门用实物做成与文件标准规定的质量要求完全或部分相同的标准样品。实物标准是文件标准的补充，实物标准要经常更新。

② 按标准的约束程度分类。

- 强制性标准。

强制性标准又称法规性标准，是指一经批准发布，在其规定的范围内，有关方面都必须严格贯彻执行或强制执行的标准。强制标准范围主要是保障人体健康，人身和财产安全的标准和法律、行政法规规定强制执行的标准。

- 推荐性标准。

推荐性标准又称自愿性标准，即国家制定的标准由各企业自愿采用，自愿认证，国家利用经济杠杆鼓励企业采用。推荐性标准是指导性标准，实行市场经济体制的国家大多数实行推荐性标准。

③ 按标准的成熟程度分类。

- 正式标准。

现行的商品标准绝大多数为正式标准。

- 试行标准。

试行标准与正式标准具有同等法律效力。试行标准一般在试行 2～3 年后进行修订，待成熟时再转为正式标准发布。

④ 按标准的性质分类。

- 技术标准。

技术标准是针对标准化领域中需要协调统一的技术事项而制定的标准，主要是事物的技术性内容。

- 管理标准。

管理标准是指对标准化领域中需要协调统一的管理事项所制定的标准，主要是规定人们在生产活动和社会生活中的组织结构、职责权限、过程方法、程序文件及资源分配等事宜。

- 工作标准。

工作标准是指对标准化领域中需要协调统一的工作事项所制定的标准。工作标准是针对具体岗位而规定人员和组织在生产经营管理活动中的职责和权限，对各种过程的定性要求及活动程序和考核评价要求。

（3）商品标准的分级

① 我国商品标准。根据《中华人民共和国标准化法》的规定，我国商品标准依据其适用范围的不同分为国家标准、行业标准、地方标准和企业标准四个等级。

- 国家标准。

国家标准是由国务院标准化行政主管部门制定的需要在全国范围内统一的技术要求。国家标准又分为强制性标准和推荐性标准两种。

强制性国家标准代号为“GB”；推荐性国家标准代号为“GB/T”。

国家标准代号的编号是由国家标准代号、标准发布顺序号、标准发布年号组成的。其编号方法如下：

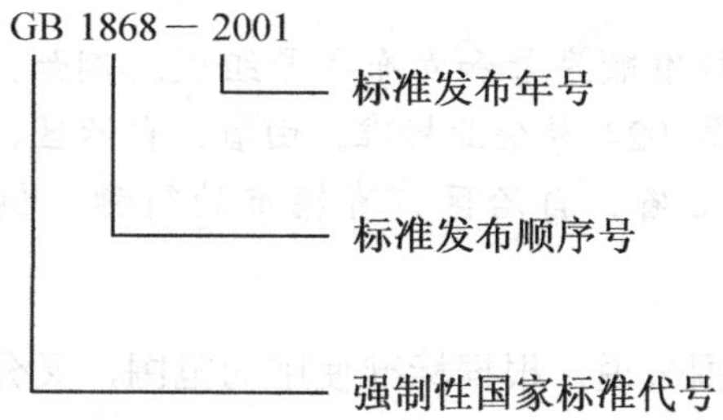

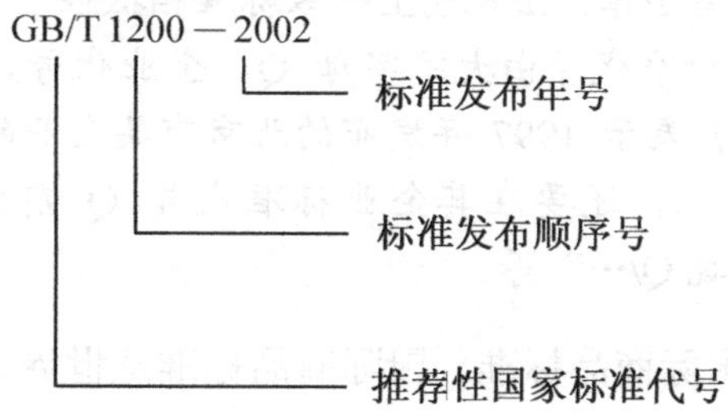

行业标准。

行业标准是指没有国家标准而又需在全国某个行业范围内统一的技术标准。它由国务院有关行政主管部门制定并报国务院标准化行政主管部门备案。行业标准也分为强制性标准和推荐性标准。

不同的行业有不同的行业标准代号。行业标准代号的编号是由行业标准代号、标准顺序号、发布年号组成的。其编号方法如下：

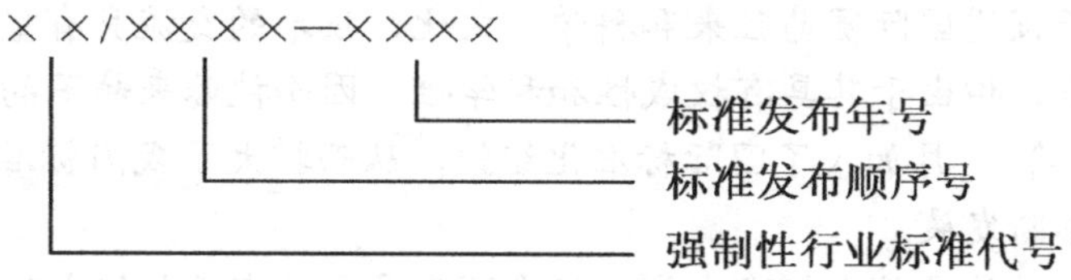

地方标准。

地方标准是指没有国家标准和行业标准而又需要在省、自治区、直辖市范围内统一的工、农业产品的安全、卫生标准。它由省、自治区、直辖市标准化行政主管部门制定并报国务院标准化行政主管部门和国务院有关行业行政主管部门备案。

地方标准分为强制性标准和推荐性标准。强制性地方标准代号为“DB+地区代码”，推荐性地方标准代号为“DB+地区代码/T”。其中，地区代码为各省、自治区、直辖市行政区的两位数字代码。例如 11 表示北京市，12 表示天津市。又如，DBll/T068—1996 表示 1996 年发布的第 068 号推荐性北京地方标准。

地方标准代号的编号是由地方标准代号、地区代号、标准顺序号、发布年号组成的。其编号方法为：

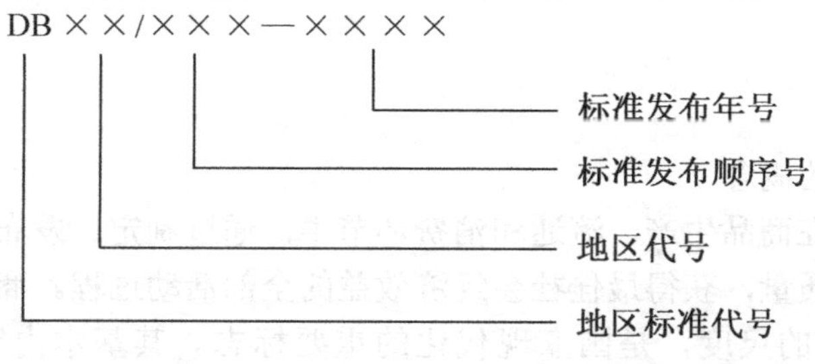

企业标准。

企业标准是指企业生产的产品没有国家标准、行业标准和地方标准，它是由企业自行组织制定的并按省、自治区、直辖市人民政府的规定备案（不含内控标准）的标准。企业标准不得与有关法律、法规或上一级标准相抵触。

企业标准代号由大写字母 Q、企业代号、标准顺序号和发布年号组成。例如，Q/EGF 024—1997 表示 1997 年发布的北京市某企业的第 024 号企业标准。由省、自治区、直辖市发布的标准，还要在其企业标准代号 Q 前加上省、自治区、直辖市的简称。例如“京Q/…”、“皖 Q/…”等。

② 国际商品标准。国际商品标准从世界范围来说，根据标准使用的范围，又分为国际标准和国际区域性标准。

国际标准。

国际标准是指由国际上权威专业性组织制定和发布的，被世界上大多数国家承认和通用的标准。主要是指由国际标准化组织（ISO）和国际电工委员会（IEC）制定和发布的标准，以及经国际标准化组织确认并公布的其他国际组织制定和发布的标准。例如国际无线电咨询委员会（CCIR）、国际计量局（BIPM）、食品法典委员会（CAC）、国际劳动组织（ILO）、国际电信联盟（ITU）、世界卫生组织（WHO）等制定和发布的标准。

国际标准对于促进国际贸易往来和科学、文化、技术的交流具有重大作用。尽管国际标准均为推荐性标准，但由于其具有权威性和科学性，因而被越来越多的国家所推崇和自愿采用。我国于 1987 年 9 月加入了国际标准化组织，从而扩大了我国标准的使用范围，促进了我国对外贸易的不断发展。

国际标准代号的编号是由标准代号、标准顺序号和发布年号组成的。其编号方法为：

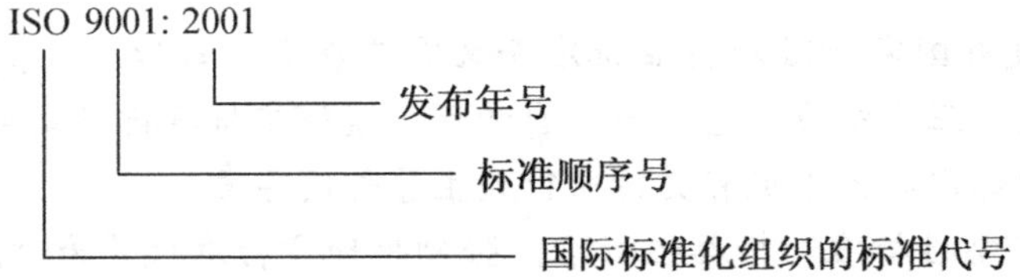

国际区域性标准。

国际区域性标准也称做国际地区性标准，是指由国际地区性或国家集团性标准化组织制定和发布的标准。这些国际地区性或国家集团性组织，有的是由于地理原因而形成的，有的则是由于政治经济原因而形成的，因此这些标准仅在这些地区或国家集团内使用。例如欧洲标准化委员会（CEN）及亚洲电子数据交换理事会（ASEB）制定和发布的标准等。

2. 商品标准化

（1）商品标准化的概念

商品标准化是指在商品生产、流通和消费环节中，通过制定、发布和实施商品标准，以达到统一和协调商品质量，获得最佳社会经济效益的全部活动过程。商品标准化是衡量一个国家技术和管理水平的尺度，是国家现代化的重要标志。其基本内容包括名词术语统一化、商品质量标准化、商品零部件通用化、商品品种规格系列化、商品质量管理与质量保证标准化、商品检验与评价方法标准化、商品分类编码标准化及商品包装、储运、养护标准化等。

商品标准化是一项系统管理活动，其涉及面广，专业技术要求高，政策性强，因此必须遵循统一管理与分级管理相结合的原则，建立一套完善的标准化管理体系，调动各方面的积极性，搞好分工协作，汲取国外标准化的先进经验，才能顺利完成商品标准化的任务。

依据《中华人民共和国标准化法》中的规定，国务院标准化行政主管部门统一管理全国标准化工作，国务院有关行政主管部门分工管理本部门、本行业的标准化工作。

（2）商品标准化的作用

商品标准化在国家经济建设和现代化管理中的作用主要体现在如下所述的几个方面：

① 标准化有利于组织专业化协作生产，实现企业的科学管理。现代化生产以先进科学技术和生产的高度社会化为特征，生产专业化协作的深度和广度日益提高。这种社会化大生产要求技术上的高度统一和区域上广泛协调，而标准化是实现这种统一和协调的有效手段。只有通过标准化才能使各部门和各环节有机地联系起来，从而保证生产有秩序地进行。商品标准化是企业管理目标在质量方面的具体化和定量化，只有实行商品标准化，才能实现管理机构的高效化、管理工作的计划化和管理技术的现代化。

② 标准化有利于企业开发新产品，提高产品质量。产品质量标准，既是企业管理的目标，又是衡量产品质量优劣的技术依据。根据质量标准，企业才能找寻产品质量方面的差距并制定改进措施。商品标准的科学性和权威性保证并促进了商品质量的提高，从而使企业的竞争和应变能力有所提高。

③ 标准化有利于新技术应用，促进技术进步。将新技术纳入标准，组织实施，是实现新技术应用于生产的有效手段。同样，引进新技术和进口设备时，只有同时引进标准，消化吸收，才能生产出高质量的产品。同时，通过采用国际标准和国外先进标准，可以不断促进我国的技术进步，迅速提高我国产品的质量和水平。

④ 标准化有利于消除贸易障碍，促进国际贸易的发展。通过积极采用国际标准和国外先进标准，不断提高我国标准化的整体水平，可以消除由于标准的差异造成的贸易障碍。近几年，我国对外贸易发展迅速，产品竞争力逐步增强，这与我国标准化工作的进步是分不开的。

⑤ 标准化有利于保护环境、人体健康和人身、财产安全。现代工业的发展，使人类创造物质财富的同时也给环境造成了极大的污染，环境问题已成为各国政府关注的首要问题之一。通过制定产品设计规范和工业排放等标准，就可以最大限度地减少由于产品设计、生产、运行、使用等因素对环境造成的危害。同时，保护人体健康和人身安全也是标准化工作的重要内容。目前，我国已制定了例如农药残留、食品卫生、劳动保护、电器安全等相当多的标准，用以保护人民群众的身体健康和人身安全。随着科学技术的进步，这些标准还会日趋完善。

3. 商品质量认证

（1）商品质量认证的概念

商品质量认证也称产品质量认证，是依据产品标准和相应的技术要求，经认证机构确认并通过颁发认证证书和认证标志来证明某个产品符合相应标准和相应技术要求的活动。商品质量认证分为强制认证和自愿认证两种。

实行商品质量认证，其目的是为了保证产品质量，提高产品信誉，保护消费者的利益，促进国际间的贸易以及发展国际质量认证合作。我国于 1978 年引入商品质量认证体系，1989 年 4 月 1 日起实施了《中华人民共和国标准化法》，并于 1991 年 5 月颁布实施了《中华人民共和国产品质量认证管理条例》，从而标志着我国商品质量认证工作步入了法制轨道。

国家质量监督检验检疫总局负责管理全国商品质量认证工作和有关商品质量认证的国际活动。国家质检总局设立的认证机构或授权有关部门设立的行业认证委员会，负责商品质量认证工作的具体实施。

（2）商品质量认证的条件

根据《中华人民共和国产品质量认证管理条例》的规定，中国企业、外国企业或其他申请人均可提出认证申请。申请企业或申请人应当具备的条件如下：

- 中国企业必须持有工商行政管理部门颁发的《企业法人营业执照》，外国企业必须持有有关机构的登记注册证明。
- 产品能正常批量生产，质量稳定可靠，并且应提供有关证明材料。
- 产品符合国家标准、行业标准及其补充技术要求，或者符合国务院标准化行政主管部门确认的标准。
- 生产企业的质量体系符合国家质量管理和质量保证系列标准及其补充要求。

（3）商品质量认证的程序

- 中国企业向有关认证委员会提出书面申请，外国企业或其他申请人向国务院标准化行政主管部门或由其指定的认证委员会提出书面申请。
- 认证委员会受理认证申请后，组织有关认证检验机构对企业的质量体系进行检查，同时对企业申请认证的产品进行现场抽样。
- 认证委员会通知认证检验机构对样品进行检验，并且填写检验报告报认证委员会。
- 认证委员会对认证合格的产品颁发认证证书，并且准许使用认证标志。
- 申请人应当按照有关规定，交纳认证费用。根据产品特点，认证证书的有效期分为三年、四年或五年。认证证书的持有者应当定期接受认证委员会对其产品和质量体系的监督和检验。如果认证产品采用的标准或企业的质量体系已经改变，达不到认证时所具备的条件，应当停止使用认证标志。

（4）商品质量认证的标志

① 商品质量认证证书。商品质量认证证书是证明产品质量符合认证要求和许可产品使用认证标志的法定证明文件。认证委员会负责对符合认证要求的申请人颁发认证证书，并且准许其使用认证标志。认证证书由国务院标准化行政主管部门组织印刷并统一规定编号。认证证书持有者可将产品认证标志标示在产品、产品铭牌、包装物、产品使用说明书、合格证上。使用商品质量认证标志时，必须在标志上方或下方标出认证委员会代码、证书编号、认证依据的标准编号。

② 商品质量认证标志。我国商品质量认证标志分为方圆标志、长城标志和PRC标志。商品质量认证标志式样如图4.4所示。

- 方圆标志。

方圆标志分为合格认证标志和安全认证标志两种。获准合格认证的产品使用合格认证标志，获准安全认证的产品使用安全认证标志。

- 长城标志。

长城标志为电工产品专用安全认证标志。长城标志的印制，应遵守国务院标准化行政主管部门及中国电工产品认证委员会有关认证标志管理办法的规定。

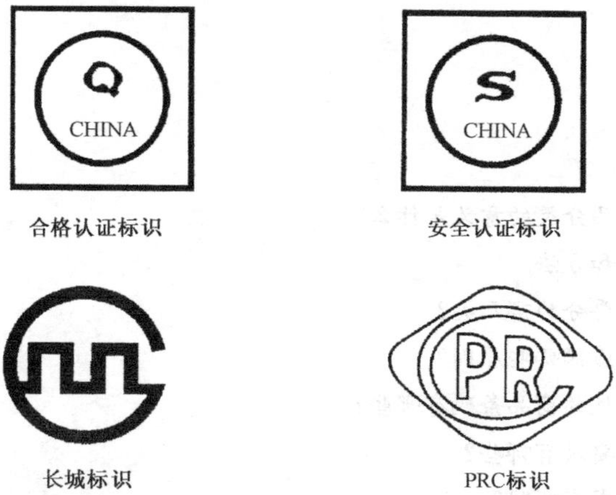

图 4.4　商品质量认证标志

PRC 标志。

PRC 标志为电子元器件专用合格认证标志。PRC 标志的印制，应遵守国务院标准化行政主管部门及中国电子元器件认证委员会关于认证标志管理办法的规定。

根据《中华人民共和国商品质量认证管理条例》规定，已经授予认证证书的产品不符合认证时采用的标准而使用认证标志出厂销售的产品、未经认证或认证不合格而使用认证标志出厂销售的产品、转让认证标志的产品，由标准化行政主管部门责令停止销售并处以罚款。如果认证产品的质量严重下降或生产该产品的企业的质量体系达不到认证时所具备的条件，给用户或消费者造成损害，经监督检查发现获准认证的产品不合格，若属于生产企业责任，则由颁发认证证书的认证委员会撤销认证证书。经过认证的产品出厂销售，不符合认证要求时，生产企业应当负责包修、包换、包退。给用户或消费者造成损害的，生产企业应当依法承担赔偿责任。

图 4.5　强制认证标志

在我国加入 WTO 后，为履行入世的有关承诺，根据世贸协议和国际通行规则，我国在商品质量认证认可管理方面实行“四个统一”，即统一目录，统一标准技术法规及合格评定程序，统一认证标志，统一收费标准。同时，为完善和规范我国的强制性产品认证制度，使之适应我国市场经济发展的需要，更好地为经济和贸易发展服务，2001 年新成立的国家质量监督检验检疫总局和国家认证认可监督管理委员会，建立了新的国家强制性产品认证制度。这是我国商品质量认证工作的一项重大改革。目前，我国已将原来的两套强制性产品认证体系，即产品安全认证（CCIB）和长城认证（CCEE），统一为新的强制认证体系。新的国家强制性产品认证标志名称为“中国强制认证”（China Compulsory Certification），英文缩写为“CCC”，也可简称“CCC”标志（如图 4.5 所示）。同时，新的国家强制性产品认证管理办法及实施细则也已经于 2002 年 5 月 1 日起正式实施。这些都标志着我国商品质量认证认可工作步入了国际化发展的轨道。

习题 4

1. 什么是商品分类？商品分类的意义是什么？
2. 简述商品分类的原则和方法。
3. 什么是商品目录？主要分为哪几类？
4. 商品代码的编制应当遵循哪些原则？
5. 什么是商品条码？常见的商品条码有哪些？
6. 对纺织品质量的基本要求有哪些？
7. 对食品质量的基本要求有哪些？
8. 对日用工业品质量的基本要求有哪些？
9. 什么是商品标准？我国商品标准是如何分类与分级的？
10. 简述商品标准化概念与作用。
11. 我国的商品质量认证标志主要有哪些？

案例分析

据报道，2004年1月，某市一个家电商城正热闹地进行元旦促销活动时，突然一名男子用三轮车运来一台上面贴满“质量问题”字样的柜式空调，并且当众将空调掀翻在地，使机器外壳全部散落在地。此举立即将正在观看表演秀的观众全部吸引了过来。

据当众砸空调的消费者介绍，2003年5月，他在该家电商城买了这台柜式空调。11月使用制热系统时，发现空调只能升高到17℃，而产品说明书上却标明该空调至少可升高到24℃。为此，他拨打了该品牌设在本市分公司的电话，请维修人员到家里维修，但维修人员来后，却称空调是正常的，没什么问题。新年第一天，非常气愤的他不得不将这台空调运到商场外，当众将其掀翻在地。

根据以上情况试分析，这台柜式空调是否存在质量问题？他的这种做法是否属于消费者维权的行为？假如你遇到同样的问题你会怎么做？

第5章 现代商务资金运营

本章你将学到以下知识：

- ✓ 金融和金融市场的含义；
- ✓ 金融市场的参加者；
- ✓ 金融市场的功能；
- ✓ 金融工具；
- ✓ 金融市场的类型；
- ✓ 我国金融机构体系；
- ✓ 商务企业资金运作的含义；
- ✓ 商务企业资金的筹集；
- ✓ 商务企业资金的长期投资决策；
- ✓ 商务企业营运资金的管理。

产融结合——海尔集团资本运营的成功之路

诺贝尔经济奖获得者、美国经济学家史蒂格勒曾说过：纵观世界上著名的大企业、大公司，没有一家是不通过在某个时候以某种方式进行资本运营发展起来的，也没有哪一家是单纯依靠企业自身利润的积累发展起来的。海尔集团发展如此迅猛，完全得益于有效的资本运营模式，海尔集团抓住了有利时机，实现了低成本的资本扩张，其中最显著的有两种方式：一是通过股权融资，发行海尔冰箱股票，募集社会资金；二是以无形资产兼并有形资产，进行兼并重组，实现高效率的规模扩张。

1993年国家发展资本市场，海尔集团抓住这个机遇，积极筹备冰箱公司上市，1993年11月份海尔冰箱股票上市，募集资金3.69亿元，1996年通过配股又募集资金1.43亿元，这些资金先后有效的用于扩大冰箱产量等相关项目上。股票的上市也使企业面临了新的压力，由过去仅面对用户、员工，转变为要面对股东、员工、用户。股东要求企业每年给他较高的利润回报，员工要求工作环境不断改善，工资待遇不断提高，这样一来，企业上市后面临的压力比上市前大的多，为使压力转化为动力，形成一个股东、员工、用户互动的价值链，从而保证资产质量的不断提高。上市三年多，海尔通过改制，使企业发生了很大的变化，冰箱产量是由上市时1993年的30多万台，猛增到1996年的151万台，增长了5倍，企业利润总额也由1993年的8 187万元，增长到1996年的20 065万元，增长了2.5倍，员工的工作环境、工资收入也得到了极大改善和提高，公司股本由1993年上市的1.7亿元扩张为1996年年末的3.26亿，公司每股收益却由上市时的0.41元，增长为1996年的0.55元，公司在股票上市三年的时间里，股本翻一番，而每股收益不但没有降低，反而有所提高，也就是说企业在不断扩张资本的同时，资本利润率不但没有下降，反而有所提高，从根本上保证了股民的权益。通过股票上市从而转变企业的机制，形成股民、员工、用户互动的价值链，这是海尔集团在资本市场取得成功的一个重要原因。

除了成功地利用资本市场促进企业的快速发展外，公司在企业兼并方面也取得了重大成功。在这方面，海尔提出了“吃休克鱼”的思路。所谓“休克鱼”是指硬件条件很好，管理却滞后的企业，由于经营不善落到了市场的后面，一旦有一套行之有效的管理制度，把握住市场就能重新站起来。在国内现行体制下，活鱼不让吃，吃死鱼会闹肚子，因此只有吃休克鱼才行得通，而海尔擅长的就是管理，海尔品牌价值 77.36 亿元，这样就使优秀的管理成为海尔与“休克鱼”的结合点。在资本运营的实践中海尔集团坚持“吃休克鱼”的策略，十三年来共兼并了亏损总额 5.5 亿元的十四家企业，盘活了 14.2 亿元资产。

2002 年 9 月，海尔集团财务有限责任公司正式成立，这标志着海尔集团全面吹响了进军金融业的号角。同年 12 月，海尔集团与全球最大的保险公司之一美国纽约人寿保险公司携手，成立海尔纽约人寿保险有限公司。在过去的一年时间里，海尔已先后控股青岛商业银行、鞍山信托、长江证券。海尔在金融领域已经涵盖了银行、保险、证券、信托、财务公司等业务。海尔投资金融业是真正地开始搭建一个跨国公司的框架，由于金融业本身良好的资金流动性，产融结合将为海尔的资金链加入润滑油，加速其资金融通，为海尔冲击世界 500 强提供强劲的资金动力。

资本运营形成既有企业内部的动因，也有企业外部环境的支持。重视资本运营的战略地位，借鉴成功的资本运营模式，并在现实的运作中不断地探索和创新，这对我国商务企业集团的发展有着深远的意义。

5.1 金融和金融市场

1. 对金融的认识

在十几年前的中国，“金融”还是一件距离老百姓十分遥远的事情。那时，老百姓用手中的钱只做两件事情，到商场消费及把辛苦积攒下的钱存入银行。人们只是在电影或电视里，尤其是西方影视中，看到那些银行家们西装革履、风度翩翩地在豪华的大酒店里与跟他们一样的阔佬们谈论诸如股票、汇率、期货等一些高深莫测的字眼，并且在挥手投足之间完成巨额的大生意。随着经济的迅速发展和社会的不断进步，以及我国对外开放的深入，“金融”已经是一个非常时髦的词。人们常说，电脑、英语、驾照及金融知识是中国公民步入新世纪的四大通行证。在发达国家，很少有人能不与金融打交道。去商店购物，用的是信用卡和个人支票；买住房，要去银行办理抵押贷款并以分期付款的方式偿付；进入股市，有各种各样的基金和信托机构；有各种各样的医疗和人寿保险。目前在中国，人们发现自己已渐渐地离不开金融、投资、理财这样的一些事务了，以前从来都不懂什么是股票的人如今也成了股民，成了上市公司的股东，很多“基民”也在琳琅满目的基金投资中获得了丰厚的回报，曾经以借钱欠债为耻的人竟也到银行贷款买房买车了。

那么，金融到底是指什么呢？就最一般的意义而言，金融就是指货币资金的融通，具体来说就是货币流通和信用，以及与这两者直接相关的经济活动。随着我国社会主义市场经济的建立与发展，金融在国家、企业和个人的经济生活中，发挥着越来越重要的作用，并且渗透到越来越多的领域中。

从国家的角度来说，金融已成为对国民经济进行宏观调控的最重要的经济杠杆，例如，降低利率，可以有刺激投资与消费，增加就业；从企业的角度来说，金融已成为企业经济活动的命脉，不少有眼光的大企业已由注重产品经营开始转向注重资本经营，即金融经营，企业购并、资本经营、公司理财、股份改造、贷款融资，无不牵涉金融问题；从个人的角度来说，金融就是用钱赚钱的一种手段，随着人们手中余钱的增多和金融活动的日益多样化，选择什么投资工具，使手中的钱最大限度地保值、增值，已成为大家经常谈论的话题。大学里的金融专业成了学生们趋之若骛的热门专业。国外那些著名商学院的毕业生，首选职业不是投资银行就是证券代理商，我国赚钱最快最多的“大款”们也大都是在金融证券领域工作的。因此，毫不夸张地说，金融意识的强弱，金融知识的多少，是衡量一个企业，一个经营管理人员，乃至一个普通公民是否适应现代市场经济，是否适应新时代要求的一个重要标志。

2. 走进金融市场

(1) 什么是金融市场

有交易就有市场，市场是对于交易而言的。在日常生活中，市场的概念所包括的内容是相当广泛的。市场可以指交易关系的建立，例如，可以说甲厂家生产的产品由于质优价廉而夺取了乙厂家同类产品的市场，其意思就是原来购买乙厂家产品的用户现在停止了与该厂家之间的交易，转而购买甲厂家的产品。市场也可以指实现交易的场所，例如人们最为熟悉的农贸市场、超级市场等。市场甚至可以指某种商品的销路，例如人们所说的某商品有无市场，其意思是指该商品是否有人购买。

金融市场的含义与市场一样，从不同的研究角度、不同的分析侧重、不同的方法、不同的场合看，“金融市场”一词具有不同的含义。在实际生活中，这种同一个词汇的不同含义无须苛求，但对于刚刚接触金融市场的人来说，为金融市场下一个准确的定义则可以帮助他们正确理解整个金融市场活动方式，进而全面运用金融市场的理论和技术。

与商品市场一样，金融市场可以是一个场所。世界上最知名、最活跃的金融市场——纽约股票交易所，即设立在美国纽约市华尔街的两座大厦中。然而，金融市场也可以完全不是一个场所，而仅仅是一种交易关系或交易过程。通过一个电传或电话，买卖双方可能远隔万里一生都无缘相会，却能做成影响整个市场价格水平的大宗金融交易。无论何种意义上的金融市场，只不过是金融交易的总和。不同类型、不同特点、不同形式的金融交易，可分别构成不同类型、不同特点、不同形式的金融市场，而所有的金融交易汇合在一起便构成完整的、全面意义上的金融市场。可见，金融市场的存在与否，不在于有无特定的市场参加者（并非必须有企业或个人之间的直接融资才能算是金融市场），不在于有无特定的金融工具（并非必须有股票或债券才能算是金融市场），也不在于有无特定的组织形式（并非必须有证券交易所才能算是金融市场）。这些因素的有无，只能说明金融市场的发达程度和表现形式。金融市场的实质，在于按照价值规律进行的金融交易。因此，如果要用一个最概括的方式为金融市场下定义，则可以说，金融市场是按照价值规律进行的所有金融交易的总和。或许有些人对金融市场的概念一无所知，但如果购买了国库券、股票，甚至入了人寿保险后，就已经不知不觉地成为了金融市场中的一员了。

（2）金融市场的参加者

① 普通金融机构。普通金融机构主要指商业银行和其他非银行金融机构，例如保险公司等。普通金融机构尤其商业银行，是金融市场的主要参加者，其经营活动是以营利为目的。当然，从总体上讲，金融机构在金融市场上主要是起一个中介的作用。例如商业银行将一部分人的闲置资金集中起来，然后贷放给另一些需要这些资金的人，这其中存在的利益差，就形成了利润，但是商业银行的业务远不止这些。

② 中央银行。中央银行的主要目的在于，调节整个金融市场的货币供求关系。中央银行既可以直接进入市场，又可以只与其他普通的金融机构发生关系。对于普通金融机构，中央银行既以准备金的名义向其吸收存款，又可以贷款的形式向其提供资金。这时，中央银行是金融市场的中介机构。

另外，中央银行还可直接进入国债市场进行公开市场操作。它买入国债意味着提供了资金，增加了货币供应；卖出国债则意味着吸收资金，减少了货币供应。中央银行的这种买卖活动，其目的在于调节市场货币的供求关系，实现货币政策目标，是不以营利为目的的。这时，中央银行是金融市场的宏观调控者。

③ 企业。企业也是金融市场中的主角之一。一方面，企业在生产经营的活动中，由于生产经营活动的季节性和周期性原因，总会形成一部分暂时闲置资金。例如产品销售后的收入不一定马上用于购买原材料或支付其他款项，定期提留的各种专项基金也不会立即用掉等。企业将这些闲置资金存于银行或投资于其他部门，或者购进有价证券等。这些都属于投资活动，或者说在金融市场中处于资金供给者的地位。另一方面，企业又往往是资金的需求者。当企业获得销售收入前，往往需要购进原材料，或者在自筹专项资金短缺时，进行扩大再生产的固定资产投资，这又造成企业暂时资金短缺，从而使企业成为资金的需求者。尽管企业在不同时期内既是资金供应者又是资金需求者，但从总体上看，企业是资金的需求者。

④ 个人。一般来说，人们的收入在用于生活消费后，会有一定的剩余，以钱赚钱的动机使人们将闲置的货币存入银行以得到利息或购买有价证券获取投资收入，还可以购买黄金、外汇等其他金融资产。这样，人们就成了金融市场的资金供应者。当然，有时候人们如果需要购买房屋或家电等贵重商品时，可能会出现手头资金不够的情况。因此，可通过多种形式从金融市场借取资金。例如从银行借款，卖出手中的有价证券、黄金、外汇等金融资产，这时，人们就成了资金的需求者，需要从金融市场抽出一部分资金。一般来说，从总量上看，个人是资金的供应者，但具体到每个人，只不过是巨大金融市场上资金供给的沧海一粟。

⑤ 政府。政府部门及其他靠财政拨款的单位，在获得税金、利润收入和财政拨款后，首先会形成一部分结余资金。由于政府部门的投资主要以保值为主，要求风险最小化，所以，在动用结余资金前，一般是存入银行或购买特定的债券。这实质上是向金融市场提供了一笔资金。然而，由于政府部门的收支在时间上不对称，常常是需要先支出，然后才有收入，甚至还有财政赤字迫使政府发行公债，向银行借款或透支等。这些都使政府部门先从金融市场获得一笔资金，同时也就充当了资金需求者的角色。一般来说，从理论上讲，政府部门很难在总体上确定是资金供应者还是需求者。但实际上，由于政府部门难以消除财政赤字等，使其总是作为资金需求者出现在金融市场，例如，政府发行国债，就是在向人民借钱。

由上可见，金融市场的参与者所涉及的范围是很广泛的，在现代经济生活中，几乎谁也离不开金融市场。

(3) 金融市场的功能

金融市场是西方发达国家经济机制中最为重要，也是最为神秘的部分之一。在这些国家中，几乎所有的非金融市场，从商品市场到信息市场，所有的机构和公司，从各级政府到小型独资企业，甚至所有的个人，都和金融市场息息相关。具体而言，金融市场的主要功能有如下几个方面：

① 聚集和分配资金的功能。金融市场是一种多渠道、多形式筹资和融资的场所，为公司企业提供了筹资和投资的渠道。扩大生产时的内部资金不足吗？去募股，去借债，去银行申请一笔抵押贷款；手中临时闲置了一笔资金吗？做点证券投资，或者买债券，或者买股票，既能获得投资收益，需要时还能变现收回资金；想改变资金投向吗？卖掉一部分持有的证券，买进另一些证券，既改善收益结构，又分散投资风险。金融市场通过各种金融工具的买卖，为资金的供需双方提供了多种多样的选择机会，能适应他们不同的投资和筹资需求。因此，对资金供应者来讲，金融工具的买卖既能增强资金流动性，又可获得更多收益（当然也要冒一定的风险）；对资金需求者来讲，可以根据自身经营状况和所需资金的性质有选择地在金融市场上吸收各类资金，提高筹资效益。这样，金融市场就起到了广泛动员、筹集和分配社会闲散资金的作用，使经济得到发展。

② 转化与融通的功能。金融市场的出现，为各种长短期资金的相互转化和资金横向融通提供了媒介和场所。人们在金融市场中可以根据自己的需要，用现金购买有价证券，使流通手段转化为长期投资，把消费基金转化为生产基金（人们也可以把有价证券卖掉，变成现实购买力，以解决近期支付需要；人们还可以通过市场交易把长期证券转化为短期证券，或者把短期证券调换成长期证券）。金融市场的这种转化功能，解除了人们的后顾之忧，使人们放心地把手里结余的现金投入到生产过程中，既为社会做了贡献，又使自己获得了收入。在没有金融市场的情况下，资金的融通渠道单一且速度慢，不利于资金的有效利用。金融市场的建立，冲破了地区和部门界限，为资金的横向融通和纵向分配提供了相互联系的枢纽，起到了保障资金流动畅通无阻，以及加速资金周转、提高资金效益的积极作用。

③ 优化资源配置功能。经济资源的有效配置是经济生活中一个至关重要的问题，它关系到整个经济运转的效率和效果。金融市场是一种高层次的价值运动空间。它通过证券价格机制和利率机制这种“神经枢纽”来调节资金的流量、流向和流速。当经济中某个部门经济效益较好时，它就会通过证券价格机制和利率机制显示出较高的收益率，以此吸引资金来加快该部门的发展，从而使资源得到优化配置。资金在一定意义上是物资的货币表现，资金的优化必然促使资源配置得到优化。

④ 分散风险的功能。由于金融市场有各种各样的金融工具可供选择，使投资者比较容易地利用多种证券组合的方式来分散风险，从而提高投资的安全性和营利性。同时，金融市场为长期资金提供了流动的环境，为投资者进行套头交易、期货交易和期权交易提供了便利，从而使投资者得以规避风险。进一步讲，如果想筹集一笔资金或进行一项投资，但又在可能发生的风险面前犹豫不决，那么，发达的金融市场会为人们提供资本的保值，只要肯牺牲一些可能获得的额外收益，就可以避免一些可能蒙受的额外损失。如果你为了赚很多钱而甘愿承受大风险，那则可以到金融市场上去碰碰运气。看涨看跌，买进抛出，做得好可以赚到一笔相当不错的外快。当然，搞糟了那就可能得赔上最后一点家当。此外，金融市场作为一种有组织的市场，有完善的法规和制度，交易行为是有规范和有秩序的，在一定程度上防止了不良的欺诈行为。

⑤ 信号系统功能。金融市场历来被人们称做国民经济的“晴雨表”和“气象台”，是人们公认的国民经济信号系统。这主要表现在以下几个方面：

- 由于证券买卖大部分都在证券交易所进行，人们可以从中了解到各种证券的行情并发现投资机会，并且通过上市公司的财务报表了解到企业的经营状况，某个企业经营的好坏及社会公众对某产业的前景判断，可以很快从证券价格的涨、跌中反映出来。
- 金融市场交易直接和间接地反映出国家货币供应量的变动情况。金融市场为中央银行的金融宏观控制提供了一种颇为有效的政策工具，货币紧缩和放松均是通过金融市场进行的。在货币政策实施时，金融市场会出现波动表示出紧缩和放松的程度。
- 由于交易证券的需要，金融市场有大量的专门人员长期从事商情研究和分析，并且他们每日与各类工商企业直接接触，能了解企业的发展动向。
- 金融市场拥有可以广泛且及时收集和传播信息的通信网络，整个世界金融市场已联为一体，四通八达，从而使人们可以及时了解世界经济发展变化的状况。

阅读材料

金融市场改变了社会上每个人的经济福利

假设今年你储蓄了 10 000 元钱，如果你没有用这些储蓄来赚取投资收益的机会，到头来，仍然只有 10 000 元而得不到利息。同时，有个聪明的年轻人发明了一种很受欢迎的新式建筑工具，能提高建筑效率，但苦于没有钱进行生产，他的这种发明也无法给他带来利益。但是，如果你与这个年轻人取得联系，把你的10 000 元借给他用于生产这种工具，他就可以把工具以比较满意的价格卖给建筑公司，由此每年赚取额外的 2 000 元，其中付给你 1 000 元的利息。这样，你们双方都能获利。你将改变过去一无所获的状况，你的10 000 元每年可赚得 1 000 元，而借款人每年也可多赚 1 000 元。

如果没有金融市场，你与这个年轻人可能永远无法合作。在不存在金融市场时，没有投资机会的人便很难把资金转移给有投资机会的人；双方都将维持现状，双方都无法获利。金融市场对于提高经济效益就是非常的必要。即使人们借取资金不是以提高企业生产的目的，金融市场的存在也是有益的。例如，你新婚燕尔，有一份称心如意的工作，还想购置一套住宅。尽管你的薪水丰厚，但是因为你刚刚参加工作，所以积蓄甚微。毫无疑问，将来你会积蓄到足够多的钱来买房，但是到那时，你年老体衰，未必能从中得到充分的享受。没有金融市场，你无法购置住宅而只能继续往在狭小的宿舍里，因而感到窘迫。如果存在金融市场，使拥有储蓄的人得以把钱贷给你去购置住宅，那么，即使要支付一些利息，你还会为在青年时光就能享有一套住宅而感到十分高兴。这样，当你积蓄了足够多的资金时，就可以偿还贷款。总的结果是，你的境况得到改善，向你贷款的人们也得到了利益。现在他们赚了一笔利息，倘若不存在金融市场，他们便无利可图。

金融市场在经济中的重要功能在于使得资金从无生产性投资机会的人那里流向有这种机会的人那里。正因为如此，金融市场为整个经济增加生产和提高效率做了贡献。同样，金融市场使消费者能更好地利用购买时机，从而直接提高了他们的福利。金融市场向年轻人提供资金用于购置现在需要而以后也能负担得起的东西，使他们不至于望洋兴叹，苦等着积累足够的钱才能购置需要的东西。因此，有效运行的金融市场改善了社会上每个人的经济福利。

5.2　金融工具与金融市场的类型

1. 金融工具

金融工具是指在金融市场上用来融通的各种金融商品，或者说是指资金融通的具体形式，例如股票、债券、商业票据、借款合同、抵押契约、金银、外汇、保险单等。金融工具的种类很多，近年来随着金融创新的推进，更多的金融工具品种涌入经济生活之中。

以期限为分类标准，可以将金融工具分为货币市场的金融工具和资本市场的金融工具。货币市场的金融工具主要有商业票据、短期公债、银行承兑汇票、可转让大额定期存单、回购协议等。这类金融工具期限短、风险小、流动性强，一般被视为准货币。资本市场的金融工具主要包括股票、公司债券及中长期公债等。这类金融工具的期限长，风险较大，流动性较弱。

金融工具也可以发行者是否为金融机构作为划分标准，政府债券、公司债券、非金融公司股票等是由非金融机构的融资者发行的。其目的主要是为自己取得资金，属于直接金融工具。可转让大额定期存单、银行债券、人寿保险单等是由金融机构发行的，其目的是集聚可用于贷放的资金，属于间接金融工具。

如果以投资人是否掌握所投资产的所有权为标准划分，则金融工具可以划分为债务凭证和所有权凭证两类。所有权凭证只有股票这一种，其他所有金融工具都是债务凭证。债务凭证表明投入的资金取得了债权，所以有权据以到期索要本金。而所有权凭证表明资金的投入并非取得债权而是所有权，因而无权据以索要本金，只可以在必要时通过转让所有权，即以出售证券的方式收回本金。

（1）商业票据

商业票据是起源于商业信用的一种传统金融工具，是工商业者之间由于信用关系而形成的短期无担保债务凭证的总称。典型的商业票据是产生于商品交易中的延期支付，换言之，即有商品交易的背景。但商业票据只反映由此产生的货币债权债务关系，而不反映交易的内容，因为交易行为已经完结，商品已经过户。商业票据具有不可争辩性，即只要证实票据不是伪造的，付款的人就应该根据票据所载条件无权以任何借口拒绝履行义务。此外，商业票据的签发不需要提供其他保证，只靠签发人的信用作为保证。因而，商业票据能否进入金融市场，要视签发人的资信度而确定。

传统的商业票据有本票和汇票两种。本票是由债务人向债权人发出的支付承诺书，承诺在约定期限内支付一定的款项给债权人；汇票是由债权人向债务人发出的支付命令书，命令其在即期或约定的期限内支付一定款项给指定收款人或持票人。远期汇票必须经过债务人承认才有效，债务人承认付款的手续称做承兑。无论本票还是汇票，期限均不超过一年。

（2）股票

股票似乎具有非凡的魔力，它曾使许多投资者一夜暴富，也曾使一些人倾家荡产。然而，股票的真面目到底是什么样的呢？其实股票是股份公司筹集资本时发给投资人持有并凭借以取得相应权益的入股凭证。正因为它是权益的凭证，所以它有价格，可以流通。股票是

股份公司制度的有机构成要素。股份公司就是通过股票的发行，聚集巨额资本以从事大规模的经营。在激烈的竞争中，公司的拆、并、收购、整理等，也要通过股票的买卖和调换等操作来实现。

股票有什么特性呢？首先，它具有永久期限性，即一旦持有该股票后不能退还给发行公司，但可以在市场上转手卖出，能流通。其次，它具有较高的盈利性。股票不像债券等具有固定利息，它的收益随公司生产经营活动的好坏而相应地变化。如果公司经营好，则可能同时获得股息、红利和由股价上扬而获得的资本收益。再次，股票具有相对较高的风险性。这是因为，在金融市场的投资工具中，盈利性与风险性往往是正相关的，要想获得高收益，必然要承担高风险。一方面，股票市场价格波动频繁，风险莫测；另一方面，一旦公司倒闭，股票的持有者很可能是血本无归。

股票有多种分类方式。其中，最常见的分类方式是按股东权利划分为普通股和优先股两种。普通股是最典型、最重要、最一般的一种股票，股份公司首次发行股票一般采用此方式。普通股股东享有如下所述的一些权利。

- 投票权，即对公司事务管理和重大决策进行投票的权利，包括选举董事的权力。股东可通过股东大会凭借自己所持有的股权来表达自己的意愿。
- 对盈利的索取权，即每一位股东都有权参与公司的盈利分配。
- 优先认股权，即原股东可优先认购新发行的股票。
- 剩余财产索偿权。股东有权参与公司解散后最后剩余财产的分配。
- 有限责任。股东最大的损失为股票投资金额损失。

优先股又称做特别股，指股东有优先于普通股分红和优先于普通股的资产索偿权利，优先股的股息收益通常是事先确定的，无论公司经营好坏，利润高低，都可以按固定比率领取股息。因此优先股的风险低，收入具有稳定性。但是，与低风险相对应，优先股股东比普通股股东享有的权利范围小，表现在优先股股东没有选举权和被选举权，对公司经营的事件也无投票权。而操纵股份公司的实际上是持有普通股的大股东。此外，优先股虽有稳定的收益，但如公司利润激增时，不能分享这部分激增收益——收益将归普通股。

（3）债券

债券是有价证券的一种，顾名思义是一种负债的契约。投资者购入债券就等于把资金借给发行债券的公司或机构。当然，为了补偿投资者的成本，契约上必须注明还款日期、发行者按期支付的利息等。这样，债券便成为一种债权凭证，证明其持有者对该债券的发行者拥有债权。

债券的种类很多，按发行人可划分为国家债券与公司债券两类。国家债券是由政府发行的，主要用于弥补财政赤字。在发行过程中，政府必须把所发行的总额、利率、付息日期、还本期限及方法、票面价值、发行价格、用途等详细说明，让投资者有充分的资料去选择购买的债券。国家债券有短期、中期、长期之分，分别为一年以内、一至十年及十年以上。政府发行的短期公债，流动性强，因而被称做“有利息的钞票”。它的发行及买入、卖出，在不少国家成为中央银行调节货币供应数量和调节利率的重要手段。短期公债不标明利息率，也不采取定期付息的办法，而是通过贴现发行的方式将利息事先一次付清。中长期公债有固定利率，一般采取定期付息或到期一次还本付息的方式，我国现在公债的付息办法多为后一种。

公司债券是由企业、公司发行的债券，期限也有短、中、长之分，但以中长期居多，一般期限在十年以上。公司债券的利率多采用固定利率，半年付息一次。近年，还出现了一种浮动利率的公司债券，这种债券的利率根据某种选定的利率，按照事先约定的时间间隔定期调整。由于公司债券的发行不会影响到股份公司的控股权，并且会使公司在一定程度上享有减轻税负的好处，因此，公司债券成为市场经济国家中企业的一种重要融资方式。

金融债券是由银行和其他金融机构经过特别批准后发行的用于筹集资金的债券。期限一般为一年到五年，其利率略高于同期定期存款。

（4）大额可转让定期存单

可转让大额定期存单（CD）是一种特定的银行存款，是在 20 世纪 60 年代才首次出现的融资工具，是美国花旗银行首先推出的金融创新工具。它与一般的定期存款有若干不同。

- 定期存款单是记名的，不可转让；而 CD 是无记名的，因而可以在金融市场上流通转让。
- 定期存款单在最低限以上的数目随意可变，而 CD 的面额有固定的大额整数。
- 定期存款在必备条件下可提前取出，而 CD 则不能，只能到金融市场上提前转让。
- 定期存款以长期为主，而 CD 的期限一般在一年以内。

一般来说，可转让大额定期存单的利率多数是固定的。持有者在转让时，市场利率与其存单利率往往不一致。市场利率影响着交易双方的现金收益率，而大额存单到期时，银行是按存单上约定的利率付息的。因此，交易双方是根据两者的利率来决定买卖价格的。例如当时的市场利率为 10%，大额存单利率为 9%，则购买该存单可能会少得 1%的收益。这个损失当然要在交易价格中弥补，即由大额存单的卖方，通过降低卖价的方式，给买方予以补偿。相反，若市场利率低于大额存单利率，则买方就以提高买价的方式对卖方予以补偿。总之，大额定期存单是一种有效的融通资金的工具。

上面简单介绍了几种常见的金融工具。事实上，金融衍生工具的创新越来越受到人们的重视，在金融市场上进行融资的方式也越来越新颖和便捷。只是目前我国的金融工具还比较单一，而且尚未完善，主要集中是股票和债券两种，仍需加以改善和加强宏观调控。

2．金融市场的类型

金融市场是一个大系统，包含许多具体的、相互独立但又有紧密关联的市场，可以用不同的划分标准进行分类。

最常见的是把金融市场划分为货币市场和资本市场。这是以金融交易的期限作为标准来划分的。货币市场是交易期限在一年以内的短期金融交易市场，其功能在于满足交易者的资金流动性需求。这个领域包括短期存贷市场、银行同业拆借市场、贴现市场、短期债券市场及大额存单等短期融资工具市场。在我国，货币市场包括同业拆借市场、票据市场和国债回购市场。资本市场是交易期限在一年以上的长期金融交易市场，主要满足工商企业的中长期投资需求和政府弥补财政赤字的资金需要。这个领域包括长期存贷市场和证券市场。证券市场又可分为债券市场和股票市场。

按照金融交易的交割期限把金融市场划分为现货市场与期货市场。现货市场上，一般在成交后的 1～3 日内立即付款交割；在期货市场上，交割则是在成交日之后合约所规定的日期，例如几周、几月之后进行的。采用期货交易较多的市场，主要是证券、外汇、黄金等市场。自20世纪70年代以来，金融期货交易的形式越来越多样化，其交易量已大大超过现货交易的数量。

按照金融交易的程序进行分类，金融市场可分为发行市场和流通市场。发行市场也称做一级市场或初级市场，是票据和证券等金融工具最初发行的场所，是筹资者和初始投资者之间的金融交易。流通市场又称做二级市场或次级市场，是已发行的票据和证券等金融工具转让买卖的场所，是投资者之间进行的金融交易。

按照金融交易的场地和空间进行分类，金融市场可分为有形市场和无形市场。有形市场是指有固定的交易场地，在组织严密的特定交易场所中进行的金融交易活动。例如股票的买卖。对股民来说，股票的买卖是在证券公司的营业大厅中进行的，而股票的交易是在证券交易所或股票交易所完成的。在银行、证券公司、保险公司等各类金融机构的营业厅中，也可以进行多种金融工具的买卖。无形市场是指没有固定的交易场地，通过电话、电报、电传、电脑网络等进行的金融交易活动，例如资金拆借、外汇交易等。随着电讯、电子计算机事业的日益发达，越来越多的金融交易利用现代化的信息传递手段，联结成一个庞大的市场，实现快速、安全的金融交易。有形市场和无形市场不能截然划分，两者是相互衔接，相互转化的。

除了上述划分方法外，还可以按金融交易的政治地理区域把金融市场划分为国内金融市场和国际金融市场。国内金融市场的活动范围限于本国领土之内，双方当事人均为本国的自然人或法人。国际金融市场的活动范围则超越国界，其范围可以是整个世界，也可以是某一个地区，例如中东地区、加勒比地区、东南亚地区等，双方当事人是不同国家和地区的自然人或法人。

分析与思考

在日常生活中，你和你的家人、朋友的哪些行为与金融市场有关？你们都使用了哪些金融工具？

5.3 我国的金融机构体系

经过近三十年的改革开放，我国现已基本形成了以中国人民银行为领导，五大商业银行为主体，多种金融机构并存，分工协作、功能互补的金融机构体系格局。其具体结构包括：中国人民银行（中央银行，也称做货币当局）；政策性银行；商业银行；城乡合作金融机构；非银行金融机构。

1. 中国人民银行

中国人民银行是1948年12月1日在华北银行、北海银行、西北农民银行的基础上合并组成的。1983年9月，国务院决定中国人民银行专门行使国家中央银行职能。1995年3月18日，第八届全国人民代表大会第三次会议通过了《中华人民共和国中国人民银行法》。至此，中国人民银行作为中央银行以法律形式被确定下来。作为我国中央银行的中国人民银行，是在国务院领导下制定和实施货币政策的国家机关。它具有世界各国中央银行的一般特征，是通货发行的银行、银行的银行和政府的银行。根据第十届全国人民代表大会审议通过的国务院机构改革方案的规定，将中国人民银行对银行、金融资产管理公司、信托投资公司及其他存款类金融机构的监管职能分离出来，和中央金融工委的相关职能进行整合，成立中国银行业监督管理委员会。

在金融监管职能转移到中国银监会后，人民银行在国务院领导下，强化制定和执行货币政策的职能，更好地发挥货币政策在宏观调控和防范与化解金融风险中的作用，进一步改善金融服务。具体而言，中国人民银行依法独立履行以下职能：

- 依法制定和执行货币政策；
- 发行人民币并管理人民币流通；
- 按照规定监督管理金融市场；
- 持有、管理、经营国家外汇储备和黄金储备；
- 经理国库；
- 维护支付、清算系统的正常运行；
- 负责金融业的统计、调查、分析和预测；
- 作为国家的中央银行，从事有关的国际金融活动；
- 国务院规定的其他职责。

中国人民银行的分支机构根据履行职责的需要而设立。现在以下九个地区设立九大分行：天津、沈阳、上海、南京、济南、武汉、成都、广州和西安。作为派出机构，它们根据中国人民银行的授权，负责其辖区内的有关业务。

2. 政策性银行

政策性银行是由政府投资设立的，根据政府的决策和意向专门从事政策性金融业务的银行。它们的活动不以营利为目的，并且根据具体分工的不同，服务于特定的领域，所以也有政策性专业银行之称。

1994 年以前，我国没有专门的政策性金融机构，国家的政策性金融业务，分别由四家国有专业银行承担。1994 年，为适应经济发展的需要，遵循把政策性金融与商业性金融相分离的原则，相继建立了国家开发银行、中国进出口银行和中国农业发展银行三家政策性银行。

（1）国家开发银行

国家开发银行的主要任务是，按照国家法律、法规、方针和政策，筹集和引导境内外资金，向国家基础设施、基础产业和支柱产业的大中型基本建设和技术改造等政策项目及其配套工程发放贷款，从资金来源上对固定资产投资总量进行控制和调节，优化投资结构，提高投资效率。其主要业务范围是：

- 管理和运用国家核拨的预算内经营性建设基金和贴息资金；
- 向国内金融机构发行金融债券和向社会发行财政担保建设债券；
- 办理有关的外国政府和国际金融机构贷款的转贷，经国家批准在国外发行债券，根据国家利用外资计划筹借国际商业贷款等；
- 向国家基础设施、基础产业和支柱产业的大中型基建和技改等政策性项目及其配套工程发放政策性贷款；
- 办理建设项目贷款条件的评审、咨询及担保等业务，为重点建设项目物色国内外合资伙伴并提供投资机会和投资信息。

（2）中国进出口银行

中国进出口银行的主要任务是：执行国家产业政策和外贸政策，为扩大机电产品和成套设备等资本性货物出口提供政策性金融支持。其主要业务范围是：

- 办理与机电产品和成套设备有关的出口信贷业务（卖方信贷和买方信贷）；
- 办理与机电产品和成套设备有关的政府贷款、混合贷款、出口信贷的转贷、国际银行间及银团贷款业务；
- 办理短期和中长期的出口信用保险，以及进出口保险、出口信贷担保、国际保理等业务；
- 经国家批准，在境外发行金融债券；
- 办理与本行承担的各类贷款、担保、对外经济技术合作等项目的评审，为境内外客户提供有关本行筹资、信贷、担保、保险、保理等业务的咨询服务。

（3）中国农业发展银行

中国农业发展银行的主要任务是：按照国家的法律、法规和方针、政策，以国家信用为担保，筹集农业政策性信贷资金，承担国家规定的农业政策性金融业务，代理财政性支农资金的拨付，为农业和农村经济发展服务。其主要业务范围是：

- 办理粮、棉、油等主要农副产品的国家专项储备贷款；
- 办理粮、棉、油等主要农副产品的收购、调销、加工贷款；
- 办理国务院确定的扶贫和农业综合开发贷款；
- 办理国家确定的小型农、林、牧、水利基本建设和技术改造贷款；
- 办理业务范围内开户企事业单位的存款和结算；
- 发行金融债券；
- 办理境外筹资。

以上三家政策性银行在从事业务活动时，均贯彻不与商业性金融机构竞争、自主经营和保本微利的基本原则。贷款拨付等业务的具体办理，国家开发银行和中国进出口银行主要委托国有商业银行为其代理，所以除个别情况外，一般不再设经营性分支机构。而中国农业发展银行的业务经办则是以自营为主、代理为辅，所以除在北京设立总行外，还在各省、自治区、直辖市设立分行，在计划单列市和农业大省的地（市）设立分行的派出机构，在农业政策性金融业务量大的县（市）设立支行。

3. 商业银行

处于我国金融机构体系中主体地位的是4家前国有独资商业银行，即中国工商银行、中国农业银行、中国银行和中国建设银行，目前是加上交通银行在内的国家控股的5家大型商业银行。5家大型商业银行无论在人员和机构网点的数量上，还是在资产规模及市场占有份额上，都处于我国整个金融领域举足轻重的地位，在世界上的大银行排序中也处于较前列的位置。

遵照我国《商业银行法》的规定，商业银行的业务经营范围包括：

- 吸收公众存款；
- 发放短期、中期和长期贷款；
- 办理国内外结算；
- 办理票据承兑与贴现；
- 发行金融债券；
- 代理发行、代理兑付、承销政府债券；
- 买卖政府债券；
- 从事同业拆借；
- 买卖、代理买卖外汇；
- 从事银行卡业务；
- 提供信用证服务及担保；
- 代理收、付款项及代理保险业务；
- 提供保管箱服务；
- 中国人民银行批准的其他业务。

（1）国家控股的 5 家大型商业银行

中国工商银行是我国经营规模最大的商业银行，从其业务上来看，无论是吸收储蓄存款，还是发放中、短期贷款，或者是办理结算业务量，在国家控股的五家大型商业银行中的市场占有率均是最大的。其发展的总体方针，一是积极开拓、稳健经营；二是以效益为中心、集约化经营。

中国农业银行的市场定位概括为：不放弃农村，但不局限于农村。前者是指利用固有优势，继续服务于农村经济的发展。具体就是以支持农业产业化经营为基础，将经营重心转移到高效的行业和企业。后者则是实行城乡联动的市场定位，走出农村，拓展城郊与城区的业务，支持城乡经济一体化的发展。

中国银行，全称中国银行股份有限公司，是中国大型国有控股商业银行之一。中国银行的业务范围涵盖商业银行、投资银行和保险领域，旗下有中银香港、中银国际、中银保险等控股金融机构，在全球范围内为个人和公司客户提供全面和优质的金融服务。按核心资本计算，2007 年中国银行在英国《银行家》杂志“世界 1 000 家大银行”排名中列第 9 位。在其作为国家外汇外贸专业银行的时期，在发展国际金融业务方面就已奠定了良好的基础。现在，作为外汇指定银行，继续充分发挥着在支持外贸事业发展，提供国际结算服务，提供进出口融资便利及对外筹资主渠道作用等方面的业务优势。目前，中国银行在许多国家和地区都设立了分支机构，直接经营当地法律许可的银行业务。此外，中国银行还与绝大多数国家和地区的数千家银行建立了业务关系，形成了遍及世界各地的代理行网络。

中国建设银行在经历了十几年财政、银行双重职能并行的阶段后，于 1994 年进入向国有商业银行转变的新阶段。1996 年 3 月将其原名——中国人民建设银行改名为中国建设银行。由于该银行过去长期从事基本建设业务，在与大行业和大企业的密切联系中积累了一定的管理经验，因此其继续发挥优势，实施为大行业和大企业服务的经营战略，从而在银行群体中形成自己的经营特色。

交通银行始建于 1908 年（光绪三十四年），是中国早期四大银行之一，也是中国早期的发钞行之一。1958 年，除香港分行仍继续营业外，交通银行国内业务分别并入当地中国人民银行和在交通银行基础上组建起来的中国人民建设银行中。为适应中国经济体制改革和发展的要求，1986年7月24日，作为金融改革的试点，国务院批准重新组建交通银行。1987年4月1日，重新组建后的交通银行正式对外营业，成为中国第一家全国性的国有股份制商业银行，总行设在上海。

在深化股份制改革中，交通银行完成了财务重组，成功吸引了汇丰银行、社保基金、中央汇金公司等境内外战略投资者，着力推进体制机制的良性转变。2005年6月23日，交通银行在香港成功上市，成为首家在境外上市的中国内地商业银行。目前，交通银行已经发展成为一家“发展战略明确、公司治理完善、机构网络健全、经营管理先进、金融服务优质、财务状况良好”的现代化商业银行。

（2）中小型商业银行

在五家大型商业银行之外，我国陆续建立了一批中小型商业银行，例如，中信实业银行、中国光大银行、华夏银行、中国投资银行、中国民生银行、广东发展银行、深圳发展银行、招商银行、福建兴业银行、上海浦东发展银行、海南发展银行、烟台住房储蓄银行、蚌埠住房储蓄银行以及浙商银行、上海银行、徽商银行、渤海银行等。

绝大多数中小商业银行在筹建之初是由中央政府、地方政府、国有企业集团或公司、集体或合作组织等出资创建。近几年，绝大多数中小商业银行先后实行了股份制改造。如中国民生银行，它是我国第一家民营银行，其股份构成主要来自民营企业、集体企业、乡镇企业或公司等，服务对象也以民营企业等为主。随着对外开放的扩大，我国吸引国外战略投资者，允许国外资本参股国内商业银行，例如中国光大银行资本中的3%是由亚洲开发银行投资入股的。

就这些商业银行的活动领域看，初建时明确有全国性商业银行与区域性商业银行之分，这从各银行的行名即可基本区别。不过近两年，随着金融改革的深化，其中一些区域性银行的经营范围已越出原来的指定范围，向其他城市或地域扩展。例如招商银行、上海浦东发展银行等，均已在深圳、上海以外的地区设置了经营性分支机构。

这些商业银行是依照国际通行规则和市场原则开展各项银行业务活动并进行自身经营管理的。因此，尽管它们在资产规模、机构数量和人员总数等方面还远不能同国有独资商业银行相比，但其资本、资产及利润的增长速度已经高于国有独资的商业银行，呈现出较强的经营活力、强劲的增长势头和良好的经营效益，成为中国银行体系和国民经济发展中的一支有生力量。

4．农村和城市信用合作社

作为农村集体的金融组织，农村信用合作社的特点集中体现在由农民入股、民主管理、主要为入股农民服务三个方面。其主要业务范围为经营农村个人储蓄，以及农户、个体经济户的存款、贷款和结算等。农村信用合作社贯彻自主经营、独立核算、自负盈亏、自担风险的原则。

农村信用合作社是根据经济发展的要求，按照方便群体、便于管理、保证安全的原则，在县以下的农村按区域、按乡设立。此外，一般的县建有县联社，以对本县农村信用合作社进行管理和服务为活动宗旨，目前，全国共有农村信用合作社5万余家。

作为城市集体金融组织，城市信用合作社是为城市集体企业、个体工商户及城市居民服务的金融企业，是实行独立核算、自主经营、自负盈亏、民主管理的经济实体。经营的业务有：办理城市集体企业和个体工商户的存、放、汇业务；办理城市个人储蓄存款业务；代办保险及其他代收、代付业务及中国人民银行批准的其他业务等。

5. 其他非银行金融机构

目前，我国的非银行金融机构主要包括经银监会批准设立的信托投资公司、证券公司、企业集团财务公司、金融租赁公司、邮政储蓄机构、保险公司、汽车金融公司、货币经纪公司和境外非银行金融机构驻华代表处等。

（1）信托投资公司

我国的信托投资公司是在经济体制改革后开始创办起来的。例如现已发展为金融、投资、贸易、服务相结合的综合性经济实体的中国国际信托投资公司，就是创办于改革之初的1979 年。改革开放后，我国又陆续设立了一批全国性信托投资公司，例如中国光大国际信托投资公司、中国民族国际信托投资公司、中国信息信托投资公司、中国教育信托投资公司等，以及为数众多的地方性信托投资公司与国际信托投资公司。

目前，信托投资公司业务的内容主要是：

- 信托业务，例如信托存款、信托贷款、信托投资等；
- 委托业务，例如委托存款、委托贷款、委托投资等；
- 代理业务，例如代理保管、代理收付、代理有价证券的发行和买卖及信用担保等；
- 咨询业务，例如资信咨询、项目可行性咨询、投资咨询和金融咨询等；
- 兼营业务，例如金融租赁、证券业务、房地产开发、国际融资性租赁项目下的进出口业务等；
- 外汇业务，例如外汇信托存贷款、投资，以及在境内外发行和代理发行、买卖和代理买卖外币有价证券等。

（2）证券公司

在设立初期，我国的证券公司，或者是由某一家金融机构全资设立的独资公司，或者是由若干金融机构、非金融机构以入股形式组建的股份制公司。后来，随着分业经营、分业管理原则的贯彻及规范证券公司发展工作的落实，银行、城市信用合作社、企业集团财务公司、融资租赁公司、典当行及原各地融资中心下设的证券公司或营业机构，陆续予以撤销或转让。在要求证券机构彻底完成与其他种类金融机构脱钩的同时，鼓励经营状况良好且实力雄厚的证券公司收购或兼并业务量不足的证券公司。目前，像申银万国、华夏、国泰、海通、南方等证券公司，无论在分支机构设置或业务量比例等方面均处于大型证券公司的前列。

我国证券公司的业务范围一般有：代理证券发行业务；自营、代理证券买卖业务；代理证券还本付息和红利的支付；证券的代保管和签证；接受委托代收证券的本息和红利；接受委托办理证券的登记和过户；证券抵押贷款；证券投资咨询业务等。

随着我国现代企业制度建立的推进，尤其是随着国有企业的股份制改造及更多公司上市的需要，证券公司将迎来它蓬勃发展的新时期，部分证券公司向投资银行的过渡也已在酝酿之中。

（3）财务公司

我国的财务公司是由企业集团内部集资组建的，其宗旨和任务是：为本企业集团内部各企业筹资和融通资金，促进其技术改造和技术进步。例如华能集团财务公司、中国化工进出口财务公司、中国有色金属工业总公司财务公司等。

财务公司的业务有存款、贷款、结算、票据贴现、融资性租赁、投资、委托及代理发行有价证券等。从今后规范要求的角度看，财务公司的特点就是为集团内部成员提供金融服务，其业务范围、主要资金来源与资金运用都应限定在集团内部，而不能像其他金融机构一样到社会上去寻找生存空间。

财务公司在业务上受中国人民银行的领导、管理、监督与稽核，在行政上则隶属于各企业集团，是实行自主经营、自负盈亏的独立企业法人。它们在支持与促进企业集团，特别是大型企业集团的改革发展中发挥了特定的作用。

（4）金融租赁公司

我国的金融租赁业起始于20世纪80年代初期。金融租赁公司创建时，大都是由银行、其他金融机构及一些行业主管部门合资设立，例如中国租赁有限公司、东方租赁有限公司等。目前，金融租赁公司的主要业务范围为：

- 用于生产、科、教、文、卫、旅游、交通运输设备等动产、不动产的租赁、转租赁、回租租赁业务；
- 前述租赁业务所涉及的标的物的购买业务；
- 出租物和抵偿租金产品的处理业务；
- 向金融机构借款及其他融资业务；
- 吸收特定项目下的信托存款；
- 租赁项目下的流动资金贷款业务；
- 外汇及其他业务。

（5）邮政储蓄机构

邮政储蓄，是指与人民生活有紧密联系的邮政机构，在办理各类邮件投递和汇兑等业务的同时，办理以个人为主要对象的储蓄存款业务。世界上邮政机构办理储蓄已有几百年的历史，大多数较发达的国家几乎都有邮政储蓄。在新中国成立前，我国曾有邮政储金汇业局。自改革以来，随着国民经济的不断发展，城乡居民收入不断增加，储蓄事业日益受到重视。为了更有效地利用遍及全国城乡的邮政机构的现有基础设施，并且发挥它们点多、面广、相关业务联系密切（例如汇款与储蓄、存款与费用支付）和四通八达的电信网络等优势，我国于1986年2月在全国开办邮政储蓄业务，并且在邮政总局设立邮政储汇局。依照目前规定，邮政储蓄存款是中国人民银行的信贷资金来源，吸收的资金全部缴存中国人民银行统一使用。目前，全国开办邮政储蓄网点的总数已经占邮电支局所的2/3以上。此外，随着邮政储蓄业务的发展，部分邮政储蓄网点还经办国债发行和兑付的代理业务及保险的代理业务等。

（6）保险公司

保险业是一个极具特色从而具有很大独立性的行业。这个行业往往被列入金融体系中，是由于经办保险业务的大量保费收入一般是用于各项金融投资，而运用保险资金进行金融投资的收益又可积累为更为雄厚的保险基金，促进保险事业的发展。

保险公司的业务分为两类：一是财产保险业务，具体包括财产损失保险、责任保险、信用保险等业务；二是人身保险业务，具体包括人寿保险、健康保险、意外伤害保险等业务。

（7）汽车金融公司

汽车金融公司，是指经中国银监会批准设立的，为中国境内的汽车购买者及销售者提供金融服务的非银行金融机构。我国《汽车金融公司管理办法》于 2007 年 12 月 27 日经中国银监会第 64 次主席会议通过，2008 年 1 月 24 日起公布并同时施行。

经中国银监会批准，汽车金融公司可从事下列部分或全部人民币业务：

- 接受境外股东及其所在集团在华全资子公司和境内股东 3 个月（含）以上定期存款；
- 接受汽车经销商采购车辆贷款保证金和承租人汽车租赁保证金；
- 经批准，发行金融债券；
- 从事同业拆借；
- 向金融机构借款；
- 提供购车贷款业务；
- 提供汽车经销商采购车辆贷款和营运设备贷款，包括展示厅建设贷款和零配件贷款以及维修设备贷款等；
- 提供汽车融资租赁业务（售后回租业务除外）；
- 向金融机构出售或回购汽车贷款应收款和汽车融资租赁应收款业务；
- 办理租赁汽车残值变卖及处理业务；
- 从事与购车融资活动相关的咨询、代理业务；
- 经批准，从事与汽车金融业务相关的金融机构股权投资业务；
- 经中国银监会批准的其他业务。

（8）货币经纪公司

货币经纪公司是在金融市场上为金融产品交易提供信息、促进交易达成的专业化机构。经中国银监会批准，货币经纪公司可以开办境内外外汇市场、货币市场、债券市场交易以及境内外衍生产品交易业务。货币经纪公司以专业化的服务及时迅捷地传递市场信息，提供实时的市场成交价格，满足各类市场参与者的需求，增强了市场流动性，强化了金融市场功能，提高了市场效率。此外，货币经纪公司一般不做自营交易，在交易中处于中立地位，保证了市场价格的公正性，提高了市场价格的透明度，不会增加市场的系统性风险。货币经纪已成为国际市场上金融产品交易的主流方式。《货币经纪公司试点管理办法》颁布实施后，银监会于 2005 年 11 月 8 日正式批准筹建全国首家合资货币经纪公司——上海国利货币经纪有限公司成立，标志着中国金融市场诞生了一类新型的非银行金融机构。同年 12 月 19 日，中国银监会正式批准其开业申请，这标志着货币经纪服务正式进入中国金融市场。这是继中国银监会批准汽车金融公司以后，批准的又一类新的非银行金融机构，对健全与完善我国的金融体系有重要意义。

分析与思考

在你居住的地方都有哪些金融机构？它们各自经营的业务有什么特点？你曾经跟其中的哪些金融机构打过交道？你认为在它们的服务中有没有需要改进的地方？

5.4　现代商务企业资金运营

资金是现代商务企业进行商务活动的核心，商务企业的一切活动都离不开资金的支持。企业所开展的各项活动其实都是以资金为物质基础的。

通俗地讲，企业的各项活动其实都是围绕着资金来展开的。首先，企业需要筹集到经营企业所必需的资金，有了这些资金以后，企业才能开展各项经济活动，这就是商务企业的筹资活动；其次，企业筹集到资金以后，需要将资金分配到各个项目中去，比如厂房、机器等长期资产和流动资产，为企业以后的正常经营提供必要的生产经营条件，这其实就是企业的投资活动；最后，在必要的筹资和投资的前提下，企业需要运用各种资产赚取收益，通过研究开发、采购、生产、销售等等各项活动来创造价值，获取收益，使之前的投资活动获得应有的回报。

筹资活动是指筹集企业投资和经营所需要的资金，包括发行股票和债券，取得借款等。

投资活动包括长期投资和短期投资。在长期投资中所形成的资产是长期资产，如机器、厂房、长期对外投资等。短期投资中所形成的资产是企业的短期资产，使企业流动资产的一部分，如短期债券、商业票据、存货等。

经营活动是在必要的筹资和投资前提下，运用资产赚取收益的活动。它至少包括研究与开发、采购、生产、销售和人力资源管理五项活动。经营活动是企业收益的主要来源。

企业的三项基本活动是相互依存、相辅相成的。它们的核心就是企业的资金。它们的循环就是企业的资金循环。企业的资金运作其实就是：怎样利用既省钱又方便快捷的方式筹集到企业经营所必需的资金，然后怎样运用这些资金通过一系列的投资经营活动赚取到最大的收益，使企业的利润最大化。

1．资金的筹集

许多人认为，资金的筹集一般都只能是发生在企业创建的初期。企业最初创建时需要筹资，以获得设立一个企业必需的初始资本，之后的企业活动就与筹资无关了。其实不然，任何企业在生存发展过程中，都需要始终维持一定的资金规模，但是由于生产经营活动的发展变化，市场环境的日益变化，企业往往需要追加筹资。例如，有些企业为了增加企业利润，需要根据市场需求变化，扩大生产规模，研发新产品；有的企业为了保证其产品生产所必需的原材料的供应，必须要取得供应厂商的控制权，这样又需要有较为强大的资金来支持。因此，企业的筹资活动可以说是贯穿于企业从创建到生存发展的整个过程，而不仅仅存在于企业创建的初期。

在市场经济发展的最初阶段，商品生产者使用的都是自己的本金，但是由于自己的资金很有限，因此企业的发展非常缓慢。后来，人们逐渐认识到“借鸡下蛋”的妙处，许诺将来会让借出钱的人受益。那么，“借鸡下蛋”的方式有哪些呢？

（1）吸收直接投资

吸收直接投资是企业以协议等形式吸收国家、其他企业、个人和外商等直接投入资金，形成企业资本金的一种筹资方式。它是非股份制企业筹集自有资本的一种基本方式。

吸收直接投资是我国企业筹资中最早采用的一种方式。这样所筹集的资金是企业的自有资金，能够提高企业的资信和借款能力；而且，吸收直接投资不仅可以取得一部分现金，还能够直接获得所需要的先进设备和技术，尽快形成生产经营能力。但是吸收直接投资的成本较高，因为要给所有者带来丰厚的回报，而且投资者进入容易退出难，社会上的一些闲散资金很难参与，筹集资金的规模受到限制。

（2）发行股票

股票是股份公司为了筹集资金而发行的，表示持有者按其持有的股份享有权益和承担义务的可转让的书面凭证。股票持有人即为公司的股东。

股份公司发行股票一般可以选择发行普通股或者优先股，或者二者兼而有之。发行普通股所筹集的资金具有永久性，无到期日，不需归还，而且没有固定的利息负担，可以根据企业经营成果或者企业的需要而决定是否派发股利。因此是企业筹集自有资金最基本的方式。但是发行普通股会分散公司的控制权，降低普通股的含金量，使股价下跌。另外，普通股发放的股利不能从税前利润中扣除，不具备抵税的作用，因此成本较高；发行优先股与普通股不同的是不管企业的经营状况如何，优先股都应该支付固定的股利。在破产清算时，优先股的持有者要先于普通股的持有者得到偿还。

当公司的经营达到一定条件时，公司所发行的股票可以上市交易。这就是我们通常所说的上市公司。

（3）长期借款

长期借款是指企业向银行或者其他非银行金融机构借入的期限超过一年的贷款。

长期借款筹集资金速度快，只需要商务企业和银行之间达成协议即可，程序相对简单；另外，长期借款的成本较低，因为借款的利息可以在税前支付，能够抵税，减少企业实际负担的利息费用；而且长期借款的灵活性较强，在借款之前商务企业根据当时的资金需求与银行等贷款机构直接商定贷款的时间、数量和条件，在借款期间商务企业也可以与债权人再协商，变更借款时间、数量和条件，或提前偿还。因此，借款筹资对企业具有较大的灵活性。但是，长期借款有固定的还本付息期限，到期企业必须足额支付，在企业经营不景气时会给企业带来更大的财务困难；长期借款合同对借款的用途有明确的规定，对企业的资金支出额度有严格的约束，势必会影响企业以后的生产经营活动；长期借款的数额往往会受到贷款机构资金实力的制约，不可能像发行债券股票那样一次性筹集到大量的资金，有时会无法满足企业生产经营活动大跨度的方向转变和大规模的范围调整等需要。

长期借款按照贷款提供者的单位不同分为政策性银行贷款、商业银行贷款和其他金融机构贷款。

政策性贷款是指执行国家政策性贷款业务的银行向企业发放的贷款。如：国家开发银行提供的贷款主要是满足企业承建国家建设项目的资金需求；中国进出口银行提供的贷款主要用于满足企业进出口方面的资金需求；中国农业发展银行提供的贷款主要用于确保国家对粮、棉、油等政策性收购资金的供应。这种政策性贷款通常贷给国有独资企业和国有控股公司。

商业银行贷款是指由各商业银行向商务企业提供的贷款。商业银行的贷款长、短期均有，企业取得贷款后应自主决策、自担风险、到期还本付息。

其他金融机构贷款是指除银行以外的金融机构向商务企业提供的贷款，如商务企业向信托投资公司、财务公司、保险公司等金融机构借入的款项，这种贷款期限一般比银行贷款期限长，利率也较高，对借款方的信用要求和限制条件比较严格。

长期借款按照有无抵押品作担保可分为抵押贷款和信用贷款。

抵押贷款是指以特定的财产（如房屋、建筑物、机器设备、有价证券、存货等）作抵押担保而取得的贷款，抵押品必须是能够变现、质量较高的资产。如果贷款到期企业不能偿还，银行等债权人就有权处理抵押品，所得款项用于抵消债务人所欠的本息。

信用贷款是指企业不需要提供抵押品，仅凭借自身信用或担保人的信誉就能取得的贷款，企业通常仅出具签字的文书即可得到贷款，但只有那些资本实力雄厚，财务形象佳，信誉良好的企业才能获得。

（4）发行债券

债券是债务人为筹集资金而发行的，约定在一定期限内还本付息的一种有价证券。债券筹资是一种直接筹资，面向广大社会公众和机构投资者，所以对发行企业的资格有严格的要求。在我国，非公司制企业发行的债券称为企业债券，股份有限公司和有限责任公司发行的债券称为公司债券。

当企业自有资金不能满足自身发展的资金需要，向银行借款又受到一定的制约时，如果企业的经营状况良好，又有良好的发展前景，而且满足国家规定的发行债券的条件时，商务企业可以将发行债券作为筹集资金的首选。

与股票的股利相比，债券的利息允许在所得税之前支付，商务企业可以享受税收上的利益，而且企业债券的持有者一般无权参与发行公司的管理决策，因此发行债券一般不会分散公司的控制权。但是，与银行借款一样，债券通常有固定的到期日，需要定期还本付息，财务上始终有压力。而且国家对公司利用债券筹资的额度也有强制性的限制规定：我国规定累计负债总额不得超过企业净资产的40%。所以是否发行债券，商务企业仍需要根据自身的具体情况而定。

（5）租赁融资

租赁是指通过签订合同的方式，出让财产的一方（出租方）收取租金而转移资产的使用权，使用财产的一方（承租方）支付使用费（即租金）而获得资产的使用权的一种交易行为。在这种租赁交易中，从出租方的角度来看，他首先一次性拿出货币资金买入资产，然后通过租给承租方分期收取租金的方式，将先前买入资产所支付的资金分期收回；而对承租方而言，无须一次性支付全部费用而是分期支付一部分使用费就可以拥有资产的使用权，这样，承租方可以提前获得资产的使用价值，后期支付的租金相当于用未来的钱还现在的债务。

以上是商务企业筹集资金常用的筹资方式，除了这些筹资方式之外，随着市场经济的发展，越来越多的筹资方式也相继涌现，如期权筹资、混合筹资等。各种筹资方式之间并无大的矛盾之处，商务企业可以在根据企业自身的实际情况，同时考虑到所需筹集资金的数额、期限，国家的法律政策，各种不同筹资方式的利弊等各种因素的情况下，选择最适合商务企业的筹资方式或者筹资组合，以使企业能够以最小的筹资成本获得企业经营发展所必需的资金。

2．资金的长期投资决策

对于商务企业而言，企业所筹集的所有资金总体来说可以分为两部分：一部分用于企业的长期投资，另一部分则是企业留存的营运资本。

商务企业资金的长期投资可分为对内长期投资和对外长期投资两种。对内长期投资是指商务企业的项目投资，项目投资是对商务企业内部生产经营所需要的各种资产的投资，目的是保证企业生产经营过程的连续和生产经营规模的扩大。对内长期投资一般有固定资产投资、无形资产投资和递延资产投资。

- 固定资产投资是指商务企业将资金投资于企业固定资产。如商务企业的房屋及建筑物、机器设备、运输设备、工具器具等。
- 无形资产投资是指商务企业将资金投资于企业长期使用但是没有实物形态的无形资产的投资。如专利权、非专利技术、商标权、著作权、土地使用权和企业商誉等。
- 递延资产投资是指投资于递延资产的投资，如商务企业的开办费等。

商务企业的对外长期投资就是将资金投放于企业外部以获得投资收益。任何资产闲置不用都是一种浪费，但是由于市场的变化或者企业的管理等原因，有时企业会有一定的闲置资金，这时企业就可以考虑利用现有的闲置资金对外投资，从而增加企业的收益；另外，由于企业的主营业务有一定的领域局限性，经营领域单一可能会使企业承担较大的风险，企业可以考虑将一部分资金投放于企业外部，这样，可以分散企业经营风险，可以将外部投资中获得的收益用来弥补企业经营所造成的亏损，也就是人们通常所说的“不要将鸡蛋放在一个篮子里”；最后，商务企业在经营过程中要注意降低财务风险，也就是说企业所有的资金不能全部用于一些长期的固定资产上，因为这些资产的流动性相对较差，一旦投入，收回会很缓慢，所以企业一般会留出一部分资金用于日常开支，但是若这些资金全部以现金形式持有，势必会造成资金使用效率的低下，此时企业可以将这些流动资金用于短期投资，投入的资金在短期内即可收回，这样就提高了企业资金的使用效率。

商务企业的对外投资一般包括对外直接投资和金融投资。

（1）对外直接投资

对外直接投资就是企业根据投资协议以货币资金、实物资产、无形资产对其他企业进行投资，以取得投资收益或者实现对被投资企业控股的目的。企业对外直接投资的方式主要有：合资经营方式、合作经营方式和购并控股方式。

- 合资经营方式

合资经营方式是指投资企业通过与其他企业共同投资组建合资经营企业所进行的对外直接投资。合资经营企业是由两个或两个以上的投资者共同出资建立的有限责任公司，具有独立的法人资格，投资各方必须将出资折成相应的股份，根据各自的出资额的比重对企业享受权利承担义务。

- 合作经营方式

合作经营方式是指投资企业与其他企业组建合作经营企业所进行的对外直接投资。它是一种契约式的合营，合作经营企业可以是法人也可以不是法人，各方所投入的资本不必折成股份。

- 购并控股方式

购并控股方式是指通过兼并其他企业或者购买其他企业的部分股权以实现对它的控制权的对外直接投资。它可以通过出资购买被控股企业的资产的方式进行，也可以通过出资购买股票的方式实现对被控股企业的控制。

（2）金融投资

金融投资的对象是金融资产，如有价证券、基金、期权等。金融投资一般分为证券投资、基金投资和期权投资。

证券投资是商务企业在证券交易市场上购买有价证券的行为。根据证券投资的期限可以将其分为长期证券投资和短期证券投资。短期证券投资是指计划在一年内就变现的证券投资，这种投资操作简便，变现能力强；长期证券投资是指购买一年以上变现的有价证券，它通常占用的资金量较大，相应的收益也比短期证券投资的收益高。由于证券市场价格波动频繁，因此证券投资的风险往往较大。

证券投资的按形式不同可以分为债券投资和股票投资。

债券投资是指商务企业将自己的资金用来购买其他商务企业或者政府等债券发行主体发行的债券，以在未来获得利息收益收回本金的一种投资方式。在选择债券投资时，需要考虑债券的实际收益率来决定是否投资于债券或者投资于何种债券。一般来讲，债券投资时要考虑的因素有债券的票面利率、债券的期限、市场利率、债券的购买价格、债券的内部收益率等等。债券一旦发行，其面值、期限、票面利率都是相对固定的，这时候，市场利率发生变化就会引起债券投资的风险。目前，在人们生活中接触最多的还是要属政府债券了，政府债券以其高收益、低风险受到了人们的青睐。而企业债券的风险相对来讲要大得多，因此，为了筹集到所需要的资金，发行企业需要支付比银行更高的利息。

股票投资是指商务企业将一部分资金投资于其他企业发行的股票。短期股票投资通常是为了获取买卖差价收益，而长期股票投资则主要是为了拥有股票发行公司的重大决策权、盈利分配要求权、剩余财产求偿权等。当商务企业拥有的股票占发行公司发行在外的股票总数的一定比例以上时，就能够控制或者影响发行公司的经营决策了。人们在日常生活中所说的“炒股”，一般是指短期的投资者买卖股票的行为，投资的目的是为了从中获取高的收益。与债券投资相比，股票投资的风险较大。投资者购买股票后，不能要求发行公司返还本金，只能转让股票以收回本金，而股票的转让价格又取决于发行公司的经营状况和股市行情，公司经营状况好，盈利能力强，股票价格就高，反之股票价格就低，而且如果公司破产，股票持有者是放在最后偿还的对象，通常这时候公司已经没有财产偿还了；如果持有股票为了获得股利和转让价差，也要承担很大的风险，因为股票股利直接与公司经营状况相关，盈利多可能多发股利，盈利少就有可能少发或者不发股利。自有股市以来，股价暴涨暴跌的例子已经是屡见不鲜，因此股票投资具有极大的投机性和风险性。

在现实生活中，商务企业进行投资都希望获得高收益而回避风险，但是如果一味的追求高收益，势必也会面临高的风险，而只为了回避风险，肯定也得不到预期的收益。但是投资收益只有在未来才会实现，它有太多的不确定性因素，是个未知数。不同的证券在同一时期的收益和风险不一定对等，因此，大多数的商务企业在进行证券投资时，都会选择将资金同时投资于几种不同的证券，通过这种证券组合的投资方式，在一种证券投资中的损失也许能在别的证券投资收益中获得补偿。这种投资组合通过利用不同的证券在同一时期的风险收益的交叉性，将投资的风险降到可以接受的水平，同时也提高了投资的收益。

一般来讲，常见的证券投资组合有以下几种：

保守型证券投资组合

这种证券组合尽量模拟证券市场的某种指数，以求分散掉全部可分散风险，获得与市场平均报酬率相同的回报率。这种组合所承担的风险主要是市场上的系统性风险，非系统性风险基本上能够消除，但是其投资收益率一般也不会高于市场平均收益率。因此是比较保守的投资组合类型。

进取型证券投资组合

这种组合也称为成长型证券投资组合，它以资金升值为主要目标，尽可能多选择一些成长性较好的股票而少选择报酬率极低风险很小的股票，这样就可以使收益高于市场的平均收益。这种组合收益较高，风险也远远高于证券市场的平均风险。所以，采用这种证券投资组合，如果做得好可以获得比市场平均收益高出很多的收益，但是若做得不好，也会造成很大的损失。因此这种证券投资组合也称之为冒险型投资组合。

收入型证券投资组合

也称稳健型证券投资组合，它是一种比较常见的投资组合类型。在现实中大多数的商务企业会选择这种投资组合。这种组合以追求低风险和稳定的收益为主要目标。这种组合虽然不会给投资者带来巨大的收益，但是这种组合的风险低、收益比较稳定，因此它比较适合于有定期支出的投资者。

商务企业的资金除了用于对外直接投资以外，通常会有很大比例的资金用于证券投资，这样商务企业即可以获得较高的收益，又可以通过各种组合减少投资风险。随着市场经济的发展和市场的逐渐完善，商务企业的证券投资除了债券和股票以外，近年来，基金投资也逐步发展和完善起来，期权投资也越来越受到人们的关注。因此，商务企业在企业的生产经营过程中，可以通过不同的证券投资组合来达到规避风险、获取高收益的目的，以使企业的资金得到最大程度的应用。

3. 营运资金的管理

营运资金是指在企业生产经营活动中占用在流动资产上的资金。对于商务企业而言，流动资产是指能够在短期内变换为现金的资产。它主要包括现金、短期投资、应收及预付款项以及存在仓库的原材料、未销售商品、在产品等。

一般来讲，企业的营运资金在企业的总资产中占有一定的比重，对于企业来讲，若对营运资金管理不善的话，即使商务企业有很大的生产规模，也可能会产生不能偿还到期债务的危机。所以，营运资金的管理在商务企业资金管理中是一个很重要的问题。

营运资金一般有如下特点：

周期具有短期性。商务企业占用在流动资产上的资金，周转一次所需的时间较短，通常会在一年内收回，对企业影响的时间比较短。

实物形态具有易变现性。短期投资、应收预付款项以及企业存货等流动资产一般具有较强的变现能力，能在很短的期限内转变为现金，如果商务企业在经营过程中遇到意外情况，如企业出现资金周转不灵、现金短缺，便可以迅速变卖这些资产，以获取现金，解决商务企业临时性的现金需求。

数量具有波动性。流动资产的数量会随商务企业自身经营情况和外在经济条件的变化而变化，波动很大。季节性的商务企业如此，非季节性的企业也是如此。

实物形态具有变动性。商务企业营运资金的实物形态是经常变化的，一般在现金、材料、在产品、产品、应收预付款项、现金之间转化。企业筹集的资金一般都以现金的形式存在，为了保证生产经营的正常进行，必须拿出一部分现金去采购原材料，这样就有一部分现金转化为原材料；材料投入生产后当产品还未最后完工前，便形成在产品；在产品进一步加工完成后就成为产品；产品经过出售，有的则可直接收回现金，有的则因赊销而形成应收款项；经过一定时期以后，应收款项又通过收现而转化为现金。总之，流动资金每次循环都要经过采购、生产、销售过程，并表现为现金、材料、在产品、产品、应收款项等具体形态。

企业的营运资金在全部资金中占有相当大的比重，而且周转期短，形态易变，在管理时应遵循以下原则：

- 认真分析生产经营状况，合理确定营运资金的需要数量；
- 在保证生产经营需要的前提下，节约使用资金；
- 加速营运资金周转，提高资金的使用效率；
- 合理安排各种资产的比例，保证企业有足够的偿债能力。

营运资金管理对于商务企业来讲起着举足轻重的作用。商务企业的管理层应该加强对企业营运资金的管理，使企业在竞争愈加激烈的市场环境中获得更好的生存机会，使我国的商务企业在市场竞争中立于不败之地。

习题 5

1. 什么是金融和金融市场？
2. 金融市场有什么作用？在日常生活中，哪些行为会与金融市场有关？
3. 什么是金融工具？都有哪些金融工具？它们有什么不同？
4. 我国金融机构体系是怎样的？
5. 商业银行的业务范围是什么？
6. 我国有哪些非银行金融机构，其业务范围各是什么？
7. 假定你有两位女性朋友 A 和 B。A 是一位传统型人物，她只是在确认能够通过投资来归还贷款时才会借款。相反，B 是一位积习甚深的赌徒，她刚好遇到了一个迅速致富的项目，如果借得 1 000 美元进行投资，她可以成为百万富婆。不幸的是，像大多数迅速致富的项目一样，这项投资失败的可能性很大，这将使得 B 难以归还贷款，还要损失 1 000 美元。这两位朋友谁最有可能向你要求贷款？而你更愿意把钱借给谁？为什么？
8. 企业的三项基本活动是什么？为什么说他们的核心就是资金？企业资金运作的实质是什么？
9. 企业资金筹集主要有哪些方法？各有哪些优缺点？
10. 商务企业资金的长期投资有哪些方式？
11. 商务企业的营运资金有哪些特点？在管理时应遵循什么原则？

案例分析

2002 年，中央明确规定，具备条件的国有独资商业银行可改组为国有控股的股份制商业银行，条件成熟的可以上市。2003 年年底，国务院决定中国银行和中国建设银行实施股份制改造试点，并动用 450 亿美元国家外汇储备等为其补充资本金。以股份制为目标，通过财务重组、改造公司治理结构、资本市场上市，对国有商业银行的运行机制、股权结构进行彻底改造，实现绩效最大化，成为中国银行业新一轮改革的主旋律。

2004 年 3 月，温家宝总理主持召开国务院常务会议，提出用三年左右的时间将试点银行改造成为具有国际竞争力的现代股份制商业银行。同年 12 月 29 日召开的国务院常务会议，再次要求加快建成资本充足、内控严密、运营安全、服务和效益良好的现代商业银行。2005 年以来，中国建设银行、中国银行和中国工商银行在完成股份制改造的计划后，相继实现挂牌上市。2005 年 10 月 27 日，中国建设银行在香港证券交易所主板市场挂牌交易。2007 年 9 月 25 日，中国建设银行于上海证券交易所登陆 A 股市场，并成为 A 股市场第一权重股。上市后建行在企业管治建设、内部组织机构设置、完善风险管理体制、管理和业务流程再造、产品和服务开发等方面，进行了一系列卓有成效的改革和创新，已经成为当今内地最具综合竞争能力、市场营销能力、风险控制能力、客户服务能力和营利能力的银行之一。

建行的改革业绩亦得到了国内外的广泛认可，2005 年建设银行荣获《银行家》杂志“中国年度最佳银行奖”。在《亚洲周刊》2006 年 7 月公布的亚洲银行 300 强排名中，建设银行在“利息收入净值最高的银行”和“纯利最高的银行”两项排名中均列第一位，被誉为“亚洲最赚钱的银行”。

2006 年 6 月 1 日和 7 月 5 日，中国银行先后在香港证券交易所和上海证券交易所成功挂牌上市，成为首家 A+H 发行上市的国有商业银行。其中，在香港发行的股票占扩大后股本的 10.5%，吸引了超过 1 500 亿美元的认购资金。中国银行是全流通条件下第一只上市的超级大盘股，也是第一家在 A 股挂牌的国有商业银行。中行登陆 A 股市场，创下国内资本市场的数项纪录之最，比如其 IPO 股数、总资产、净资产以及庞大的市值，都刷新了当时的市场纪录。按截至当年年底的市值计算，中国银行为全球第五大银行。

2006 年也是中国工商银行发展史上具有里程碑意义的一年。10 月 27 日，中国工商银行股份有限公司（简称中国工商银行）首开先河，A+H 同步发行上市成功，创下了全球资本市场有史以来发行规模最大等多项纪录，被国际媒体和金融业誉为“世纪招股”。公开发行上市标志着中国工商银行完成了从国有独资商业银行到股份制商业银行，再到国际公众持股公司的历史性跨越。本次 A+H 首次公开发行的总规模为 556.5 亿股（包括代财政部和汇金公司出售国有股权 81.4 亿股），占扩大后总股本的 16.7%；募集资金总额达到人民币 1 732.3 亿元（包括代收财政部和汇金公司出售国有股权的应得资金净额人民币 246.7 亿元），是全球有史以来融资规模最大的首次公开发行，其中 H 股发行规模 1 249.5 亿港币，A 股发行规模 466.4 亿元人民币，分别是迄今为止规模最大的 H 股和 A 股发行项目。公开发行上市后，中国工商银行共有 A 股 250 962 348 064 股，H 股 83 056 501 962 股，总股本 334 018 850 026 股。通过发行上市，成为 A 股市值最大的上市公司与亚洲最大的上市银行，并跻身全球排名前三位的上市银行，中国工商银行的资本实力和国际市场形象得到了明显提升。

问题：国有商业银行为什么要争先上市？这对于提高其竞争力以及促进国内金融业的发展有何意义？

第6章 现代商务运营管理

本章你将学到以下知识：

- ✓ 怎样进行商务企业的设立登记；
- ✓ 怎样进行商务企业的变更和注销登记；
- ✓ 商务企业的年度检验管理；
- ✓ 商务谈判的原则和准备工作；
- ✓ 商务谈判的语言技巧和策略；
- ✓ 商务合同的主体和形式；
- ✓ 商务合同的签订和履行。

未经工商登记吞苦果——私自经营受处罚

2005 年 10 月 20 日，天津某经贸有限责任公司与天津某大酒店有限公司签订的《商场租赁协议》中约定，天津某大酒店有限公司将本公司的自有房屋 A 座一层的 300 平方米租给天津某经贸有限责任公司作为经营场所使用。月租金 10 万元，按月交纳，每年租金金额按年度递增 5%。协议签订后，当事人——天津某经贸有限责任公司，以自己的名义在其所租赁场地设立公司分支机构，开始从事经营活动。

2006 年 5 月 26 日工商巡查人员到该处巡查时，当场查获该经贸有限责任公司的分支机构正在销售假冒注册商标“雪豹牌”的皮包及皮带。经查，当事人未经工商行政管理机关核准登记，擅自在所租赁场地设立公司分支机构，属于非法经营活动。

工商行政管理机关根据《投机倒把行政处罚暂行条例施行细则》中的规定，决定对当事人处以没收正在销售的假冒注册商标“雪豹牌”皮包及皮带，并且处以罚款 5 000 元的行政处罚；根据《公司登记管理若干问题的规定》，限某经贸有限责任公司，自接到处罚决定书之日起 10 日内到天津市工商行政管理局××分局办理分支机构登记。

本案是一起私设经营机构并销售假冒注册商标商品的投机倒把案。违法行为主体当事人天津某经贸有限责任公司的违法事实有两个方面：一是当事人所设立的公司分支机构，未办理分支机构登记手续，其行为属于有限责任公司擅自设立分支机构的行为；二是当事人销售明知是假冒注册商标的商品，其行为属于投机倒把的行为。

从这个案例可以看出，所有企业都必须到工商行政管理机关办理注册登记，然后才能开展经营活动，并且要公平竞争、合法经营。

6.1 商务企业的登记

1. 商务企业的设立登记

企业的设立是指申请成立的企业，依照法律规定的条件和程序，通过办理必要的手续，取得法人资格或合法的生产经营资格的活动。

我国的企业主要分为如下三种类型。

- 公司，是指依据我国《公司法》设立的有限责任公司和股份有限公司。
- 非公司企业，是指依据我国《企业法人登记管理条例》登记注册的内资企业。
- 外商投资企业，是指依据我国《中外合资经营企业法》、《中外合作经营企业法》和《外资企业法》设立的企业。

（1）企业设立登记的事项

① 公司登记事项。

- 名称;
- 住所;
- 法定代表人姓名;
- 注册资本;
- 实收资本;
- 企业类型;
- 经营范围;
- 营业期限;
- 有限责任公司股东或者股份有限公司发起人的姓名或者名称，以及认缴和实缴的出资额、出资时间、出资方式。

设立公司应当依法向公司登记机关申请设立登记。公司登记的事项应当符合法律、行政法规的规定，否则公司登记机关不予登记。公司经公司登记机关依法登记，领取《企业法人营业执照》，方可取得企业法人资格。未经公司登记机关的登记取得法人资格的，不得以公司名义从事经营活动。

② 企业登记事项。

- 企业法人名称;
- 住所;
- 经营场所;
- 法定代表人;
- 经济性质;
- 经营范围;
- 经营方式;
- 注册资金;
- 从业人数;

- 营业期限；
- 分支机构。

（2）企业设立登记的条件

① 有限责任公司的设立条件。我国《公司法》规定，设立有限责任公司，应当具备如下条件。

- 股东符合法定人数。有限责任公司由50个以下股东出资设立。
- 股东出资达到法定资本最低限额。有限责任公司注册资本的最低限额为人民币3万元，法律、行政法规对有限责任公司注册资本的最低限额有较高规定的，从其规定。
- 股东共同制定公司章程。有限责任公司章程应当载明下列事项：公司名称和住所；公司经营范围；公司注册资本；股东的姓名或者名称；股东的出资方、出资额和出资时间；公司的机构及其产生办法、职权、议事规则；公司法定代表人；股东会会议认为需要规定的其他事项。
- 有公司名称，建立符合有限责任公司要求的组织机构。
- 有公司住所。住所必须是公司主要办事机构所在地，公司可以有多个办公地点，但法律上只能有一个住所。

《公司法》对一人有限责任公司作了特别规定，其注册资本最低限额为人民币10万元；一个自然人只能投资设立一个一人有限责任公司，该一人有限责任公司不能再投资设立新的一人有限责任公司；一人有限责任公司应当在公司登记中注明自然人独资或者法人独资，并在公司营业执照中载明。

有限责任公司股东可以用货币出资，也可以用实物、知识产权、土地使用权等可以用货币估价并可以依法转让的非货币财产作价出资；但是，法律、行政法规规定不得作为出资的财产除外。

② 股份有限公司的设立条件。依据《公司法》规定，设立股份有限公司，应当具备如下条件。

- 发起人符合法定人数。设立股份有限公司，应当有2人以上200人以下为发起人，其中须有半数以上的发起人在中国境内有住所。
- 发起人认购和募集的股本达到法定资本最低限额。股份有限公司注册资本的最低限额为人民币500万元，法律、行政法规对股份有限公司注册资本的最低限额有较高规定的，从其规定。
- 股份发行、筹办事项符合法律规定。
- 发起人制定公司章程，采用募集方式设立的经创立大会通过。
- 有公司名称，建立符合股份有限公司要求的组织机构。
- 有公司住所。

发起设立，是指由发起人认购公司发行的全部股份而设立公司；募集设立，是指由发起人认购公司发行股份的一部分，其余股份向社会公开募集或者向特定对象募集而设立公司。

发起人的出资方式，可以用货币出资，也可以用实物、知识产权、土地使用权等可以用货币估价并可以依法转让的非货币财产作价出资；但是，法律、行政法规规定不得作为出资的财产除外。

③ 非公司企业的设立条件。全民所有制企业、集体所有制企业、联营企业、私营企业等非公司内资企业，申请企业法人登记时，应当具备如下条件。

- 有符合规定的名称和章程。
- 有国家授予的企业经营管理的财产或者企业所有的财产，并能够以其财产独立承担民事责任。
- 有与生产经营规模相适应的经营管理机构、财务机构、劳动组织以及法律或者章程规定必须建立的其他机构。
- 有必要的并于经营范围相适应的经营场所和设施。
- 有与生产经营规模和业务相适应的从业人员，其中专职人员不得少于 8 人。
- 有健全的财会制度，能够实行独立核算，自负盈亏，独立编制资金平衡表或者资产负债表。
- 有符合规定数额并与经营范围相适应的注册资金。
- 有符合国家法律、法规和政策规定的经营范围。
- 法律、法规规定的其他条件。

④ 外商投资企业的设立条件。外商投资企业申请企业法人登记，应当具备如下条件。

- 有符合规定的名称。
- 有审批机关批准的合同、章程。
- 有固定经营场所、必要的设施和从业人员。
- 有符合国家规定的注册资本。
- 有符合国家法律、法规和政策规定的经营范围。
- 有健全的财会制度，能够实行独立核算，自负盈亏，独立编制资金平衡表或者资产负债表。

⑤ 合伙企业的设立条件。我国《合伙企业法》规定，设立合伙企业应当具备如下条件。

- 有两个以上合伙人，并且都是依法承担无限责任者。
- 有书面合伙协议。
- 有各合伙人实际缴付的出资。
- 有合伙企业的名称。
- 有经营场所和从事合伙经营的必要条件。

合伙人应当为具有完全民事行为能力的人。合伙人可以用货币、实物、土地使用权、知识产权或者其他财产权利出资，上述出资应当是合伙人的合法财产及财产权利。

⑥ 个人独资企业的设立条件。我国《个人独资企业法》规定，设立个人独资企业应当具备如下条件。

- 投资人为一个自然人。
- 有合法的企业名称。

- 有投资人申报的出资。
- 有固定的生产经营场所和必要的生产经营条件。
- 有必要的从业人员。

个人独资企业不得从事法律、行政法规禁止经营的业务；从事法律、行政法规规定须报经有关部门审批的业务，应当在申请设立登记时提交有关部门的批准文件。

2. 商务企业的变更登记

企业的变更是指在企业设立后，随着各方面条件的变化而出现的企业实体本身的变化及登记注册事项的改变。企业法人改变名称、住所、经营场所、法定代表人、经济性质、经营范围、经营方式、注册资金、经营期限，以及增设或撤销分支机构，都应当申请办理变更登记。

（1）企业的合并

企业的合并是指按照法律规定或合同约定将两个以上的企业归并为一个企业。按合并方式的不同，可以将其分为吸收合并和新设合并。吸收合并是指一个企业接纳其他企业加入本企业，加入方解散并取消原主体资格，接纳方存续。新设合并是指一个企业与其他企业合并后成立新的企业，原合并各方解散，取消原主体资格。

（2）企业的分立

企业的分立是指一个企业依法分为两个或两个以上的企业。企业分立一般是为了适应生产的专业化及更有效地进行企业管理的需要而出现的。企业分立的情形有两种：一种是一个企业分出部分财产和业务另设企业，原企业存续，称做派生分立或存续分立；另一种是企业将全部财产分别归入两个以上的新设企业，原企业解散，称做新设分立或解散分立。

企业法人申请变更登记，应当在主管部门或者审批机关批准后三十日内，向登记主管机关申请办理变更登记。企业法人分立、合并、迁移，应当在主管部门或者审批机关批准后三十日内，向登记主管机关申请办理变更登记、开业登记或者注销登记。具体情况为：因分立或者合并而保留的企业应当申请变更登记；因分立或者合并而新办的企业应当申请开业登记；因合并而终止的企业应当申请注销登记。

3. 商务企业的注销登记

企业法人歇业、被撤销、宣告破产或者因其他原因终止营业，应当向登记主管机关办理注销登记。

（1）公司注销登记

公司解散，依法应当清算的，清算组应当自成立之日起 10 日内将清算组成员、清算组负责人名单向公司登记机关备案。有下列情形之一的，公司清算组应当自公司清算结束之日起 30 日内，向原公司登记机关申请注销登记。

- 公司被依法宣告破产。
- 公司章程规定的营业期限届满或者公司章程规定的其他解散事由出现，但公司通过修改公司章程而存续的除外。
- 股东会、股东大会决议解散或者一人有限责任公司的股东、外商投资的公司董事会决议解散。

- 依法被吊销营业执照、责令关闭或者被撤销。
- 人民法院依法予以解散。
- 法律、行政法规规定的其他解散情形。

（2）非公司企业和外资企业注销登记

非公司企业和外商投资企业因如下原因终止营业，应当向登记主管机关办理注销登记。

① 解散。解散是指企业根据企业章程或者企业的实际情况做出的停止企业经营活动，终止企业法人资格的行为。

企业基于如下原因解散。

- 企业已达到设立目的或企业章程规定的停止事由发生。如企业章程规定的经营期限届满，企业章程规定的经营业已完成。
- 企业不能适应市场的需要而决定解散。如企业因严重亏损而导致无法经营，产品缺乏销路等等。
- 股东会决定解散。
- 由于不可抗拒的原因而终止。如大的自然灾害致使企业无法维持其正常的经营活动而决定解散。
- 企业合并、分立。公司吸收合并时，被吸收的公司解散；公司新设合并时，合并各方解散；公司分立时，原有公司解散。

② 歇业。歇业是指企业停止营业。公司成立后无正常理由超过六个月未开业或者开业后自行停业连续六个月以上的，非公司企业领取营业执照后满六个月未开展经营活动或者停止经营活动满一年的，视为歇业。歇业企业应申请注销登记。

③ 被撤销。企业基于如下原因被撤销。

- 企业因行政命令被撤销。政府有关部门或企业的行政主管部门依法做出的撤销企业的决定，迫使企业终止。
- 企业因行政处分被撤销。政府有关部门或企业的行政主管部门为了维护正常的经济秩序，对严重违法的企业依法强制终止，责令关闭。
- 企业被工商行政管理机关依法吊销营业执照。

④ 宣告破产。企业因经营管理不善造成严重亏损，不能偿还到期债务，依法律程序破产。

人民法院根据破产法的规定，经过债权人或债务人的申请，依法宣告达到破产界限的企业破产。自人民法院进行破产宣告裁定之日起，企业即丧失法律主体资格。

企业法人办理注销登记，应当提交法定代表人签署的申请注销登记报告、主管部门或者审批机关的批准文件、清理债务完结的证明或者清算组织负责清理债权债务的文件。经登记主管机关核准后，收缴《企业法人营业执照》、《企业法人营业执照》副本，收缴公章，并将注销登记情况告知其开户银行。

4．商务企业的年检管理

企业年度检验（简称年检），是企业登记机关依法按年度根据企业提交的年检材料，对与企业登记事项有关的情况进行定期检查的监督管理制度。

年度检验制度是登记主管机关对企业法人进行监督管理的重要手段。企业法人应当按照国家工商行政管理总局和省、自治区、直辖市工商行政管理局规定的时间和办法办理年检手续。

企业年检适用于领取营业执照的有限责任公司、股份有限公司、非公司企业法人、合伙企业、个人独资企业及其分支机构、来华从事经营活动的外国（地区）企业，以及其他经营单位。

（1）年检管辖

各级企业登记机关负责对其登记的企业进行年检。上级企业登记机关可以委托下级企业登记机关对其登记的企业进行年检。

企业登记机关可以委托企业所在地的工商行政管理所对其登记企业进行年检。

（2）年检时间

每年3月1日至6月30日，企业应当向企业登记机关提交年检材料。有正当理由的可以在6月30日前向企业登记机关提交延期参加年检的申请，经企业登记机关批准可以延期30日。

外商投资企业应当在每年五月底以前向登记主管机关办理年检手续，交回营业执照正、副本，经登记主管机关审核后发还。

当年设立登记的企业，自下一年起参加年检。

（3）年检程序

- 企业提交年检材料；
- 企业登记机关受理审查企业年检材料；
- 企业缴纳年检费用；
- 企业登记机关在营业执照副本上加盖年检戳记，并发还营业执照副本。

（4）年检申报材料

- 年度检验报告书；
- 企业指定的代表或者委托代理人的证明；
- 营业执照副本；
- 经营范围中属于企业登记机前置行政许可经营项目的，加盖企业印章的相关许可证件、批准文件的复印件；
- 国家工商行政管理总局规定要求提交的其他材料。企业法人应当提交年度资产负债表和损益表，公司和外商投资企业还应当提交由会计师事务所出具的审计报告。

企业有非法人分支机构的，还应当提交分支机构的营业执照副本复印件。

企业年检报告书有如下主要内容。

- 登记事项情况；
- 备案事项情况；
- 对外投资情况；
- 设立、撤销分支机构情况；
- 经营情况。

（5）年检审查程序

企业提交的年检材料齐全、内容完整的，企业登记机关应当受理，并出具受理通知书；但以据《企业年度检验办法》规定，当场加盖年检戳记的除外。

提交的年检材料不齐全或者内容不完整的，企业登记机关不予受理，并出具载明不予受理理由的不予受理通知书。

企业登记机关应当自受理之日起五个工作日内完成对企业提交的年检材料中涉及登记事项、备案事项的有关内容的书式审查，需要对实质内容进行核实的除外。

需要对实质内容进行核实的，应当指派两名以上工作人员进行核查。

经审查符合规定的，在营业执照副本上加盖年检戳记，并发还营业执照副本；不符合规定的，责令其限期改正，符合规定后，在营业执照副本上加盖年检戳记，并发还营业执照副本。其中，属于应当依法办理变更登记并涉及营业执照记载事项改变的，经变更登记后，在新的营业执照副本上加盖年检戳记。

（6）证照和档案管理

① 证照管理。《企业法人营业执照》、《营业执照》分为正本和副本，同样具有法律效力。营业执照正本应悬挂在企业主要办事场所或者主要经营场所。登记主管机关根据企业的申请和开展经营活动的需要，可以核发营业执照副本若干份。

企业根据国家规定应当向有关部门提交执照复印件的，应经原登记主管机关同意并在执照复印件上加盖登记主管机关的公章。

任何单位和个人均不得伪造、涂改、出租、出借、转让营业执照。营业执照遗失或者毁坏的，应当在登记主管机关指定的报刊上声明作废后，方可申请补领。

登记机关依法做出变更登记、注销登记、撤销变更登记决定，企业拒不缴回或者无法缴回营业执照的，有登记主管机关公告营业执照作废。

② 档案管理。档案资料属于企业的重要资料，具有严格的管理制度。借阅、抄录、携带、复制企业登记档案资料的，应当按照规定的权限和程序办理。

任何单位和个人均不得修改、涂抹、标注、损毁企业登记档案资料。

6.2　商务谈判的运作

1．商务谈判的原则

商务谈判是指在商务活动中，买卖双方为了达到各自的既定目标，彼此进行信息交流、阐述意愿、磋商协议、协调关系、争取达到意见一致，从而赢得或维护经济利益的行为与过程。

商务谈判应掌握如下几个原则。

① 平等互利原则。

平等互利原则，就是要求谈判双方坚持在地位平等、自愿合作的条件下建立谈判关系，并且通过公平交易、互惠互利的原则来实现双方的权利和义务。

② 合法诚信原则。

合法诚信原则，包含两方面的意思：一方面要求商务谈判的内容及其所签订的契约必须符合相关法律及国际法则的要求；另一方面要求谈判双方都要讲信用，重信誉，遵守和履行诺言或协议。

③ 平等协商原则。

平等协商原则，就是要求谈判人员在商务谈判中坚持地位平等、友好协商，做到有理、有利、有节，既讲原则性又讲灵活性。

④ 事人有别原则。

事人有别原则，就是要求谈判双方在谈判中把人和事分开，把对谈判对手的态度和对所讨论问题的态度区分开来，只对事不对人。

2. 商务谈判的准备

商务谈判是一项复杂的、综合性的商务活动，所以谈判双方在谈判之前一定要做好充分且细致的准备工作。

（1）组建谈判小组

商务谈判必须组建一个专门的谈判小组。谈判小组的人员选择非常重要，可以说谈判人员是决定谈判成败的关键。商务谈判小组应包括如下主要人员。

① 主谈人员。主谈人员是指谈判小组的领导人或首席谈判代表。在谈判过程中，主谈人员起到协调、沟通、决定的作用，所以主谈人员应具有符合谈判这种高度竞智活动特点及规律的能力和素质。谈判小组成员必须服从主谈人员的指挥。

② 专业人员。专业人员是指商务谈判过程中根据谈判的需要而配备的有关专家。一个商务谈判需要配备什么样的专业人员，应视谈判的内容而定。通常，商务谈判需要如下四个方面的专业人员。

- 商务方面人员，负责确定价格，确定交货的时间和方式，明确风险的分担等事宜。
- 技术方面人员，负责评价商品的质量、价格、包装和工艺等事项。
- 法律方面人员，负责起草合同文件，检查合同条款，维护己方的合法权益等。
- 财务方面人员，负责核算成本和利润，决定支付方式、信用保证、证券和资金担保，以及制定财务条款等事项。

③ 翻译人员。国际商务谈判离不开翻译人员。一个好的翻译，能洞察对方的心理和发言的实质，既能改变谈判气氛，又能减少谈判失误，在国际商务谈判中起到重要作用。

④ 其他人员。其他人员是指谈判工作必须的工作人员，例如记录员及打字员等。其具体职责为记录谈判内容，打印商务合同等事务，一般由上述各类人员中的某人兼任，也可以委派专人担任。

（2）收集谈判信息

21世纪是信息时代，人们的生活及所从事的各项活动均离不开信息，商务活动也不例外。商务谈判就是人们运用资料和信息获取经济利益的一种活动。谁掌握了足够的信息，谁就掌握了谈判的主动权。因此，收集信息是商务谈判准备工作的一项重要内容。现代商务谈判通常需要收集如下几方面的信息。

① 政策法律信息。政策法律信息是指与商务谈判有关的国家或地区的财政金融政策、经济运行机制、关税政策、进出口政策及有关谈判内容的法律法规等。

② 相关市场信息。相关市场信息是指与商务谈判相关的国内外市场的分布、市场的需求情况、产品的销售情况、供货渠道及产品价格等信息。

③ 产品质量信息。产品质量信息是指商务谈判所涉及的产品的性能、品质、标准、规

格等有关产品质量的技术资料。

④ 谈判对手的情况。收集谈判对手的情况是为了有针对性地制定谈判策略。谈判对手的情况主要包括对方公司的资金状况、借贷状况、公司业绩、财务报告、纳税情况、企业内部报表、产品质量报告、公司管理状况、商业信誉、广告宣传及对方谈判小组成员的情况等。

⑤ 政治文化信息。政治文化信息主要包括谈判对方所在的国家或地区的政治状况、政局的稳定性、与己方政府之间的政治关系，以及对方所在国家或地区的文化教育、生活习惯、宗教信仰、礼仪规范等。

（3）制定谈判目标

目标是谈判的依据，只有在明确、具体、可行的目标指引下，谈判才可能处于主动地位。正确地制定谈判目标，对于商务谈判来说具有决定性的作用。

① 谈判目标的内容。商务谈判的目标通常包括商务谈判的性质及对象；对商品质量、价格、品种、规格等要素的要求；合同交易额、付款方式和交货日期；运输方式和服务标准；与谈判目标相关的事实和问题，以及为解决这些问题需要提出的要求或期望等。

② 谈判目标的制定。商务谈判应根据具体情况制定相应的谈判目标。一般情况下，谈判者把谈判目标划分为三个层次。

- 理想目标。

此目标是指谈判者希望通过谈判能够达成的上限目标，即己方想要获得的最高利益。商务谈判是一种互惠互利的行为，所以理想目标往往只是谈判初始阶段的一种策略。

- 现实目标。

此目标是指谈判者希望通过谈判所要达成的下限目标，是制定目标的一方所要坚持的最低目标。也就是说，当对方提出的条件低于这个目标时，就无讨价还价的余地了。

- 立意目标。

此目标是介于理想目标和现实目标之间的一种谈判目标，又称做可接受目标。当理想目标不能实现时，就要以立意目标作为第二个追求的目标。这是谈判方基本利益的实现目标，是要坚守的主要防线。

（4）拟定谈判议程

谈判议程是指关于谈判事项的程序安排，可由谈判一方拟定，也可由谈判双方共同拟定。通常，商务谈判的议程包括六个方面，即谈判时间、谈判地点、谈判对手、谈判内容、谈判记录和协议起草。

拟定谈判议程时，应注意如下所述的几个方面。

- 谈判议程的程序安排要依据己方的具体情况，在程序安排上能扬长避短。
- 谈判议程的内容要能够体现己方谈判的总体方案，统筹兼顾，引导或控制谈判的速度及己方让步的限度和步骤等。
- 谈判议程的安排不要伤害对方的自尊和利益，以免导致谈判会过早破裂。
- 在谈判议程中，不要暴露自己的谈判目标，特别是最终谈判目标，以免使自己处于不利地位。

- 要善于利用对方议程中可能暴露的问题后发制人，以争取谈判的主动权。

谈判议程只是一个事前计划，并不代表一个合同。如果任何一方在谈判开始之后对它的形式不满意，都可以通过协商进行修改，最终拟定出一份令双方都满意的谈判议程。

（5）布置谈判会场

谈判会场的布置也是一项很重要的工作。它能反映出承办方的谈判态度、谈判水平和人员素质。布置谈判会场，应当本着礼仪和实用的原则。谈判会场宜选择在宾馆、会议室和办公室中。对于谈判桌的选择要根据谈判的类型和规格而定，大型且正规的商务谈判（例如涉外谈判），应选择长方形的桌子，宾主面对面各坐一方，客方坐在面对正门上方的位置，以示礼貌。若谈判长桌的一端朝着正门，则应以正门的方向为准，右边为客方，左边为主方。小型谈判可以选择圆形桌，双方围坐在一起，使谈判气氛显得宽松且融洽，更有利于谈判的进行。谈判会场应布置得整洁大方且宽敞明亮，并且配备谈判所需的相关设备，例如电脑、投影仪、电话、复印机和传真机等现代办公设备，以方便谈判人员的使用。

3. 商务谈判的语言技巧

语言是人类用来进行信息交流的符号系统。谈判主要是靠语言进行的，商务谈判的整个过程就是谈判者进行语言表达和交流的过程。在商务谈判中，语言的技巧非常关键，小则可能影响谈判者个人之间的人际关系，大则关系到谈判的气氛及谈判的成功与否。因此，商务人员在谈判过程中应注重谈判的语言技巧。

（1）准确地运用语言

商务谈判就是协商合同条款，明确双方各自的责任和义务，因此尽量不要使用概念模糊的语言，除非在个别的时候出于某种策略需要。另外，在谈判中准确地运用语言，还可以避免出现误会与不必要的纠纷，掌握谈判的主动权。谈判语言应文雅有礼，任何出言不逊或恶语伤人的行为都会引起对方的反感，不利于谈判目标的实现。

（2）善于赞美和肯定对方

在商务谈判中，当双方的观点出现类似或基本一致的情况时，谈判者应当迅速抓住时机，用赞誉之词积极地肯定这些共同点。如有可能，还要想办法及时补充和发展双方一致的论点，引导和鼓励对方畅所欲言。赞同或肯定的语言在商务谈判中常常会产生异乎寻常的积极作用。不过赞美或肯定对方应掌握好分寸，赞美要态度诚恳，肯定要恰如其分，既不要言过其实，又不可词不达意。

（3）善于尊重和理解对方

在谈判活动中，只有善于尊重对方、理解对方，才能赢得与对方感情上的接近，从而获得对方的尊重和信任。具体做法如下：

- 当对方发言时，一定要注意认真倾听，并且适当地与对方交流目光，或者用点头、微笑、手势等方式鼓励对方继续讲下去；
- 不要轻易打断对方的讲话，无论如何要让对方把话讲完；
- 发现对方失言时，不要立即加以纠正，更不要当场表示惊讶；
- 当对方在谈判中摆出虚假、傲慢、冷漠的态度时，不应持同样的错误态度；
- 指出对方的不足时，应当婉转地告诉对方，切忌批评指责，更不能当场揭短，不顾对方尊严；

一旦自己出现失言或失态时，应当立即向对方道歉，说"请原谅"或"对不起"，一定不要自我辩解。

（4）注意讲话的方式方法

讲话的方式方法包括讲话的语速、节奏、语调、声音大小及语言情感等，这些都会在不同程度上影响讲话的效果。因此，商务谈判中一定要注意讲话的方式和方法。语速既不能太快也不能太慢，应掌握适当的节奏。若语速太快，对方听不清你要表达的意思；若语速太慢，吞吞吐吐，则又会引起对方的怀疑。另外，应根据要表达的意思来控制语调的高低和声音的大小，语调的高低和声音的大小能反映出讲话者的情绪，所以千万不能出现语调或音量失控的情况，否则就有可能影响谈判的效果，同时也会破坏自己的礼仪形象。

商务谈判中还应注意讲话的情感，语言表达应富有感情色彩，尽量做到以情感人。动之以情，晓之以理，从情感上打动对方，这样可以争取对方的理解和支持，从而为谈判的成功奠定良好的基础。

4．商务谈判的阶段与策略

商务谈判的阶段是指商务谈判所要经历的几个过程，主要有开局阶段、报价阶段、还价阶段、成交阶段等。商务谈判的策略是指在具体的商务谈判活动中，谈判双方为了实现各自的利益目标所采取的方法、技巧或决策原则、战略战术。商务谈判是个艰辛、复杂、多变的过程，不同的谈判阶段应该采取不同的谈判策略，才能使利益目标得以实现。

（1）开局阶段的策略

谈判的开局阶段是商务谈判的起点，开局的好坏在很大程度上决定着整个谈判的走向和发展趋势。因此，开局阶段应把握好如下所述的几点。

① 布置一个令人舒心的谈判会场。谈判会场要布置得整洁大方、宽敞明亮、空气清新，应摆放适量的鲜花进行装点。同时，应配备谈判所必需的辅助设备，使整个会场显得清静高雅、环境优美。一个好的谈判会场能令人心情舒畅，而好的心情会增强双方合作的愿望。

② 创造良好的谈判气氛。谈判气氛的好坏既能影响谈判人员的情绪，又能影响整个谈判的进程和趋势。因此，在谈判一开始，就要积极营造出一种合作、诚挚、轻松愉快的谈判气氛，这样可以对谈判起到十分积极的促进作用。

③ 设计好谈判的开场陈述。俗话说万事开头难，所以谈判的开场陈述非常重要，一个良好的开场陈述是谈判成功的基础。开场陈述一定要把握好分寸，既要通过自我介绍显示出己方的实力，又要表现出己方的坦率和诚意，让对方相信自己是其合作的最佳伙伴，运用才智和语言技巧来促使谈判向着成功的方向发展。

（2）报价阶段的策略

报价阶段的谈判是围绕着价格进行的，一般情况下一方开盘报价之后，很难让对方立即接受此报价，对方肯定要讨价还价，因此制定好报价阶段的策略是非常重要的。

① 制定价格策略。谈判双方由于所处的位置不同，制定价格的策略也不同。作为卖方希望价格越高越好，因而采取的是高报价策略；而买方总希望物美价廉，所以采取的是低报价策略。但不论是高报价还是低报价，均要掌握适当的度。如果漫天要价，会把对方吓跑；如果价格过低，对方难以接受，都会影响谈判的进行。因此，在制定价格时，一方面要考虑

己方的利益，同时要考虑对方的承受能力。另外，还要根据商品的市场行情来制定价格。

② 报价顺序策略。商务谈判中谈判者是先报价还是后报价，这是一个策略问题，掌握好报价顺序对于争取谈判的主动权十分有利。按照惯例，应由卖方先报价。如果对方是老客户，同己方合作得一直很好，那么谁先报价都可以；如果对方是谈判行家，非常老练，应选择后报价，以对方价格作为自己报价或还价的参照；如果己方的谈判实力强于对方，或者是卖方市场供求对自己有利，那么应该采用先报价，先报价可以给对方以压力，使对方在自己的价格基础上进行修改，主动权掌握在自己手中。总之，报价的顺序应视具体情况灵活掌握。

③ 价格迷惑策略。价格迷惑策略就是在商务谈判的过程中，有意虚报底价，迷惑对方，进而从中取利的策略。这种策略一般适用于己方处于劣势或双方旗鼓相当、实力对等的情况，在这两种情况下，故意虚报底价，有时会使对方迷惑不解，乱了方寸，从而动摇对方的价格策略，己方由此获得反击的机会。

（3）还价阶段的策略

还价阶段的策略是指在商务谈判的过程中，谈判双方在讨价还价方面所采取的策略。主要有如下所述的几方面策略。

① 投石问路策略。投石问路策略是指谈判者在不知对方虚实的情况下，利用一些具有吸引力的话题同对方交谈，或者是通过所谓的传言、密讯、有意泄密等手段，捉摸和探测对方的态度和反应，以便尽可能多地了解对方的打算和意图。例如要想试探对方的价格有无回旋的余地，可以说："如果我方总价购买，你们是否可考虑价格优惠呢？"或"如果我们以现金支付和采取分期付款的形式，你们的产品价格有什么差别？"，也可以说："如果货物运输由我们解决，你们的价格是多少呢？"等，这样买方就可以根据卖方的报价进行讨价还价。

② 抬价压价策略。抬价压价策略是商务谈判中行之有效的方法。在运用这个策略时，谈判人员应把握好如下所述的几方面。

- 充分把握商品的市场行情，运用科学的计算方法，分析市场的发展前景。这样对于对方的开盘报价可以做到心中有数，对于抬价或是压价自己也能沉着应对。
- 充分了解谈判对手的情况，在把握市场行情的前提下，针对不同对手制定不同的抬价或压价策略。谈判人员只有充分了解对方产品的市场供求关系及价格组成因素等信息，才能准确地掌握抬价或压价幅度。
- 详细了解同行业、同类产品供需状况，以便给己方留有更大的谈判余地，增加谈判中的筹码。俗话说货比三家，谈判人员只有了解同行业、同类产品供需状况及同类产品的成本和利润情况，才能在实施抬价或压价的策略时做到有理有据，令人信服。

③ 吹毛求疵策略。吹毛求疵策略就是在商务谈判中故意挑对方产品的毛病，借以压低对方产品的价格。这个策略主要适用于买方，买主通常会利用吹毛求疵的战术故意挑剔卖方产品存在的问题，而这些问题有的是真实存在的，有的却只是虚张声势，其目的是使卖方把价格降下来，使己方有讨价还价的余地，最终达到或接近己方所定的价格目标。

④ 假出价策略。假出价策略是指在商务谈判的过程中，买方利用出高价的手段来消除与其他买主的竞争，取得独家购买的权利，而买方一旦成为唯一的买主，便开始和卖方讨价还价。这种策略和抬价策略可以说是大同小异，唯一的区别是，假出价的目的在于以退为

进，消除竞价，先挤走其他竞争者，再以附加条件要挟对方，从而实现自己的目的。假出价策略是一种不正当的竞争策略。

（4）成交阶段的策略

成交阶段是指谈判双方按照磋商达成的最终交易条件决定成交并签约的阶段。成交阶段谈判双方的目标基本一致，在争取最后的利益的同时，力求尽快达成协议。这个阶段宜采用的谈判策略如下。

① 场外交易策略。当商务谈判进入成交阶段，谈判双方已经在绝大多数的问题上取得了一致意见，只在其中的一两个问题上存在分歧、相持不下而影响成交时，如果仍在谈判桌上来商讨这些问题，往往难以达成协议，此时可以考虑将双方的谈判地点转移到谈判会场以外进行，这就是场外交易策略。场外交易可选择例如饭店、咖啡厅、茶楼、公园等场所。在这里，双方人员可以轻松地谈论自己感兴趣的话题、交流一下私人感情，有助于化解谈判桌上双方激烈交锋带来的不快，缓和双方剑拔弩张的紧张局面。在场外轻松且友好的气氛中，适时巧妙地将话题引回到谈判桌上遗留的问题上来，双方往往会很大度地相互做出让步而达成成交协议。但是运用场外交易的策略时，一定要注意不同类型谈判对手的不同习惯，以防弄巧成拙，前功尽弃。

② 结束谈判策略。结束谈判的策略是指在商务谈判的成交阶段，一方为了让对方尽早达成共识并结束谈判而采取的技巧和方法。常用的有如下所述的几种策略。

- 在谈判一开始就对结束谈判、达成协议持积极肯定的态度，并且以实事求是的态度敦促对方达成协议。
- 反复提示对方尽早结束谈判、达成协议是明智之举，并且给出充分的理由。
- 给对方提供一个结束谈判的优惠条件，并且说明该条件不可能被再次提供。优惠条件的形式可以是价格折扣、分期付款、设备保障或者特殊的服务项目。
- 追问对方不结束谈判的问题所在。给对方一个机会，对方就很可能会就问题进行解释。
- 以具体行动把谈判推向尾声。卖方可以动手开出卖单，买方可以把买单的号码给卖方，双方就可以握手成交了。有关某个想法的具体行动能够增强双方结束谈判的信心。

另外还有很多用于结束谈判的策略，究竟应采取哪一种策略为好，要根据商务谈判的具体情况灵活运用。

6.3　商务合同的签订与履行

1．商务合同的主体

商务合同是指当事人双方在商务活动中为了实现一定的商务目的而依法订立的合同。它是调整商务行为的契约形式。

作为民事法律行为，商务合同必须具备民事法律行为的有效条件才能成立，即行为人要有相应的民事行为能力，意思表示真实，不违背法律或社会公共利益。当事人之间既可以通过合同设立一定的债权债务关系，也可以通过协议使相互间原有的民事法律关系发生变更或终止。商务合同当事人的法律地位平等，一方不得将自己的意志强加给另一方。

依法订立商务合同的当事人是商务合同的主体。商务合同的主体包括自然人、法人和其他组织。

① 自然人。自然人是依自然规律发生而取得民事主体资格的公民。自然人只有具备法律赋予的民事权利能力和承担民事责任的能力才能成为商务合同的主体。

② 法人。法人是具有民事权利能力和民事行为能力，依法独立享有民事权利和承担民事义务的组织。法人一经依法成立，就具备了相应的权利能力和行为能力，可以成为商务合同的主体。

③ 其他组织。其他组织一般是指具有一定权利能力和行为能力，但不能独立享有民事权利和承担民事义务且不具备法人资格的组织，例如合伙企业、企业分支机构等。它一经依法成立，同样可以成为商务合同的主体。

2. 商务合同的形式

商务合同的形式是当事人之间达成协议的外在表现方式。商务合同一般有书面形式、口头形式和其他形式三种。

① 书面形式。书面形式是指当事人将合同内容以文字方式表达出来的合同形式。商务合同的书面形式主要有合同书、信件和数据电文（包括电报、电传、传真、电子数据交换和电子邮件）等，这些形式可以有形地表现所载的内容。书面形式是商务合同中最常用和最重要的合同形式。通常，法律和行政法规规定采用书面形式的商务合同，应当采用书面形式；当事人双方约定采用书面形式的商务合同，应当采用书面形式。

② 口头形式。口头形式是指当事人以直接对话或电话洽谈的方式相互表示意思而订立的合同。口头形式除了有答复期限的约定外，对方应立即给出接受的答复，否则合同不能成立。以口头形式订立合同具有简便、易行、即时缔结等优点，是日常生活中常见的一种合同形式。口头合同一旦成立，具有与书面合同同等的法律效力。但口头协议因无文字立据，容易发生争议，而且当事人发生争议时难以取得证据，不易分清责任。因此，一般较为正式的商务合同不宜采用这种形式。

③ 其他形式。其他形式是指除书面形式和口头形式以外，当事人以默示的方式达成的协议。

3. 商务合同的内容

商务合同的内容由当事人共同约定，一般包括如下条款。

① 当事人的名称或者姓名和住所。当事人是合同权利和义务的承担者，因此在当事人订立合同时，首先应当明确合同当事人的名称或姓名，否则合同的履行就会出现问题。该条款是指自然人的姓名和住所及法人和其他组织的名称和住所。

② 标的。商务合同的标的是合同当事人权利和义务共同指向的对象，是合同当事人权利和义务的客体。没有标的，商务合同就失去了目的，无法履行。标的的确定是签订商务合同的前提。商务合同的标的主要是由物和行为两类构成的。

③ 数量。数量是商务合同中的核心条款，是确定合同标的的具体条件，缺少该条款交易就无法进行。数量是以数字和数量单位来表示的一种尺度，计量单位要明确具体。合同标的物的数量主要表现为一定的长度、体积、重量，或者时间、距离、面积等。

④ 质量。质量也是商务合同中的核心条款。质量是检验标的物内在品质和外观形态优劣的综合指标。商务合同一定要写明标的物的质量，例如标的物的技术指标、质量要求、规

格、型号等。质量问题也是容易引起纠纷的问题。

⑤ 价款或者报酬。价款或报酬是有偿合同的条款。通常价款是指标的物本身的价款，但运送货物所产生的运费、保险费、装卸费等额外费用由哪一方支付，需在价款条款中写明。报酬是一方当事人给予完成某项工作或提供某项服务的另一方的酬金。在这个条款中，当事人通常还写明价款或报酬的支付方式。常见的支付方式有现金、汇款、托收及信用证付款等。

⑥ 履行期限、地点和方式。履行期限是指当事人履行合同约定义务的时间界限。例如买卖合同中出卖人交货时间和买受人的付款时间等。履行期限涉及当事人的期限利益，是确定违约与否的重要因素之一。根据履行期限的不同，商务合同可分为即时履行合同、定时履行合同和分期履行合同。

履行地点是指当事人履行合同约定义务的地点。合同当事人对履行地点的约定具有重要意义，它是确定标的物验收地点的依据，是确定运费由谁负担、风险由谁承受的依据，有时还是确定标的物所有权转移的依据，因此商务合同中对履行地点的约定必须明确。

履行方式是指当事人履行合同与接受履行的方式，例如买卖合同中出卖人的交货方式、标的物的验收方式、买受人的付款方式及结算方式等。商务合同中应当明确，履行方式是一次履行，还是分期分批履行；交付方式是由出卖人送货或代办托运，还是由买受人自提货物；运输方式使用何种交通工具，运输路线如何确定等。

⑦ 违约责任。违约责任是指合同的当事人一方或双方不履行合同或不适当履行合同，依照法律的规定或按照当事人的约定应当承担的法律责任。违约责任条款指在促使当事人履行合同义务，使守约方免受或少受损失的法律措施，也是保证商务合同得以顺利履行的重要条款。违约责任对当事人的利益关系重大，合同对此应予明确。

⑧ 解决争议的方法。解决争议的方法是指有关解决当事人在履行商务合同过程中产生争议时所运用什么程序，适用何种法律等。解决商务合同争议的方法有协商、调解、仲裁及诉讼等。协商和调解是解决争议的原则性规定。当事人发生争议后，一般是通过这种较为友好的方式解决；协商或调解不成功的，再选择仲裁或诉讼的方式来解决。

上述条款是一般情况下商务合同所应当具备的条款。在实践中，有些商务合同中还应包含一些特别的条款，例如标的物的包装方式、检验标准及检验机构等。在国际商务合同中，还应特别注意明确争议的受理机构、法律的适用、合同文字的使用、合同效力等条款。

4．商务合同的签订

在商务活动中，当一项商务谈判进入成交阶段，双方当事人就合同的主要内容达成一致意见时，即可签订商务合同。商务合同的签订即合同的订立过程，就是当事人就合同的主要条款经充分协商而达成协议的过程。这个过程包括要约和承诺两个阶段。

（1）要约

要约是当事人一方向对方发出的希望与其订立合同的意思表示。发出要约的当事人称做要约人，接受要约的当事人称做受要约人。要约能够对要约人和受要约人产生一种拘束力。

① 要约的条件。要约应具备的条件如下所述。

要约必须是特定的当事人的意思表示。因为要约的目的是订立合同，因此必须使受要约人明白是谁发出的要约，受要约人方才可进行承诺，这就要求要约人必须是特定的合同当事人。

- 要约必须向特定的受要约人发出。因为要约必须经过受要约人的承诺，才能发生要约人希望的效果。
- 要约必须具有订立合同的目的。
- 要约的内容必须具体确定，具备足以使合同成立的主要条款。

② 要约的法律效力。要约一经生效，要约人即受到要约的拘束。在要约的有效期间，要约人不得随意撤回、撤销要约或对要约加以限制、变更和扩张。要约可以撤销，撤销要约的通知应当在受要约人发出承诺通知之前到达受要约人。在要约人确定了承诺期限或以其他形式明示要约不可撤销，而受要约人已经为履行合同做了准备工作的情况下，要约不得撤销。

对于受要约人来说，受要约人在接到要约之后，即取得承诺订立合同的权利，有权在要约有效期内给出答复，决定是否对之承诺。如果受要约人对要约予以承诺，合同便成立。受要约人若不承诺，放弃承诺的资格，则合同不成立。

③ 要约的生效时间。要约自到达受要约人时生效。如果要约以口头方式发出，自要约人知情时发生效力。要约以书面方式发出，自送达受要约人时发生效力。采用数据电文方式发出要约时，如果收件人指定特定系统接收数据电文，则该数据电文进入该系统的时间视为到达时间；如果收件人未指定特定系统，则该数据电文进入收件人的任何系统的首次时间视为到达时间。在要约生效之前，要约人可以撤回要约，但撤回的通知应在要约到达受要约人之前或与要约同时到达受要约人。

④ 要约的失效。在下列情况下要约失效：受要约人以通知的方式明确表示不接受要约，无意与要约人订立合同；在要约生效后，要约人欲使要约失效，只有采用撤销的方式；凡在承诺期限内，受要约人没有做出承诺的，要约即失效；受要约人对要约的内容进行实质性变更，这种情况实际上是受要约人向要约人发出了新要约，故原要约失效。

（2）承诺

承诺是受要约人同意要约的意思表示。要约经受要约人承诺，就表明当事人之间已达成协议，合同即告成立。

要约和承诺是一种相对的行为，因而承诺必须由受要约人给出，只有受要约人才有给出承诺以成立合同的权利。承诺必须向要约人给出，若承诺针对要约人以外的其他人给出，便失去了承诺的意义。

承诺的内容必须与要约内容一致，否则，视为拒绝原要约，并且构成新要约。承诺的期限由要约确定，受要约人承诺必须在承诺期限内给出。如果要约未定承诺期限，对于口头要约，受要约人必须立即给出承诺；对于非口头要约，承诺应在合理期限内给出。承诺的方式必须符合要约规定。要约人对承诺方式提出具体要求的，承诺必须按要求给出；要约人对承诺方式没有要求的，承诺方式应与要约方式一致，或者以其他合理方式给出。

对于承诺的生效时间，如承诺是以口头方式给出的，承诺自要约人了解时生效；如果承诺是以书面方式给出的，承诺自通知到达要约人时生效。在特定情况下，依照交易习惯或要约的规定，一定的行为也可表明承诺生效。承诺生效，表明双方当事人的意思表示一致，合同即告成立。

在承诺生效前，受要约人可以撤回承诺，以阻止承诺发生法律效力，但承诺人撤回承诺的通知必须先于或与承诺同时到达要约人。

（3）签订商务合同应注意的问题

当事人签订商务合同，应本着诚实信用的原则，在平等互利的基础上协商达成一致，签订合法完整的合同。但在商务活动中，经常有人签订虚假合同达到不正当的目的。因此，为防止商业欺诈行为的发生，当事人在签订商务合同时，应注意的问题如下所述。

① 审查当事人的签约资格。合同是具有法律效力的文件，签约双方必须具有签约资格。因此，在签订合同前，要审查对方的主体资格条件，调查对方的资信状况，双方应相互提供有关法律文件，证明各自的合法资格和良好的资信状况。

② 审查合同条款。在签订合同时，要认真审查合同条款，防止草率签约。常见的合同条款问题主要有条款不齐，存在漏洞；合同文字含糊不清，模棱两可；合同内容不具体，含糊笼统，尤其是一些关键条款不明确；合同条款前后重复或矛盾，造成执行中的困难；未明确违约责任条款。

③ 防止签订虚假合同。虚假合同是指订约当事人一方或双方出于某种非法目的，故意签订无法履行或根本不准备履行的合同。诱骗签订虚假合同者，多数无资金、无商品、无办公场所，专门利用各种手段诱骗对方，借以达到骗取钱财的非法目的。

5. 商务合同的履行

商务合同的履行，是指合同当事人按照合同的约定或法律规定实施一定的行为。例如交付标的物、提供劳务或支付价款等，凡符合合同约定或法律规定的行为，均为合同的履行。

（1）商务合同履行的原则

商务合同履行的原则是指当事人履行商务合同时应遵守的准则。合同履行的原则包括全面履行原则和诚实信用原则。

① 全面履行原则。全面履行原则是指合同当事人应当按照合同的约定全面履行自己的义务。也就是说，在合同当事人一方履行义务时，应向谁履行，标的及数量、质量如何，履行的时间、地点和方式如何，均应符合合同的约定。当事人不履行合同义务或履行合同义务不符合约定的，均构成违约行为，应依法承担违约责任。

② 诚实信用原则。诚实信用原则是指合同当事人在履行合同时，应当遵守诚实信用的原则，根据合同的性质、目的和交易习惯，履行通知、协助、保密等义务。例如在债务人交付大宗货物时，应预先通知债权人；债务人按合同规定交付货物，债权人无正当理由不得拒绝受领；合同履行中涉及对方商业秘密的，要予以保守秘密等。这些都是诚实信用原则的要求。

（2）商务合同履行的内容

商务合同履行的内容反映了商务合同履行原则的具体要求，一般包括的主要内容如下所述。

① 履行主体。履行主体是指履行合同义务和接受履行的当事人。一般情况下，商务合同是在当事人之间履行，即由债务人履行，债权人接受履行，不涉及第三人。但当合同有特别约定时，合同也可以由第三人履行或接受履行。若当事人约定由债务人向第三人履行债务，而债务人未向第三人履行债务或履行债务不符合约定，则应向债权人承担违约责任；若当事人约定由第三人向债权人履行债务，而第三人不履行债务或履行债务不符合约定，则债务人应向债权人承担违约责任。

② 履行标的。履行标的是合同当事人权利义务共同指向的对象，例如交付的标的物，

完成的工作、提供的劳务或支付的价款等。当事人应按照合同约定的标的履行。合同约定不明确的，按照如下要求履行。

- 质量要求不明确的合同，按照国家标准、行业标准履行；没有国家标准、行业标准的合同，按照通常标准或符合合同目的的特定标准履行。
- 价款或报酬不明确的合同，按照订立合同时履行的市场价格履行；依法应当执行政府定价或政府指导价的合同，应按照规定履行。

③ 履行地点。履行地点是指当事人履行合同约定义务的地点，即债务人履行债务、债权人接受履行的地点。合同当事人应当按照合同约定的地点履行合同。对履行地点约定不明确的合同按如下规定执行：若需给付货币，在接受货币一方所在地履行；若需交付不动产，在不动产所在地履行；其他标的，在履行义务一方所在地履行。

④ 履行期限。履行期限是指当事人履行合同约定义务的时间界限，即债务人履行债务、债权人接受履行的时间。当事人应当按照合同约定的期限履行合同。若履行期限不明确，债务人则可以随时履行，债权人也可以随时要求履行，但应当给对方必要的准备时间。

⑤ 履行方式。履行方式是指当事人履行合同与接受履行的方式，包括运输方式、包装方法、一次履行还是分期履行等。对于履行方式，如果合同有约定，按照合同约定履行；如果合同约定不明确，按照有利于实现合同目的的方式履行。

⑥ 履行费用。履行费用是指当事人为履行合同而支付的费用，例如运输费用、装卸费用、通信费用等。对于履行费用的负担，如果合同有约定，按合同约定执行；如果合同约定不明确，则由履行义务一方负担。

（3）商务合同履行的程序

在商务活动中，由于商务合同各不相同，所以履行的具体程序也不尽相同，一般商务合同的履行程序如下所述。

① 交付。交付是指按照合同约定的义务、标的物的数量和质量，以及履行的方式、期限和地点支付标的物或完成一定的工作，提供一定的劳务等。

② 验收。验收是指接受标的的一方，按照合同规定的要求进行全面检验，包括标的物的数量、质量、包装及工作或劳务的完成情况等，检验合格则予以接收。

③ 结算。结算是指合同履行中发生的款项往来的结算。通常，除国家允许使用现金履行义务外，必须通过银行转账结算。

6．商务合同的法律效力

依法成立的合同，对当事人具有法律约束力。当事人应当按照约定履行自己的义务，不得擅自变更或解除合同。

当事人一方违反合同，不履行所承担的义务，只要有履行的可能（包括法律上的可能和事实上的可能），对方有权请求人民法院的国家强制力强制违约方履行合同。

已成立的商务合同要产生当事人预期的后果，必须满足法定生效要件，其生效要件分为一般生效要件和特别生效要件。

① 一般生效要件。

- 当事人签约时有据以签订合同并独立承担合同义务的主体资格；

- 意思表示真实；
- 不违反强制性法律规范及公序良俗；
- 标的的确定和可能。

标的的确定是指合同标的在合同成立时已经确定或在将来履行时可以确定的状态。标的的可能是指合同的标的在客观上有实现的可能，例如农副产品预购合同中的标的。合同能否履行，首先要看合同的标的是否确定，其次要看标的有没有履行的可能；否则，合同关系的存在就成为不必要的。

② 特别生效要件。

- 所附条件成就。当事人对合同的效力可以约定附条件。附生效条件的合同，自条件成就时生效。附解除条件的合同，自条件成就时失效。当事人为自己的利益不正当阻止条件成就的，视为条件已成就；不正当促成条件成就的，视为条件不成就；
- 所附期限届至。当事人对合同的效力可以约定期限。附生效期限的合同，自期限届至时生效。附终止期限的合同，自期限届满时失效。当合同欠缺一定生效要件时，法律对其效力的评价有无效、可变更或撤销、效力未定三个方面。在合同被确认为无效或被撤销时，责任主体应承担相应的法律责任。

7. 商务合同的违约责任

（1）违约责任的认定

商务合同的违约责任，又称违反合同的民事责任。它是指合同当事人不履行合同义务或履行合同义务不符合约定所承担的法律后果。

违约责任的认定应当遵循严格责任原则，又称做无过错责任原则。即违约发生后确定违约当事人的责任，应主要考虑违约的结果是否因违约方行为造成，而不考虑违约方的故意和过失。实行严格责任原则，其目的在于合理补偿债权人的损失，其基本性质是根据公平观念分担损失。

违约责任的归责原则决定着违约责任的构成条件，即只要认定违约方是否客观上存在违约行为。在实践中，违约行为通常表现为如下不同的形态。

① 预期违约。预期违约是指合同履行到期之前，当事人一方明确表示或以自己的行为表明不履行合同的行为，又称毁约行为或拒绝履行。

② 不能履行。不能履行是指合同债务人事实上已经不可能实际履行债务。

③ 迟延履行。迟延履行是指当事人在合同履行期限届至而未履行债务。包括债务人迟延履行和债权人迟延履行。

④ 瑕疵履行。瑕疵履行是指债务人履行的标的不符合合同约定的质量标准。瑕疵履行又分为违约瑕疵和损害瑕疵两种情况。

⑤ 不适当履行。不适当履行是指除瑕疵履行之外的，债务人未按合同约定的标的数量、履行方式和地点而履行债务的行为。

（2）违约责任的免除

违约责任的免除，是指根据法律规定或合同约定，即使发生了当事人违约的事实，但其仍可不承担违约责任。如下所述的事由可以使违约责任免除。

① 不可抗力。不可抗力是违约责任免除的法定事由。不可抗力是指当事人不能预见、

不能避免且不能克服的客观情况。一般而言，不可抗力的范围包括：自然灾害、政府行为和社会异常事件等。

② 免责条款。免责条款是指当事人在合同中约定一定事由或条件。当违约符合所约定的事由或条件时，可免除违约方的违约责任。

此外，当法律特别规定的负责条件，一旦发生违约又符合该条件时，可免除违约责任。例如，在符合法律和合同规定条件下的运输，由于货物本身的自然性质或合理损耗的原因，造成货物的损毁或灭失的，承运人不承担违约责任。

（3）违约责任的承担方式

商务合同违约责任的承担通常有如下所述的几种方式。

① 支付违约金。支付违约金，是指在合同债务人不履行或不适当履行合同义务时，向债权人支付的一定数额的金钱赔偿。违约金作为违约责任的承担方式，来源于双方当事人合同中的约定，若合同中没有约定违约金条款，则不产生违约的责任。

② 赔偿损失。赔偿损失，是指因合同一方当事人的违约行为而给对方当事人造成财产损失时，违约方向对方当事人所进行的经济补偿。当事人可以事先约定损失赔偿的范围，即约定损失赔偿金或损失赔偿的计算方法。如果未进行约定，赔偿范围一般界定为违约行为给对方当事人所造成的财产直接损失和间接损失，而不包括非财产的精神损害。

③ 继续履行。继续履行，是指人民法院或仲裁机关依据债权人的请求进行要求债务人实际履行的判决或裁决。如果当事人一方不履行合同义务或履行合同义务不符合约定，则应当承担继续履行的违约责任。继续履行应具备的条件如下。

- 必须有债权人的请求，法院或仲裁机构只有根据合同债权人的申请，才能进行继续履行的判决和裁决。
- 债务履行仍有可能，即合同债务人具有实际履行合同的能力。若债务人不具有实际履行的能力，则不宜进行继续履行的判决或裁决。
- 有继续履行的必要，即符合债权人的需要且不损害社会公共利益和公序良俗。
- 法定或仲裁机构认为适用继续履行。

④ 其他补救措施。如果质量不符合约定，则应当按照当事人的约定承担违约责任。如果对违约责任没有约定或约定不明确，受损害方根据标的的性质及损失的大小，可以合理选择要求对方承担修理、更换、重做、退货、减少价款或报酬等违约责任。

习题 6

1. 简述公司和企业设立登记的事项。
2. 设立有限责任公司应当具备哪些条件？
3. 简述股份有限公司的设立条件。
4. 非公司企业和外商投资企业注销的原因有哪些？
5. 商务企业年检需要申报哪些材料？
6. 商务谈判应掌握哪些原则？
7. 商务谈判的语言技巧有哪些？

8. 简述商务谈判还价阶段的策略。
9. 商务合同一般有哪几种形式？
10. 商务合同的内容一般包括哪些条款？
11. 商务合同的签订必须经过哪两个阶段？
12. 简述商务合同履行的原则和内容。

案例分析

某电脑公司 A 向社会发出广告，说该公司的 586 电脑降价至每台 2 200 元，欢迎客户购买。某中学因准备建立电脑室，需购买 150 台电脑，便向该电脑公司 A 发出传真，要求按广告上的价格购买 150 台电脑，并且要求该公司在半个月内送货上门。传真发出后，学校又收到电脑公司 B 的广告，其电脑价格是电脑公司 A 的 95%，并且可以马上送货上门。于是学校立即要求 B 公司送货上门。第二天，B 公司送货上门，学校收货付款后，学校想起自己曾经答应过购买 A 公司的电脑，便立即打电话联系退货。因电话没有打通，便派专人到 A 公司联系退货事宜。学校派出的人刚走，A 公司发来一份传真，称同意学校意见，半个月内按时送货。学校所派专人到达 A 公司后，A 公司称我们已经同意学校的意见，准备半个月内送货上门，不能退货。之后两家几经交涉未果。半个月后，A 公司依约送货上门，学校拒收。于是 A 公司向法院提起诉讼，最后法院判决学校承担违约责任。

根据本案例分析，该中学与电脑公司 A 是否签订了电脑买卖合同？法院判决学校承但违约责任正确吗？为什么？

第7章 现代商务经营战略

本章你将学到以下知识：

- ✓ 商务活动环境对商务活动的影响；
- ✓ 开放的系统观；
- ✓ 企业经营战略的构成要素；
- ✓ 企业战略的层次；
- ✓ 商务企业经营战略计划的重要作用；
- ✓ 商务企业经营战略管理过程；
- ✓ 通过不同的案例了解经营战略对企业未来的决定性作用。

奔驰汽车公司的经营战略——“以质取胜”的差异化战略

德国的戴姆勒——奔驰汽车公司创建于 1883 年，是德国最大的汽车制造公司，也是世界商用汽车最大的跨国制造企业之一，以生产优质高价的“梅赛德斯—奔驰”汽车著称于世。

一个多世纪以来，汽车行业发生了巨大变化，在竞争中许多汽车公司受到严重打击，而奔驰汽车公司却“吉星高照”，兴旺发达，始终执世界汽车业之牛耳。据美国一家公司对世界近万名消费者的抽样调查表明，奔驰汽车公司是仅次于可口可乐饮料、索尼电器的“世界十大名牌”中的第一汽车品牌。

奔驰汽车公司能有这样的成就，与其经营战略是分不开的。公司两位创始人创业初期即确立了“以质取胜”的企业经营战略，他们将企业的理念定义为：重视质量，重视创新，重视服务，重视技术与人才。生产经营的基本方针确定为：以全面的设计、先进而成熟的技术、安全、优质、耐久性、经济的统筹兼顾、完美无缺在汽车市场上获得成功，巩固竞争地位。

奔驰汽车公司生产的汽车有 160 多个车种，3 700 多个型号，从一般的小轿车到 2 150 吨的大型载重汽车，以及各种运输车、大轿车、多用途拖拉机、越野车等，可谓琳琅满目，种类繁多。但奔驰汽车公司却严格限制产量：每年只准生产 60 万辆汽车，其中小汽车只有 50 万辆，这比起美国的福特、日本的丰田等汽车公司年产量 200 万～300 万辆车要少得多。但是奔驰汽车公司的营业额却高达 400 亿马克，其中 62%的产品销往国外，每辆汽车的售价是一般汽车的两倍多。

因为有严格的质量管理体系，奔驰汽车拥有独特的驾车体验：在高速公路行驶时，可急似下山猛虎，缓似行云流水；超车迅速；而匀速行驶时则显得轻柔、平稳、毫无噪音；尽管昂贵，却十分结实耐用，只要定时保养，平时几乎无须伺候，路上很少抛锚。

奔驰汽车公司生产的“奔驰—600”型高级汽车，是世界上很多国家元首和知名人士的重要交通工具，尽管其价格相当于几辆日本汽车，但奔驰车不仅顶住了日本车的竞争压力，而且增加了对日本的出口，始终在日本市场上占有一定市场份额。

如果以销售量论，即使在德国，奔驰车也只能屈居第四，在世界范围内也无法同日本的丰田、意大利的菲亚特和法国的标志等相匹敌。可奔驰在世界名牌中能稳居第三，而丰田只能屈居第七，其他汽车公司根本进不了前几名，原因就在于奔驰汽车有着无可比拟的质量优势，因而成为公认的高档车和名誉地位的象征。在汽车王国美国，有钱人喜欢购买奔驰；中东石油巨富、欧洲王公贵族，以及大大小小国家的总统、总理都愿意选择奔驰车。除此之外，在德国，大部分出租车都是奔驰车，尽管它的售价昂贵。原因在于，与其他牌子汽车相比，一辆中档奔驰车可开 20 万千米，换个发动机可再开 20 万千米，平均下来并不贵，而且奔驰车修理少，误工少，因而颇受出租司机的青睐。

正是因为有卓越的品质做后盾，戴姆勒—奔驰汽车公司对自己的产品十分有信心："如果有人发现奔驰牌汽车发生故障被修理车拖走，我们愿意赠您 1 万美元。"这就是公司的广告用语。

7.1　现代商务活动环境

任何一个商务企业都是在不断变化的社会经济环境条件下，都是在与其他企业、社会公众（指对企业有影响的任何社会集团）、目标顾客的联结中开展商务活动的。这些外部因素与力量构成了企业的商务活动环境，影响并制约着商务活动的进行和企业的发展。

商务活动环境对企业的生存和发展具有重要影响，商务活动环境的变化，既可以给企业带来市场机会，也可以让企业面临某种环境威胁。实践证明，许多得以发展壮大的企业都是善于适应环境的高手，而另外许多企业由于对环境变动预测不够及时，结果生产经营受阻，甚至破产倒闭。随着经济全球化的到来，每一个企业都会把最终走向世界作为自己的经营目标。当企业进行全球经营的时候，一定要特别清楚全球环境的差异。在开展商务活动的过程中，对法律或社会环境误解的后果将是灾难性的。因此，对于商务企业来说，开展商务活动时，不能不了解与其有关的各种环境因素，分析其中蕴藏的机会和威胁，扬长避短，趋利避害，适应变化，抓住机会，实现自己的经营目标。

1. 商务活动的宏观环境因素

商务活动的环境因素广泛而又复杂，一般来说，可以概括为两类，宏观因素和微观因素。

宏观环境因素是由一些大范围的社会约束力量构成的，主要包括人口环境、经济环境、自然环境、技术环境、政治环境和社会文化环境等因素。

（1）人口环境因素

人口环境因素是构成企业外部宏观环境力量的重要因素。商务活动是围绕市场来进行的。市场是由那些愿意购买商品或服务来满足某种需要和需求又具有购买力的人或组织构成的。一般情况下，人口规模小，对基本生活必需品的需求量小，这部分商品的流通规模就小；反之，人口规模大，对基本生活必需品的需求量大，这部分商品的流通规模就大。与商务活动关系密切的人口环境因素有：人口数量与增长速度、人口结构、人口的地理分布及人口流动趋势等。

人口环境方面的发展趋势及其特点如下。

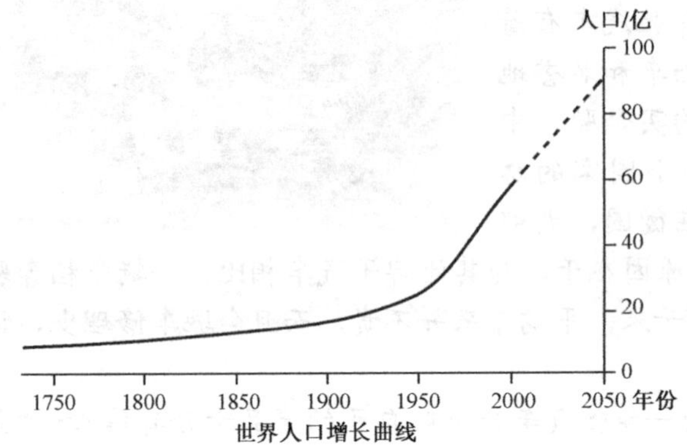

世界人口增长曲线

人口迅速增长的趋势。我国和世界人口的持续增长，表明市场的需求量将继续增长，市场规模将继续扩大。

人口高龄化的趋势。发达国家的出生率下降，儿童减少，老年人增加，它会导致青少年用品减少，老年人用品增加。我国的独生子女政策也将导致“银发社会”的到来，对老年人用品的需求将会急剧增加。

家庭规模趋于小型化。几世同堂的家庭日益减少，家庭户数迅速增加，消费者对住房、家具、家庭日用消费品和耐用品的需求大大增加。

农村市场广阔，潜力巨大。我国农村人口约占总人口的80%左右，因此，企业开拓的重点应放在农村，尤其是一些中小型企业，更应注意面向农业、农村和农民，为他们提供廉价的商品和优质的服务。

人口流动的趋势。在我国人口流动有三大趋势，一是人口由农村向城市大规模流动；二是人口在经济落后地区与经济发达地区互动；三是人口由第一产业向第二产业和第三产业流动及第二产业人口向第三产业流动。这种趋势对商务活动的开展产生了积极的影响。

（2）自然环境因素

商务活动的自然环境因素主要包括地理位置、气候条件、自然资源状况等因素。自然环境因素在不同程度上影响着商务活动，有时甚至对企业的生存与发展起到决定作用。自然环境的变化，一方面会给企业造成环境威胁，另一方面会给企业带来市场营销机会。因此，企业要分析研究自然环境方面的动向和特点。

自然环境方面的动向主要是指自然资源日益短缺，能源成本日趋提高，政府对自然资源管理的干预不断加强。所有这些，都会直接或间接地给企业带来机会或威胁。

由于环境污染造成生态系统的不平衡，人们日益感到保护环境的重要性。这就要求企业商务活动不仅要考虑如何为消费者提供适销对路的商品和优质服务，而且还要考虑广大消费者的生活质量，保护其生活环境。这种动向对那些污染型的企业和行业是一种环境威胁，它们将不得不采取措施消除污染，治理环境；同时，也给某些新型环保企业和行业创造了新的商务机会。

气候和地形地貌不仅影响到一个地区的经济、文化和人口分布状况，而且直接影响着企业的经营、运输、存储、分销、通信等活动。因此，企业开展商务活动，必须考虑当地的地理环境因素，根据各地的自然地理条件经营与之相适应的商品和服务，才能适应市场的需要，促进企业的发展。

（3）经济环境因素

企业商务活动的进行将直接受到经济环境因素的影响和制约。购买力是构成市场经济环境的一个重要因素。市场规模的大小，归根到底取决于社会购买力的大小。社会购买力又直接或间接地受消费者收入、价格水平、储蓄、信贷等经济因素的影响。因此，商务企业必须密切注意经济因素的变化动向。

消费者收入的高低水平是影响购买力、市场规模及消费者支出和支出结构的一个重要因素。消费者可任意支配的收入是影响消费者需求构成最活跃的经济因素，这部分收入越多，人们的消费水平就越高，企业营销的机会也就越多。

消费者支出结构的变化，也会影响企业市场营销。当家庭收入提高时，用于购买食物的支出占总支出的比例下降，而用于其他方面的开支（例如通信、交通工具、娱乐、教育、保健等）和储蓄占总支出的比例将上升。企业应当根据消费者支出结构的变化来调整经营方向。

价格的高低会影响消费者的需求量，从而影响企业商品的销售量。通货膨胀往往会降低消费者的实际购买能力，驱使他们朝着低廉商品的方向购买，或者迫使有些消费者延期购买耐用消费品。

（4）科技环境因素

现代科学技术是生产力中最活跃的决定性因素，在商务活动中起着主导作用。科学技术的进步引起企业管理方法和管理策略的变化，每一种新技术都会给某些企业带来新的市场营销机会，因而会产生新的行业；新技术也会给某些行业的企业造成环境威胁，使旧行业受到冲击而最终被淘汰。例如，彩色电视机的生产冲击了黑白电视机的市场，也使电影业不景气。技术革新还会引起销售途径与销售方法的迅速改变，流通方式将向更加现代化的方向发展。由于科学技术的进步给人们的需求开辟了更新、更广阔的天地，营销者有责任引导和加速这个过程的进行。任何企业都必须重视周围环境中技术因素的变化，利用有利的市场营销机会，开拓新产品及新市场，以求得企业的生存和发展。

全球技术环境变化非常迅速，因此企业必须采用适应性的战略。技术进步会革新很多商务做法和产品市场，因此企业必须对这些有所准备。世界上不同的商务地区技术发展水平有明显的差异。商务人员必须对当地人们对商务活动的技术接受能力保持敏感。在人们没有受到教育而且依靠迷信胜过科学思维的社会里，设立高技术生产工序就可能是个错误。

一个国家、地区的教育准备程度也是重要因素。即使当地社会欢迎高技术，它也可能因教育水平低下没有准备好而不能从事这些技术工作。在世界上教育贫乏的地区设立企业的时候，跨国公司必须对候选人进行仔细筛选以选择能够胜任的雇员。跨国公司一开始可能不得不从其他企业调转人员来担任关键岗位的工作。在这种条件下，跨国公司应该与当地的有关机构合作，建立为自己的经营培养人才的学校。例如，美国标准石油公司计划在危地马拉的农村建立一个石油精炼厂。它断定当地劳动力的教育程度不适合从事该公司的高技术工作。由于不愿意调转大量的雇员，该公司先投资建立了一个教育当地年轻人的中学，并日配备了教职工。几年后，精炼厂建成准备投产的时候，它已经有一个受过教育的雇员队伍了。投资于当地人员的教育也使该公司在社区获得了良好的声望。

在过去的 20 年里，全球技术环境发生了新的变化。技术进步使企业不断受到革新的洗礼并从中发现商机。例如在激光化学领域，知识和工具相结合在这个领域产生的潜在价值是惊人的。激光化学家用激光镊子和激光钳这样的新奇工具抓取、抑制及处理微小的活细胞。在生产工序中，它为各种工作提供了更好的技术，例如在硅片上刻制电路，以及解开细胞内部的结构。未来应用这种技术可能会产生全新的市场并向顾客提供难以估量的价值。

其他技术会通过计算机、电信及其他形式的信息技术统一全球经济。例如，摩托罗拉公司计划用几十颗通信卫星组成环绕地球的系统。最先进的技术可以获得全世界的人力资源，这些人力资源能随时共享信息。跨国公司将由相互依靠、密切协作的人力资源组成，而不必考虑地域的限制。

（5）政治法律环境因素

企业总是在一定的政治与法律环境下运行的，企业的营销活动必然要受到政治和法律环境的强制约束。在政治不稳定的国家进行投资会存在一定的风险。重大的政治事件会给商务活动带来意想不到的影响，国家政策的调整变动会对商务活动产生直接的影响。

跨国公司在外国投资和经营的时候，还要考虑其他一些政治环境因素，例如东道国关于贸易、税收、进口关税和配额、汇率的法律和规定。跨国公司将根据这些因素进行投资决策。每个国家都出口在生产上有优势的产品和服务，一些国家可能会抵制从其他国家进口这些它国优势产品，因为它们想保护国内的民族产业，为其成长和发展提供机会。

随着经济共同体和自由贸易区的建立，政治构成和经济构成会出现重叠现象。例如，北美自由贸易协定在墨西哥、美国和加拿大之间建立了一个自由贸易区。欧盟是通过许多欧洲主权国家的政治协定建立了无国界的统一经济体。建立自由贸易区既有有利的方面也有不利的方面。就积极的方面来说，自由贸易区消除了区域内部贸易伙伴之间的贸易障碍，这使得开展商务活动更便利，更有效。消费者会享受到提高效率、降低价格带来的优惠及可以获得更多种类的产品和服务所带来的好处。就消极方面来说，自由贸易区外面的国家向该贸易区输入产品和服务时会面临过高的关税，这样人为地提高了产品对该区域消费者的价格。从短期来说，自由贸易区确实保护了内部的企业，但是从长期来讲，减弱的竞争使这些企业不再积极进步。

在市场经济条件下，法律环境对商务企业的发展所起到的影响和制约作用更加明显。市场经济是一种法制化的经济。国家主要是通过颁发各种法律与法令来制约和影响企业的商务活动。例如通过反不正当竞争法，禁止不公平竞争，制止垄断；通过商标法和广告法，禁止假冒商标侵占产权以及禁止广告的欺骗性；通过食品卫生法，禁止食品掺假、变质和不卫生的现象。国家既通过正确的路线、方针、政策来引导企业的经营方向，又运用各种经济立法和经济杠杆来指导和影响企业的经济活动。

公众团体也是构成政治法律环境的重要方面。例如，为了维护消费者利益，监督工商企业的营销活动，指导消费等目的而成立的消费者协会等群众团体。从企业营销的角度来看，这些群众利益团体的存在和发展，会对企业的经营构成一定的压力和影响。

（6）社会文化环境因素

文化是社会或人群接受的一套综合的价值观、信仰和做法。社会文化是一个社会的民族特征、价值观念、生活方式、风俗习惯、伦理道德、教育水平、语言文字、社会结构等的总和。在市场营销中，社会文化环境因素是影响人们购买动机和购买行为的最重要因素。企业应特别注意这个因素对商务活动的影响。例如，不同地区、不同社会阶层的消费者，在衣、食、住、等方面上都存在不同的习惯，商务企业只有了解市场人群的特殊要求，其产品才会受到消费者的欢迎。

世界文化是多样的，当人们与其他国家的人进行交流的时候，才会理解这些差异。跨国公司在国外工作的商务人员经常因为不了解东道国的文化而出现决策制定的失误。所有这些差异都来源于各国的文化的独特性。不过，随着商务全球化的加强，更高和更统一的标准会成为规范并促进各国商务的相互了解，使商务关系发挥更好的作用。

如果跨国公司的管理人员不懂得根据多种文化差异相应地调整自己的行为，那么，各国文化的这些差异会损害相互间的业务关系。例如，拉丁美洲的人在谈话时习惯站得近一些，而一个英国的经理在与对方保持一臂远的距离时才觉得自然，然而这种距离则可能冒犯拉丁美洲人。这些差异会通过很多方式反映出来，例如管理人员对待雇员、行使权力及进行商务谈判等。

2．商务活动的微观环境因素

微观环境是由企业自身、资源供应者（指提供本企业生产经营活动所需货物和劳务的其他企业和个人）、营销中间人（中间商、物流企业、融资企业等）、顾客、竞争对手、社会公众，以及企业内部影响管理决策的各个部门（计划、人事、财务、营销等部门）所构成的。市场微观环境影响着企业为目标市场服务的能力。

（1）企业自身

影响企业商务活动的自身因素如下。

- 企业的经营目标。商务活动必须符合商务企业在一定时期的经营目标的要求。
- 企业的经营能力。开展商务活动不能不考虑企业自身的业务能力、技术能力和营销能力的大小。企业经营能力的强弱对商务活动有着直接的影响。
- 企业的财务状况。财务状况是企业经营效益的集中反映，也是企业开展商务活动的重要条件。

（2）资源供应者

资源供应者是向企业及其竞争对手提供从事商务活动所需资源的企业和个人。资源的供应直接影响着企业商务活动的进行，例如商品的采购价格和供应量，直接影响到商品的销售价格和销售量，以及利润的大小。企业进行商务活动，不仅要有充足的货源、商务资金和设备投入，也需要有高素质的人力资源投入。为了达到这样的要求，企业需要拥有广泛的资源供应渠道，并且与资源供应者建立良好的合作关系。

（3）营销中介

营销中介是那些为企业提供销售、促销、运输及仓储等服务的机构和组织，包括中间商、物流配送企业、营销服务机构等。

（4）竞争者

竞争环境因素对企业商务活动的影响最为直接。同一个市场竞争者的活动，常常会影响企业采取的相应营销决策。企业经营者要适应不同竞争环境及其变化，重视建立自己的产品特色和经营特色。许多企业采取的“以快取胜、以优取胜、以新取胜”等市场营销策略，实际上就是在分析和掌握市场竞争形势的基础上，采取有效的对策，创造出比竞争对手高出一筹的经营特色，以吸引更多的购买者。

（5）顾客

顾客是一切商务活动的核心。在针对消费者的分析中，商务人员往往采用一种称做 5W 的方法，即谁是我们的顾客——何人（Who）；顾客在什么时候购买——何时（When）；顾客在什么地方购买——何地（Where）；顾客需要什么商品——什么（What）；顾客为什么购买——为何（Why）。围绕这五个问题来分析企业的商品或服务能否满足所有现实顾客和潜在顾客的需要。

（6）公众

公众就是对一个企业实现其目标的能力有着实际或潜在利益关系和影响力的群体。公众一般包括如下七类。

金融公众。

金融公众主要有银行、投资公司、保险公司、证券交易所、股东等。在这些群体中树立声誉对于企业的发展至关重要。企业往往以发表年度报告、回答有关财务方面的问题来令他们满意和放心。

媒介公众。

媒介公众包括电台、电视台、报纸、杂志、网站等。这些大众媒介对企业有着广泛的影响。

政府机构。

企业在制定商务战略与策略时，还应该考虑工商行政管理部门、税务部门等政府机构对企业的影响。

社会团体。

社会团体包括消费者协会、环境保护组织等，企业应争取与它们保持良好的关系，及时回答他们的质询并共同协商解决问题。

地方公众。

每个企业都应与当地的公众团体，例如与居民委员会、社区组织等保持联系，企业应积极参与或处理社区事务，参加社区会议，资助社区活动等。

一般公众。

一般公众对企业的印象影响着消费者对企业及其商品和服务的看法，企业需要关注一般公众对企业及其商务活动的态度，注意树立企业的良好形象。

内部公众。

内部公众，即企业的内部员工。当企业内部的员工对自己的企业感到满意时，他们的态度也会感染其他公众。

公众对企业的态度，将对企业的商务战略和经营目标的顺利实现产生巨大的影响。企业应当密切关注公众的态度，采取积极的措施，及时解决可能出现的问题，建立和发展与公众的良好关系。

3. 开放的系统观

开放的系统观认为，所有商务活动都是在较广泛的外部环境中开展的。企业必须依靠外部环境取得为顾客生产产品和服务等产出所需要的投入，例如取得原料和能源等，然后将他们投入到生产加工过程使其转化为产出，最后还要把产出再返回到外部环境，满足消费者需求。其中，有许多企业不是直接向消费者提供产品和服务，而是向其他企业提供产品和服务，他们的顾客是产业供应链中的其他企业。产业供应链是每一个环节都向产品增加价值并传递给下一个企业的供应商和顾客的序列。例如，有一家木材公司专门经营从森林中砍伐木材并运到另一家企业——锯木场。这家锯木场将原木加工成一定尺寸的木材和木板，再根据标准分级，将木材运到一个全国性的木材零售商，向一般公众和建筑公司销售。然后由当地的一家建筑公司购买某种规格的木板建造新房屋，最后将这些房屋销售给消费者。在这个产业链中，从木材砍伐公司到锯木场、木材加工公司、建筑公司等，每个企业都给产品增加了价值，每个企业都依靠其他企业的投入并向供应链的下一个环节销售产出品。在企业中，管理人员的主要目标是使这个系统运作得更有效率且效果更好。

效率意味着在创造产出的时候不浪费投入。例如，生产汽车的两种主要投入是部件和劳动力。在组装汽车的过程中，浪费的部件越少，节约的劳动力越多，其效率也就越高。因为提高效率使产品保持较低的成本，使顾客更容易接受企业的产品和服务的价格，使企业能获得利润。如果产品的成本超过了顾客愿意为该产品和服务所支付的价格，那么企业就不能获得利润，企业也就不能生存和发展。因此企业必须有效率才能兴旺发达。效果是指向企业内部和外部环境中的人们提供可接受或需要的产出。效果意味着企业可以做它要做的事并很好的做完这件事情。一个有效果的汽车生产商生产并销售可以满足人们对交通工具可靠性、舒适性及吸引力等方面有所需要的汽车。简而言之，效率意味着正确地做事，效果意味着做正确的事。

企业有很多利益相关者，有的利益相关者从企业的产出中受益，有的则在某种方式上受到企业的影响或有责任监督企业如何影响他人。例如，企业内部的员工和管理人员，尽管他们之间有差别，但他们都希望具有有保障的雇用关系、满意的工作及安全的工作条件；企业外部的顾客、股东、贷款人、政府机构、邻里、税务部门都希望企业经营效益好，依托企业来实现各自的目标。每位利益相关者都有不同的需要，因此他们对企业商务活动的效果有不同的判定。顾客需要购买产品和服务的价值；股东需要营利及对企业投资的金钱收益；贷款人希望能收回贷款并获得利息；政府机构要求企业遵守法律和规定以保护全社会的利益；邻里希望毗邻的企业不破坏环境；税务部门希望收取企业全部财产或在所得中的法律规定的份额。商务人员面临的挑战是如何平衡这些利益相关者的各种需求，因为失去与他们中的任何一个的合作与联系都有可能使企业无法经营下去。一个向当地河流中非法倾倒有毒副产品的企业可能被环境保护局勒令关闭；一个冒犯某个政治组织的企业可能会受到联合抵制；一个使用员工不当的企业可能会由于员工罢工而关门；一个生产假冒产品的企业可能会被顾客抛弃；一个经营无力又不能提供合理的投资收益的企业可能会被股东终止；一个不按时缴纳税款的企业可能会被税务部门处罚。作为开放的系统，企业必须与不同的利益相关者打交道，协调内部和外部利益相关者的关系是商务人员所面临的严重挑战。

在当今环境下，全球经济的迅速发展和技术进步，为企业的发展带来了无限的商机，同时也给企业带来了全球市场上很多行业间更加激烈的竞争威胁。为了参与竞争，很多企业将被迫改进他们利用资源的方法。他们不得不具备管理工作各方面的专业知识和技能，例如研究与开发、产品设计、营销、会计、金融、信息系统、工程、人力资源、生产管理等。更重要的是，商务人员必须确保将这些专门的活动能统一起来，或者按照某种方式联合起来以加强合作并最终获得企业整体的成功。

7.2　商务企业经营战略

企业经营战略是指企业面对迅速变化的环境和严峻挑战的竞争，为谋求生存和发展而制定的总体性、长远性的谋划和方略，它是企业家指挥竞争的艺术。军事家靠正确的军事战略决胜于战场，而企业家则是靠正确的经营战略取胜于市场。若想在今天的企业环境中取得成功，确定并传达企业的经营目标，然后勤奋地工作去实现这个目标是至关重要的。

企业经营战略是回答企业变革和发展方向的重大问题。例如企业生存和发展的重大问题；企业变革的重大问题；变革和发展的方向与目标；变革和发展的途径等。因此，企业经营战略的实质就在于寻求企业的不断革新，只有根据环境的变化和要求，不断寻求变革和创新，创造性地进行经营，企业才能做到不仅能适应当前的环境，也能适应未来环境的要求，从而获得生存和持久的发展。

1. 企业经营战略特点

企业经营战略的特点如下。

① 战略决策对象的复杂性。企业总体发展战略的决策是复杂的，企业各项重要生产经营活动的决策也是复杂的。许多新的重大问题的决策并无经验可循，必须寻找新的思路和创造性的方法进行决策。

② 决策信息的不确定性。战略决策是企业长远发展的选择，规划期少则 3 年至 5 年，多则 10 年以上，也就是说根据对未来几年或 10 年以上的发展趋势进行决策，这么长的时间跨度使决策者很难把握以后几年或 10 年以上的信息，只能根据过去和现在所掌握的信息来预测未来若干年的趋势，这种预测必然与未来的实际发展存在着不小的差异，规划期越长，这种误差越大，即决策信息的不确定性越大。这个特点要求进行经营战略决策时，必须尽可能地提高预测的科学性和可靠性。

③ 决策条件和结果的风险性。企业经营战略决策不仅要考虑企业的内部条件，更重要的是要考虑外部环境。而企业外部环境是发展变化的，很多因素是企业无法控制的，这就增加了决策的难度，决策方案就有可能不符合变化着的环境的要求，从而形成了战略决策的风险性，给决策带来盲目性。

④ 方案评价的困难性。战略方案的评价很难标准化，这是因为战略决策常常是新问题的决策，无现成的统一标准，只能根据解决每一个新的重大问题所确定的目标为根据进行评价和选择。

2. 企业经营战略构成要素

最早对企业经营战略要素进行概括的安索夫认为，企业经营战略由产品和市场范围、增长向量、竞争优势和协同作用四个要素组成。这四个要素综合作用产生合力，成为企业的共同经营主线，主导企业的经营发展方向。资源学派的早期代表人物霍弗和申德尔则主张资源配置对企业战略的成功有重要意义，应当成为企业经营战略的构成要素之一。日本学者伊丹敬之则认为，企业经营战略的构成要素有三个，即产品与市场群、业务活动领域、经营资源群。综合以上观点，一般认为企业经营战略由以下四个要素组成。

（1）经营范围

经营范围是指企业从事生产经营活动的领域。它反映出企业目前与其外部环境相互联系的方式以及将来企业计划与外部环境发生作用的要求。从本质上讲，经营范围要素即安索夫的“产品与市场范围”或伊丹敬之的“产品与市场群”要素，因为企业经营范围是由产品和市场来确定的，只有产品与市场相结合，企业的经营范围才能真正形成。尽管产品或市场都可单独的成为描述企业经营范围的标准，但产品与市场是成为细分企业经营范围的两个实体要素。经营范围的准确定位既是企业经营战略的重要内容，又是企业经营战略成功的基本前提。

（2）资源配置

资源配置是指企业过去和目前对资源进行配置、整合的能力与方式。资源配置的优劣极大地影响企业战略的实施能力。在资源稀缺的现实经济条件下，企业资源是企业生产经营活动正常进行的基本物质保障。在信息时代和知识经济条件下，企业资源配置的优劣更是企业竞争成败的关键。企业组织只有注重对异质战略资源的积累，形成不可模仿的自身特殊能力，才能更好地开展生产经营活动。如果企业的资源匮乏或缺乏有效配置，企业对外部机会的反应能力会大大削弱，企业的经营范围也会受到限制。因而，资源配置是企业战略最重要的构成要素。

（3）竞争优势

竞争优势通常表现为企业通过自身资源配置模式与经营范围的定位在竞争中形成的优于竞争对手的市场竞争地位。竞争优势既可来源于企业经营范围的定位，也可来源于对特殊资源的运用能力，但更多情况来自两方面的综合作用。从持续经营的角度分析，竞争优势也可以说是企业经营战略的最终目标。波特认为，“企业的战略目标是为了企业获得成功，成功取决于企业是否拥有一个有价值的竞争地位，而有价值的竞争地位来源于企业相对于一个竞争对手的持续竞争优势”。图 7.1 为波特对竞争优势的实证研究成果。

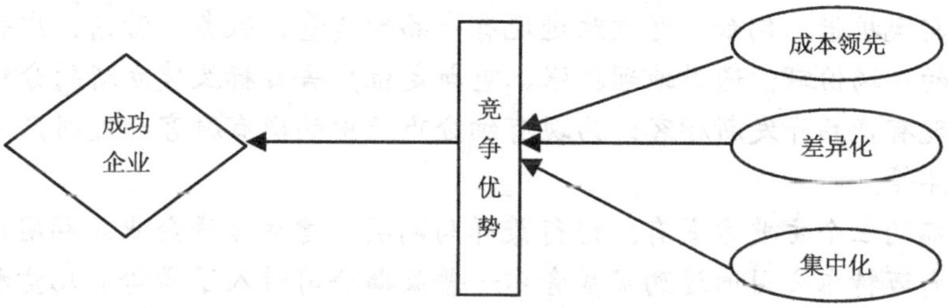

图 7.1　波特对竞争优势的实证研究成果

（4）协同作用

协同作用是指企业在资源配置和经营范围的决策中产生的各种共同努力的效果。在管理文献，协同作用通常被描述为“1+1>2”的效果，即企业管理过程中总体资源的收益大于各部分资源收益的和。企业的协同作用有以下四种：投资协同作用，作业协同作用，销售协同作用，管理协同作用。协同作用作为战略要素极具抽象性，从广义的角度上来说，它可被看做资源配置与整合的规模优势。

3．企业战略的层次

战略管理过程可以应用于企业组织的几个层次。最常见的是公司层次、业务层次和职能层次。公司层次战略针对大公司如何经营及各业务单位之间如何进行资源配置。在这些业务单位内部，经理需要制定业务层次战略。业务层次也适用于小公司或非综合型的企业。业务层次战略注重了解并满足顾客需求，相对于竞争者进行产品和服务的市场定位。在这些业务单位内部，经理必须考虑生产、财务、研究与开发这样的范围内的职能战略。职能层次战略以结合职能部门目标与企业整体目标为主。

（1）公司层次战略

由不同的业务单位组成的公司必须制定公司层次战略，以便确定各个业务单位要从事的商务活动，在这些不同的业务单位之间如何配置资源，为这些业务单位设定什么目标，以及如何评估各个业务单位的业绩。

描述公司层次战略有两种方式：投资组合管理和总体战略。投资组合管理有助于公司在业务单位之间配置资源。总体战略为公司提供全局性指导。

① 投资组合管理。在一个拥有多元化业务的公司中，每个业务单位都有自己的战略，满足不同市场并在一定程度上自主经营。因此，一些业务单位的业绩可能非常好，而另一些业务单位则刚好相反。公司需要一个在业务单位间实现资源优化配置的战略。投资组管理是多元化公司的管理人员用来评估各个业务单位并确定它们在公司中的作用和目标的战略。很多公司都形成了各种投资组合管理的具体方法。

② 总体战略。总体战略是在公司层次采取行动的总体方式。公司至少可以选择三种总体战略：扩张战略、精简战略、稳定战略。公司也可以在不同的部门或业务单位间联合采取这些战略。

扩张战略。

扩张战略力求从总体上加强企业的规模，不仅要提高销售额和市场份额，而且还要增加其产品组合或服务的市场数量。企业既可以通过现有产品和新产品实现扩张，也可以通过现有市场和新市场实现扩张。例如，通过改进现有产品的质量、服务、营销、广告及分销来提高在现有顾客中的市场份额；通过地理扩张、重新定位广告目标及建立新的分销渠道；在新的细分市场中为现有产品开发新顾客；为现有细分市场中的现有顾客开发新产品；向新的细分市场介绍新产品等。

实现扩张战略的三个主要方式有：进行兼并与购买、建立合资企业、利用核心竞争力。美国的玩具生产商迈特尔公司通过购买费舍尔—普莱斯公司进入了学龄前儿童和幼儿市场。迪斯尼公司购买了资本城市/美国广播公司后，该电影和电视制片商经营的能力扩张到包括分销公司的产品。六巨头财务企业之一——安永公司购买了专门从事不动产业务的较小的注册会计师企业——肯尼斯莱文赛尔公司，其目的就是要扩张到该行业。

企业经常利用合作关系与其他企业共同开发新产品。苹果计算机公司、IBM 公司和摩托罗拉公司合作开发 Power PC 芯片就是一个例子。进行战略联合的另一个方式是与特定的供应商和顾客群实现垂直联合。例如，波音飞机公司与核心供应商建立了长期的关系，并且让顾客参与产品设计。

企业可以利用自身某个领域的专业人员实现扩张。例如，本田公司的产品——包括汽车、农业机械、摩托车、割草机、吹雪机、雪地汽车、发电机——好像是在不相关的市场进行多样化扩张战略。其实，本田只是利用了它在小型引擎技术和生产方面的核心竞争力和品牌知名度实现向动力设备市场的多样化扩张。

精简战略。

精简战略是指通过缩减规模和经营业务数量来扭转企业的经营状况。精简战略与扩张战略是相反的。经济衰退、市场需求下滑、新规定、内部财务问题（通常是由于战略管理不当）都可能导致企业采取精简战略。竞争的加剧也会迫使企业采取精简战略。在精简战略中，企业可能剥离一些部门，例如出售完整的工厂部门。企业甚至会通过关闭陈旧、效率低下的工厂，销售其库存、仪器、设备、建筑物及其他财产而缩减一些业务。

稳定战略。

稳定战略是保持现有状况，既不扩张也不精简。稳定战略并不需要多少投资，可以通过加强对现有业务的资源管理保持现有的市场份额和营利水平。营销、研究与开发的预算可能被削减，用于对现有生产线的维护和设备更换。那些有较高市场份额和较高营利水平的非常成功的企业可能会采取稳定战略，享受劳动果实。这可能意味着良好的现金流量、持续的营利及可观的红利。

那些缺乏进一步投资的企业也可能选择稳定战略。同时，刚刚进行过精简的企业也可能选择稳定且没有风险的战略，以便企业在未来站稳脚跟。由于有些企业不能制定新战略或持续改善现有经营，也会无意识地实施稳定战略。

在上述任何一种情况下，稳定战略的作用都会持续几年。不过，随着竞争的加剧，这种情况不会长期持续下去。没有几个企业可以长期且完全地防止新企业、替代产品或决心扩张的竞争者入侵。

（2）业务层次战略

业务层次战略是指具体的业务单位实现其宗旨、设想和目标的全面规划。业务层次战略涉及了解并满足顾客需求及相对于竞争者进行产品和服务的定位。为了获得竞争优势或获得补缺市场，公司的业务单位常常遵循如下三种战略，即差异化战略、成本领导战略和焦点战略。管理人员更要争取结合使用这些战略，以保持竞争优势。

① 差异化战略。差异化战略是指业务单位提供顾客认为在某种程度上与其他可选产品有差异的产品的战略。一些采用这个战略的业务单位通常用高价格证明产品的高顾客价值，使自己的产品和服务显得与众不同。例如，西雅图诺德斯顿连锁百货公司通过上档次的形象和无与伦比的服务对自己进行差异化战略。诺德斯顿公司因其销售人员可以做顾客喜欢的任何事情而变得众所周知。例如走遍全城购买一件脱销的产品并送到顾客的家里，或者加班加点为顾客在第二天就需要用的服装镶边。沃尔沃公司以汽车安全实现差异化，梅赛德斯—奔驰汽车公司以豪华的形象实现差异化。不过，差异化并不意味着高价。丰田汽车公司以产品质量和可靠性为基础实现差异化，它的市场份额中也有价格适中的汽车。

② 成本领导战略。成本领导战略是指业务单位生产价格较低的产品，以便降低价格并获得市场份额。凯玛特公司在折扣商品销售中首创了这个方法，沃尔玛公司对这个方法也非常精通。这些折扣商有巨大的购买力，有遍布全国以至全球的经营网点，因此可以有效地以批量为基础压低价格。沃尔玛公司通过有效的后勤经营和供应商管理、削减库存和仓储降低成本，继续推动着该行业的革命。

位于东京地区的电器零售商斯泰普公司将折扣零售推到了后勤的极限。斯泰普公司的员工不向顾客致敬。如果有人询问，他们也只是敷衍一番。他们会提示你注意一下概括了斯泰普公司“无不”准则的红色海报：不进行解释、不负责产品摆放、不兑换货币、不退货、不提供免费服务。斯泰普公司甚至可以加上一句：不提供完全的零售价格。斯泰普公司压缩式的经营很像仓库经营，这使得它的价格比生产商建议零售价低 30%～40%，比其他折扣店低 10%～15%。在美国，像科斯特克公司这样的仓储式零售商也采用类似的方式，不过科斯特克公司的员工会提供较多的服务。

传统上，企业通过向供应商施加压力以降低购买成本或实施自动化降低劳动成本来实现成本领导。近年来，实施全面质量管理的企业发现，质量改进是实现降低成本的有效方式。这意味着以质量为基础的成本领导战略和差异化战略可以通过合作的方式实现，而不必通过事事互相排挤的战略实现差异化。

很多企业通过压缩管理费用来降低成本，例如美国的宝洁公司决定减少 13 000 个工作岗位，而且主要涉及中层管理人员。在那些经营多年的企业中，机构会变得非常臃肿。如果规模太大不能适应市场变化，或者管理费用太高影响产品的竞争力，它们会通过削减那些只增加额外成本但不增加价格的活动进行精简。

③ 焦点战略。采用焦点战略的业务单位也会注重差异化战略或成本领导战略（更多的情况则是二者结合使用），不过它会将产品定位于某个细分市场。它将顾客细分为有共同需求的同质群体，然后定位于最适合该业务单位的细分市场。通常的细分市场标准有人口（年龄、性别、教育程度、收入、生命阶段、信仰和种族）和生活方式（态度、兴趣和观念）。美国约翰出版公司就是实施焦点战略的一个例子，它的《乌木》和《喷气机》杂志就定位于美国黑人市场。很多小企业也是用这个战略，它们通常定位于某些爱好者群体。

尽管可以提供多种产品，但许多大型企业还是将焦点集中于产生公司主要收入的少数几个核心产品。核心产品是公司希望长期销售，而且销量和营利能力持续增长的产品。通过将大部分的业务集中于核心产品，公司可以降低对新产品的依赖，并因此减少连带风险。

④ 保持竞争优势。竞争优势意味着企业拥有的特色得到顾客的偏好，从长期来说，更有利于竞争和发展。为保持业务层次的三种战略并获得竞争优势，企业必须确保竞争者不能削弱它的竞争优势。竞争者可以通过模仿、同样成为成本领导、与差异化的企业同样具有差异性或调整产品适应细分市场等方式削弱其他企业的竞争优势。企业可以通过传统的方式保持竞争优势，例如对产品和工艺的专利保护。

在今天的竞争环境中，企业应该通过加强企业文化、管理知识来不断提高企业竞争优势。在丰田公司与通用汽车公司的合资企业——纳米公司中，丰田公司与通用公司分享了丰田汽车公司生产系统的全部秘密。通用汽车公司学会了成为成功企业的足够经验，并且建立了土星汽车公司，该公司已经实施了简化的生产方式。

那些不从这些战略中选择或不能良好地实施这些战略的企业只能获得平平的业绩。在 20 世纪 80 年代，诺德斯顿公司成为差异化的大型百货商店，沃尔玛公司成为成本领导企业，盖普公司成为对某些顾客细分市场实施焦点战略的专卖店，而西尔斯公司处于被以上三者夹击的状态下，最终失去了市场份额和营利能力。

业务层次并不能脱离更高层次的公司战略而独立开展。通常，公司的主要战略目标是企业进行兼并和购买背后的主要原因。大通曼哈顿银行和化学银行在 1995 年进行合并的时候，其主要原因是希望合并企业成为成本领导型企业。当迪斯尼公司购买资本城市/美国广播公司的时候，一个主要的原因是迪斯尼公司需要为它的娱乐产品找到一个分销途径。迈特尔公司购买从事全球营销和生产的费舍尔—普莱斯公司的结果是使迈特尔公司扩展了产品线，并且使合并后的企业削减了 3 500 万美元多余的国际经营费用及 3 100 万美元潜在的多余国内经营费用。这次购买为费舍尔—普莱斯公司的产品提供了更好的全球分销渠道，也使迈特尔公司可以利用费舍尔—普莱斯公司具有推出新产品的能力。

（3）职能层次战略

职能层次战略是指每个职能部门承担的业务层次战略的具体规划。企业的职能部门通常有营销、研究与开发、工程、生产、采购、质量控制、会计及人力资源等。为削减成本，有些公司选择了外购战略来实现某些基本职能。

每个职能部门都有实施企业战略的具体作用，还可能有独特的内部和外部顾客。采购部门向生产部门提供零部件和原材料，生产部门向分销商提供最终产品，生产部门或分销商最终向外部零售商提供产品。这些现实情况要求职能部门的管理人员开发满足顾客需要的具体战略。最低报价采购及对一种零件选择多种资源的战略与要求高质量、供应商及时交货及极少的零件变化的零库存生产战略是不相匹配的。单一采购，即只从一个供应商那里购买一种零件，而不是从多个供应商那里购买的做法，会确保产品质量的稳定性。销售部门与采购部门之间的关系是非常重要的。采购部门需要向销售部门咨询，以了解顾客当前和未来的购买趋势。虽然扩大库存是上面问题的一种费用很高的解决办法，但企业没有必要占用大量的资金，因为它们可以在其他方面发挥更好的作用。

各部门之间每周进行团体集会是解决顾客需要的好办法。销售部门可以提供顾客需求和偏好的信息，例如了解哪些是顾客愿意立即购买的商品，以及哪些是顾客愿意预订并可以等待一段时间购买的商品；经营部门可以提供现有商品方面的信息；采购部门可以提供新产品及供应商的供应能力方面的信息；信息系统部门可以提供各地的销售和库存状况方面的信息。通过协同工作，每个部门都可以全面分析这些信息并对存货的多少做出更好的决策。

另外，销售部门在确定价格的时候应该与财务部门密切合作。如果不考虑扩大市场份额，为推动销售，销售部门可能提供批量折扣或免费运输。不过这些销售手段可能只会提高销售额而不会带来任何利润。财务人员与销售人员协同工作，确定一个既可以吸引顾客又可以营利的价格。为帮助实施这种战略，营业部门的人员应该改进服务的方法，使顾客对价格不那么敏感。仓储部门应该提高产品销量，降低总体费用，使企业在保持利润水平的前提下降低价格。为成功实施企业战略，全企业的各个部门必须协同工作。

4．企业经营战略计划

（1）企业经营战略计划的作用

企业经营战略计划就是在既定的经营战略基础上，根据企业经营的实际过程，把经营战略的思想贯彻在所有的商务活动中，使企业所有的商务活动都促使企业实现最终的战略目标。因此，必须把企业概念化的经营战略通过细化后，变成经营战略计划，使企业所有的商务活动在计划下实施。企业经营战略计划的作用如下。

① 明确企业的发展目标。企业要发展，必须有明确的发展目标。每个企业都拥有一定的资源，面对竞争激烈的市场，实现企业的经营目标有多种机会、多种选择。通常情况下，企业在实施一种经营战略的过程中，会逐渐形成独特的竞争优势，而轻易改变企业的经营战略，则很有可能丧失企业已经形成的竞争优势；当然，也有可能形成更新的竞争优势，但是相对的风险要比长期实施一种经营战略大得多。因此，企业要想长期发展，制定合适的经营战略十分重要。即使根据市场变化，更改企业的发展目标和策略，也应制定相应的过渡计划，这也是经营战略计划的内容。

② 明确企业的目标市场。经营战略通过一系列的分析和决策选定企业的目标市场。由于经营战略中的目标市场往往是一种概念性市场，例如描述市场的特征和变化的趋势，对于企业具体的营销活动缺乏直接的指导作用。而经营战略计划则详细且明确地规范了企业的目标市场，对企业的具体经营具有直接的指导和管理作用。

③ 设计企业营运模式和获利模式。营运模式是指企业所有业务的营运方式和相互关

系，也就是企业的营运体系。由于企业已经具有明确的营运目标，企业的营运模式必须是最适合企业营运目标的模式。获利模式是指企业营运过程中获取利润的方式。明确企业的获利模式对企业营运十分重要，是理解企业营利方式和提高营利水平的关键。

④ 直接指导企业的具体营运。企业经营战略计划中的营运实务规范和短期营运计划可以直接指导企业的具体营运。企业的具体营运包括各种业务，例如生产、营运及财务等业务。营运实务就是对具体业务的程序、标准和各种业务之间的联系的具体规范，使企业的营运能够有序且高效地进行。

⑤ 设定企业的应急措施和方案，应对市场突变情况。在企业营运过程中，会面对太多不可控制的因素，而这些因素会对企业的营运结果产生重要影响。企业应根据制定经营战略过程中对于各种关键因素的理解，预测在营运期间可能出现的突变情况并制定出相应的应对措施和方案。企业的经营战略计划中的应急措施和方案，可以使企业从容应对市场的突变情况。

（2）企业经营战略计划的制定

企业的经营战略计划是指企业的市场概念、企业的基本定位、中长期营运目标、营运原则、竞争策略等策略性规范的集合。企业在制定经营战略的过程中，有很多阶段性的结论和多种方案，这些概念一般比较凌乱，没有完整的体系。经营战略计划就是把这些概念完整且合理地组成一个有序的体系，使各种要素互相支持，形成企业营运的基础。

企业经营战略计划所包含的内容如下。

① 背景资料。背景资料主要是指对企业的外部环境分析与内部条件分析。外部环境主要是经济技术、政治法律、社会文化等环境因素对企业的影响，以及顾客、竞争者、分销渠道、供应商等微观环境的参与对企业的影响。内部条件分析主要是搞清企业自身的优势和劣势，查清造成劣势的原因，挖掘出内部的潜力。内部条件分析包括人、财、物、时间、信息及经营实力的分析。

② 市场机会。市场机会是指对企业是现实可行的，在分析了内部环境的基础上识别出来的适合企业的潜在市场机会，也就是企业的目标市场。

③ 企业定位。企业定位是企业在目标市场上的定位，包括企业的品牌形象定位、产品和服务定位、企业的竞争定位等。

④ 发展目标。发展目标是指企业在目标市场上的目标。一般通过企业在行业中的位置、营运规模和市场影响力等定位的表示，也可以通过一些指标量化表示，例如市场占有率、年营业额、年利润额等。

⑤ 经营原则。经营原则在很大程度上与经营理念相同，包括产品原则、营运原则和竞争原则。企业的经营原则必须和企业的定位一致。

⑥ 发展阶段。企业的发展目标一般都不可能在很短的时间内达到。同时，企业的现有资源有限，企业中、长期目标暂时不能实现。因此，为顺利实现企业的中、长期目标，必须将目标分解，拟定一系列阶段性目标。

⑦ 例外事项。企业的中、长期经营战略计划的时间段一般是 5～10 年，甚至更长。在这样长的时间段里，对企业实施既定经营战略有重要影响的相关因素，往往会发生重大变化。这些变化可能迫使企业调整其根本的经营战略。因此，企业在经营战略计划中必须涉及例外事项。

例外事项就是指企业在特定的时间段内，对企业实施的经营战略计划产生重要影响的事项。由于这些事项已经改变了企业经营战略的根本前提，因此，企业在这些事项发生后，必须更改企业的经营战略和相应的经营战略计划。例外事项就是对这些问题的分析和应对方案。

7.3　商务企业经营战略管理过程

商务企业的经营战略管理是根据企业内部环境的变化，针对企业未来发展方向制定与实施决策，从而确保企业目标实现的动态管理过程。一般说来，一个规范性的、完整的战略管理过程包括三个阶段：战略规划与分析——明确企业的使命，分析企业外部环境与内部环境的变化，在此基础上确定企业的战略目标；战略选择与评价——可行战略方案的提出、评价与选择；战略实施与战略控制——采取具体措施使战略发挥作用，通过适当的控制方法保证战略达到预期目标。图 7.2 是战略管理过程各阶段的示意图，可以作为理解战略管理过程的基本构架。

1．战略规划与分析

战略规划与分析阶段的主要任务是明确企业的使命，分析企业外部环境中影响企业发展的关键因素，分析企业内部诸条件对战略选择的影响，在此基础上确定企业的战略目标，主要包括以下几个方面的环节。

（1）明确企业使命

明确企业的使命就是要阐明企业的根本性质与基本价值取向，主要包括企业宗旨、经营哲学两方面内容。

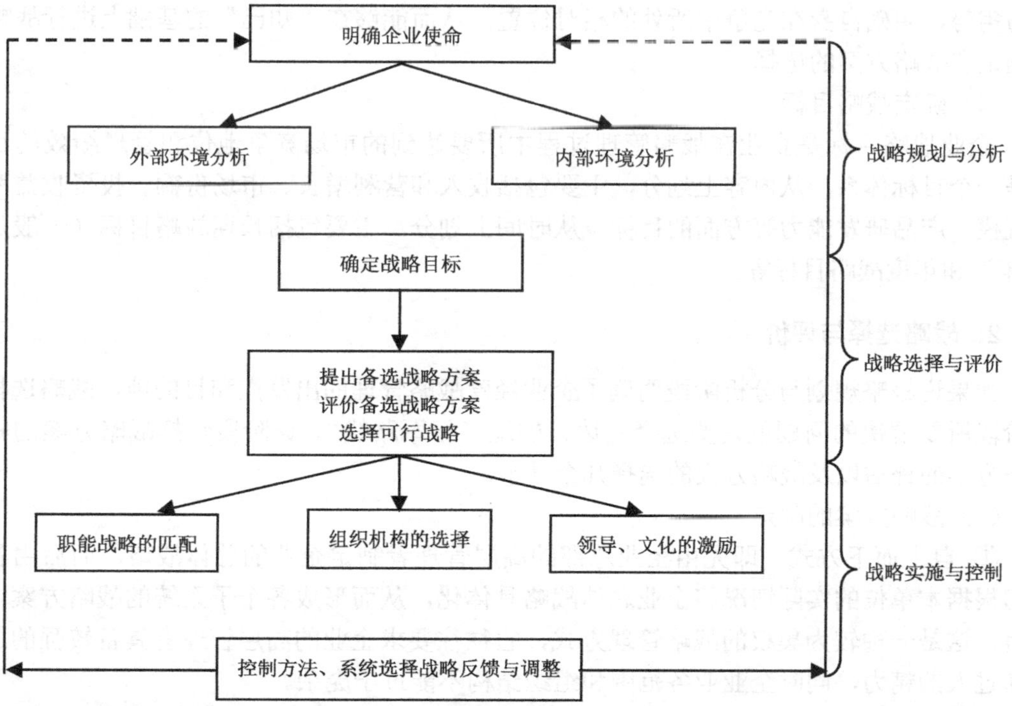

图 7.2　战略管理各阶段示意图

① 企业宗旨的阐述。企业宗旨是企业存在的目的与理由，或者说是企业最终的战略意

向。阐述企业宗旨的主要内容在于界定企业目前和将来所要从事的经营业务范围。例如，富士施乐公司原先将其业务定义为“我们生产复印机”，这是一种生产导向的企业宗旨。后来，富士施乐公司把企业宗旨改为“我们帮助提高办公效率”。这一服务导向的企业宗旨的改变，富士施乐公司在战略定位上连上两个台阶：第一，公司的生产业务扩大了，不仅经营复印机，而且与其他公司合作，经营其他办公用品；第二，公司成立了专业文件服务公司，为其他大公司提供信息的收集、处理、存储等专业文件服务，极大地节省了被服务公司的成本。

② 经营哲学的确定。经营哲学是指企业上下员工在经营活动中形成的共同价值观、基本信念和行为准则，是企业文化的高度概括，它是企业战略的“精神支柱”。经营哲学反映企业利益相关者的经营观念、企业领导者的管理风格、及企业全体员工的价值取向。优秀经营哲学能够为企业战略的准确定位与顺利实施奠定坚实的基础。

（2）外部环境分析

外部环境分析的目的就是要了解企业所处的战略环境，分析各环境因素的变化趋势将给企业的发展带来哪些机会和威胁。企业外部环境因素一般包括政治法律因素、经济政治因素、产业技术因素、社会文化因素等宏观环境因素，以及行业结构因素、竞争对手因素等微观环境因素。详尽、规范的外部环境分析是企业审时度势进行战略选择、趋利避害进行战略实施与控制的重要前提，是整个战略管理过程必不可少的环节和重要内容。

（3）内部条件分析

企业的内部条件是企业进行生产经营所具备的基本素质与能力。它涉及企业整个生产经营活动的各个方面，如生产、技术、营销、财务、研发、人力资源、管理水平等。企业内部条件分析的目的就是分析企业在上述诸方面具备哪些异质资源与战略能力，发现企业的优势与劣势，明确自身在竞争中所处的相对位置，从而能够在“知己”的基础上进行战略目标的确定和战略方案的选择。

（4）确定战略目标

企业战略目标是企业在战略管理过程中所要达到的市场竞争地位和管理绩效的目标，它是一个目标体系，从内容上划分，主要包括收入和营利增长、市场份额、投资收益率、企业规模、产品研发能力等方面的目标；从时间上划分，主要包括长期战略目标（一般是 3～10 年）和年度战略目标等。

2．战略选择与评价

如果说战略规划与分析阶段明确了企业经营战略管理的出发点和目的地，战略选择与评价阶段所要解决的问题就是要选择到达目的地“行军路线”。该阶段包括战略方案的制定、战略方案的评估以及战略方案的选择几个环节。

（1）战略方案的制定

① 自上而下方式。即先由企业总部的高层管理者制定企业的总体战略，而后由各下属部门根据本单位的实际情况将企业总体战略具体化，从而形成各个子系统的战略方案。一般而言，这是一种较为集权的战略管理方式，它往往要求企业的高层管理者具备较强的战略意识和过人的精力，同时企业业务范围和组织结构不能过于庞杂。

② 自下而上方式。企业采取这种方式时，高层管理者对各事业部和其他下属部门不做指导和约束，而是要求各下属单位积极提交自己的战略方案。在此基础上，总部高层管理者根据各单位战略中的市场地位、营利能力、财务预算等内容，对各单位的战略方案进行

检查、评价与权衡，然后加以审批确认。这种较为分权的战略制定方式的优点是可以培养事业部经理的战略制定与管理能力，缺点是各事业部的战略方案在事先没有统一计划的基础，往往在战略定位、资源配置等方面相互冲突，需要高层管理者花费较大精力来协调。

③上下结合方式。即战略方案的制定过程是通过上下级管理人员的沟通与磋商来完成，一般情况下，粗线条的战略制定原则由企业高层管理者提出，战略方案的具体内容则是在高层经理与各事业部经理的交流过程中，以及经理人员与专职计划或参谋人员探讨过程中逐渐清晰与明确，并在反复修改的基础上最终确定。该方式的优点在于企业高层经理既注重自身对战略制定活动的参与，又注重调动中层管理人员的积极性，使得各事业部战略方案的制定具有较大的灵活性，从而使管理人员能够以较少的时间和精力制定出富有创造性的战略方案。上下结合的方式通常多为大型的分权制企业所采用。

（2）战略方案的评价与选择

战略评价与选择即对可供选择的战略方案进行评估，比较各方案能在多大程度上抓住企业的发展机会，避开竞争威胁；发挥企业的优势，克服自身的劣势，然后通过最终的战略决策确定准备实施的企业战略。战略评价的方法既可以选择定量分析法，也可以选择定性分析法，但更多情况下是在充分考虑占有市场、财务资料与数据的基础上两种方法相结合进行。由于通过各种不同方法对备选方案的评价结论经常产生不一致，因而战略方案往往没有最优，最终的战略选择实际上是一种风险决策。

3. 战略实施与控制

战略实施与控制过程就是把战略方案付诸于行动，保持经营活动朝着既定战略目标与方向不断前进的过程。

企业的战略方案无论多么科学与精细，只是一个事先的计划。只有经过组织的各个层级与部门的共同努力，通过具体的实际行动相互配合与支持，企业的战略目标才能最终实现。一般来说，战略实施过程主要包括以下活动：制定职能战略或策略。在主要由企业高层管理者进行决策的战略选择与评价环节，企业的战略方案只是一个围绕总体战略目标的概要性的行动计划，要把这些方案或计划付诸于实施，还要有具体的职能战略或策略的配合与支持，这些职能战略主要包括生产作业战略、市场营销战略、研究与开发战略、财务管理战略等内容。

为了使各部门各环节的行动协调一致，达到战略方案的预期目的，实现既定的战略目标，战略管理者还必须对战略实施活动进行控制。战略控制就是对战略实施活动的业绩进行定期测定，然后与预定的标准进行比较，根据差异结果和反馈的信息采取措施纠正战略行动、调整战略方案的过程。它是联结新旧两轮战略管理过程、保持战略管理活动动态适应性的重要环节。

习题 7

1. 现代商务的宏观环境因素有哪些？这些环境因素如何影响商务活动？
2. 现代商务的微观环境因素有哪些？这些环境因素如何影响商务活动？

3. 什么是开放的系统观？
4. 商务企业经营战略的特点是什么？
5. 企业经营战略的构成要素有哪些？
6. 简述企业公司层次战略的两种方式。
7. 简述公司业务层次战略中常常遵循的三种战略。
8. 企业经营战略计划的作用是什么？
9. 如何制定企业的中长期经营战略计划？
10. 如何进行企业经营战略规划与分析？
11. 如何进行企业经营战略选择与评价？
12. 如何进行企业经营战略实施与控制？

案例分析

柯达公司的增长战略

美国的柯达公司是世界上最大的照相技术产品生产供应商。135亿美元的年收入的45%以上及利润的75%都来自传统照相技术产品。这意味着当数字竞争者加入市场时，柯达公司最大的营利业务将逐渐萎缩。面对激烈竞争的市场，柯达公司的首席执行官乔治·费舍尔制定了一个使公司的传统业务和数字业务以最大的可能性增长的大胆计划。数字业务将成为未来柯达公司的业务主干，传统业务会为增长提供投资和购买所需的资本。

在过去的10年里，很多私人品牌企业已经使柯达公司在美国的市场份额从80%降低到70%左右。他们通过更低成本的高质量产品取得了这些成果。富士公司将产品的价格确定在比柯达公司产品低10%的水平上，而私人品牌的价格通常比富士公司的产品还低20%～30%。作为高成本生产商，柯达公司在全面的价格战中不可能获胜。为抑制市场份额下滑的趋势，柯达公司小幅度地下调了价格，并且下更大力气对产品进行高质量的宣传。结果，柯达公司夺回了两个百分点的市场份额。

另外，柯达公司最近在法律上获得了一次重要的胜利。它说服联邦法庭推翻了束缚该公司多年的判决。第一个判决在1921年，要求柯达公司在其全部产品上都标识柯达的名字，使该公司不能在私有品牌市场竞争。第二个判决在1954年，禁止柯达在底片洗印工艺中捆绑销售柯达胶卷。

柯达公司的战略之一是进入快速增长的胶卷市场——一次性照相机。一次性照相机也称做抛弃型相机，由廉价的纸板和塑料壳制成，里面有胶卷。一次性相机每年购买数量增长40%。

柯达公司增长战略的其他创新手段如下所述。

① 加入照相设备企业协会（还有富士公司和尼康公司），生产包括简易胶卷设备在内的高级成像系统。

② 免费许可使用将图片转换为光盘的机械。每个光盘都附带一个为顾客从光盘向计算机内存复制图片提供便利的加密软件。

③ 与微软公司联合开发，使计算机用户可以对图片进行润色、修改及其他处理的软件——数字暗室，以便获得市场优势。

④ 新式无底片相机——数字 DC40，开始定价为 1 000 美元，但为吸引顾客，几年后的价格降到 300 美元。

⑤ 利用高度压缩图片技术的人面孔图像只需 50 兆字节的信息（完全数字化的图片需要 80 兆字节）。在一个与 IBM 公司合资的企业中，柯达公司计划将这样的图片存储在信用卡的磁条或银行支票的条码上，这样出纳员或商店职员可以确认使用者身份。

柯达公司采用了新兴技术的生产线，为未来提供了几个发展的亮点。不过，它的成本依旧很高，利润依旧很低。而且，在停滞不前的市场中增加公司传统胶卷业务将是前所未有的挑战。柯达公司的经理过去所说的要实现每年 8%的增长，而不仅仅是 4%。不过，8%的增长率此前从来没有真正被实现过。很多分析家现在开始对此表示怀疑。不过，费舍尔的决心很明显，就像他说的那样：“我并不天真。我知道这需要时间。但是柯达公司必须增长。如果这种规模的企业不增长，就会开始出现衰退的隐患，然后成本将失控。我还知道人们听我再次谈论柯达公司要实现增长的事情很紧张，但是增长是我的全部目标。”

问题：柯达公司的战略决策类型是什么？利用本章中学到的概念评估它的增长战略。

第 8 章　现代商务营销策略

本章你将学到以下知识：

- ✓ 营销与营销观念的演变；
- ✓ 现代营销的新发展；
- ✓ 消费者购买行为的动机和决策过程；
- ✓ 市场调查与市场细分；
- ✓ 目标市场的选择；
- ✓ 如何进行目标市场的开拓；
- ✓ 市场营销组合策略。

星巴克的营销理念——不花一分钱做广告

1971 年 4 月，位于美国西雅图的星巴克创始店开业。1987 年 3 月，星巴克的主人鲍德温和波克决定卖掉星巴克咖啡公司在西雅图的店面及烘焙厂，霍华·舒尔茨则决定买下星巴克，同自己创立于 1985 年的每日咖啡公司合并改造为“星巴克企业”。现在，星巴克已经在北美、欧洲和南太平洋等地开出了 6 000 多家店，近几年的增长速度每年超过 500 家，平均每周超过 10 000 万人在店内消费。2005 年，星巴克在全球达到 10 000 家店。目前，星巴克是唯一一个把店面开遍四大洲的世界性咖啡品牌，星巴克已成为全球最大的咖啡连锁店。

1998 年 3 月，星巴克进入台湾，1999 年 1 月进入北京，2000 年 5 月进入上海，目前星巴克已成为了国内咖啡行业的第一品牌。星巴克高级副总裁兼大中华区总裁王金龙在路透 2007 中国世纪峰会上表示：“包括台湾、香港等地在内，星巴克大中华区目前约有 540 家门店，我们确信未来将增加到 1 000 家。”

星巴克给品牌市场营销的传统理念带来的冲击同星巴克的高速扩张一样引人注目。在各种新型产品与服务风起云涌的时代，星巴克公司却把一种世界上最古老的商品发展成为与众不同、持久的、高附加值的品牌。然而，星巴克并没有使用其他品牌市场战略中的传统手段，如铺天盖地的广告宣传和巨额的促销预算。

“我们的店就是最好的广告”，星巴克的经营者们这样对记者说。据了解，星巴克从未在大众媒体上花过一分钱的广告费。但是，他们仍然非常善于营销。星巴克除了利用一些策略联盟帮助宣传新品外，几乎从来不做广告。因为根据在美国和中国台湾的经验，大众媒体泛滥后，其广告也逐渐失去吸引力，为了避免资源的浪费，星巴克故意不打广告。这种启发也是来自欧洲那些名店名品的推广策略，它们并不依靠在大众媒体上做广告，而每一家好的门店就是最好的广告。

星巴克认为，在服务业，最重要的行销渠道是分店本身，而不是广告。如果店里的产品与服务不够好，做再多的广告吸引客人来，也只是让他们看到负面的形象。上海统一星巴克咖啡有限公司总经理徐光宇表示，星巴克不愿花费庞大的资金做广告与促销，但坚持每一位员工都拥有最专业的知识与服务热忱。“我们的员工犹如咖啡迷一般，可以对顾客详细解说每一种咖啡产品的特性。只有透过一对一的方式，才能赢得信任与口碑。这是既经济又实惠的做法，也是星巴克的独到之处！”

另外，星巴克的创始人霍华·舒尔茨意识到员工在品牌传播中的重要性，他另辟蹊径开创了自己的品牌管理方法，将本来用于广告的支出用于员工的福利和培训，使员工的流动性很小。这对星巴克“口口相传”的品牌经营起到了重要作用。

现代商务活动离不开市场营销，企业只有将市场营销策略很好的运用于商务活动的全过程，使商务活动与市场需求协调起来，才能使企业求得生存和发展。

8.1　营销与营销观念

1. 营销

营销是商务活动的主要内容。那么，什么是营销呢？很多人认为它就是人员推销，也有人认为营销就是广告，还有人认为就是将产品送到商店安排展示，并且为将来的销售保持产品库存。实际上，营销不仅包括所有这些活动，而且还远不止这些。学者们对营销进行了大量的定义。现任美国管理科学联合市场营销学会主席的菲利普·科特勒认为，营销是个人和集体通过创造，提供出售，并且同别人自由交换产品和价值，以获得其所欲之物的一种社会和管理过程。美国市场营销协会对营销所下的定义是：营销（管理）是计划和执行关于商品、服务和创意的观念、定价、促销和分销，以创造符合个人和组织目标的交换过程。

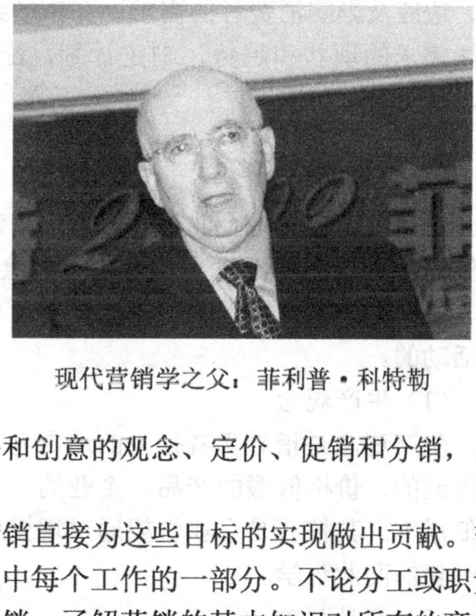

现代营销学之父：菲利普·科特勒

大多数企业的根本目的是生存、发展和营利，营销直接为这些目标的实现做出贡献。营销不是仅仅由营销部门的人来完成的工作，而是组织中每个工作的一部分。不论分工或职责范围如何，所有的商务人员都必须熟悉营销，学会营销。了解营销的基本知识对所有的商务人员都是非常重要的。

市场营销中所指的市场是指某种产品或劳务的现实购买者与潜在购买者需求的总和，用公式表示为

市场=人口+购买力+购买欲望

在营销者看来，卖方构成产业，买方构成市场。卖方把商品和服务通过传播传送到市场；同时，他们从市场上收到货币和信息。市场经营者在判断市场容量时，不仅要考虑人口数量，还应考虑可能存在的欲望和支付能力，才能准确判断市场的容量。某个简单的营销系统如图 8.1 所示。图中，内圈表示货币和商品的交换；外圈表示信息的交换。

市场营销就是为了满足人类的需求和欲望而实现潜在交换的活动。市场营销活动是以满足顾客需要为中心，以实现企业营销目标为目的，对企业生产经营活动全过程进行计划并执行的活动，包括市场调研、选择目标市场、产品开发、产品定价、渠道选择、产品的促销、

存储和运输，以及提供服务等一系列与市场有关的业务经营活动。也就是说，市场营销活动既包括企业在流通领域内进行的活动，也包括生产过程中的产前活动和流通过程结束后的售后活动。市场营销活动是紧紧围绕市场展开的。

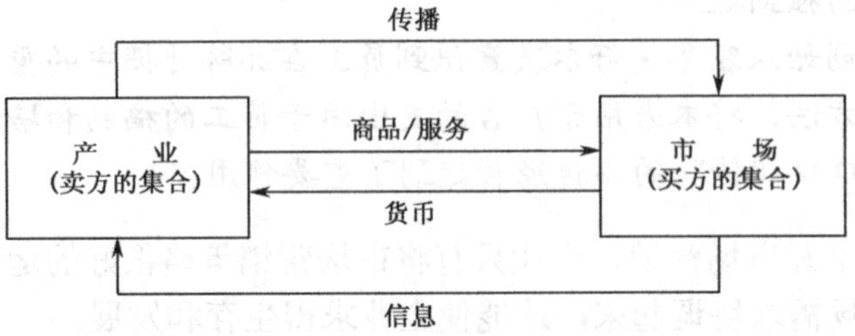

图 8.1 某个简单的营销系统

市场营销管理是一个过程，包括分析、规划、执行和控制，其管理的对象包括理念、产品和服务。市场营销管理的主要任务是刺激消费者对产品的需求，帮助企业在实现其营销目标的过程中，影响需求水平、需求时间和需求构成。因此，市场营销管理的任务是刺激、创造、适应及影响消费者的需求。在市场经济条件下，企业必须十分重视市场营销管理，根据市场需求的现状和趋势，制定计划，配置资源，通过有效地满足市场需求，来赢得竞争优势，求得生存与发展。

2. 市场营销观念

市场营销观念是企业在开展市场营销的过程中，处理企业、顾客和社会三方面利益所持有的态度、思想和观念。实际上，社会中存在着五种市场营销观念，即生产观念、产品观念、推销观念、营销观念和社会营销观念。各种组织都是在其中某一个观念的指导下从事营销活动的。

（1）生产观念

生产观念是指导卖者行为的最古老的观念之一。生产观念认为，消费者喜爱那些可以随处得到的、价格低廉的产品。企业的一切经营活动以生产为中心，集中一切力量增加产量，降低成本。其核心是企业希望通过规模经济实现降低成本的目标。生产观念是一种重生产、轻销售的商业哲学。

（2）产品观念

产品观念认为，消费者最喜欢那些质量高、功能多并具有某些创新特点的产品。企业的主要任务就是提高产品质量，使之物美价廉，顾客就会自动找上门来，而无须花费大力气开展推销活动。产品观念导向的公司在设计产品时经常不让或很少让顾客介入。它们相信自己的工程师知道该怎样设计和改进产品。它们甚至不考虑竞争者的产品。通用汽车公司的经理曾说过："在我们没有发明汽车之前，公众怎么会知道需要什么类型的汽车？"通用汽车公司的看法是，该公司的设计师和工程师会创造出一种款式讲究且耐用的汽车，然后由生产部门制造出来，由财务部门为其制定价格。最后，要求营销部门和推销员对其推销。这种观念一度使通用汽车公司举步维艰，但值得庆幸的是，通用汽车公司如今已经开始研究顾客需要的价值所在，营销人员在汽车设计之前就介入并提出设计意见。

（3）推销观念

推销观念认为，如果让消费者和企业自行抉择，他们不会足量购买某个组织的产品。因此，推销人员必须主动推销和积极促销。如果不经过销售努力，顾客就不会大量购买产品，换句话说，只要企业努力推销什么产品，顾客就会更多地购买什么产品。企业必须建立专门的推销机构，大力运用推销术和广告术，以其压倒竞争对手。

推销观念是生产观念的发展和延伸。20 世纪 20 年代末，资本主义国家的市场形势处于严重的经济危机和不景气之中，市场问题变得十分尖锐和复杂，大批产品供过于求，销售困难，竞争加剧。企业家不是担心能不能大量生产，而是担心生产出来的产品能不能全部销售出去，推销观念便应运而生。

然而，建立在强力推销基础上的营销有着高度的风险，因为推销观念只是着眼于现有产品的推销，至于顾客是否满意，今后会不会重复购买则没有给予足够的重视。因而在本质上依然是生产什么销售什么，仍然没有脱出“以产定销”的范畴，只是重视眼前利益的短期行为。在商品经济高度发达的情况下，产品更加丰富，顾客有了更多的选择余地，那些不能更好地满足顾客需要的产品，将越来越受到顾客的冷落，推销观念也就越来越不适应了。

（4）营销观念

营销观念是作为对上述观念的挑战而出现的一种企业经营理念。其核心原则，直到 20 世纪 50 年代才基本定型。营销观念认为，实现企业目标的关键在于正确确定目标市场的需要，并且比竞争对手更有效、更有利地传送目标市场所期望满足的东西。

营销观念与推销观念的主要区别在于，推销观念注重卖方的生产，营销观念则注重买方的需要。推销以卖方生产的产品为出发点，考虑如何把产品变成现金；而营销则考虑如何通过产品及与创造、传送产品和最终消费产品有关的所有事情，满足顾客的需要。持有营销观念的企业认识到消费者会指导企业的商务活动，顾客群体有不同的需要，因此企业应该开发不同的产品、服务及促销活动。这些企业仔细分析市场，并且将市场分为具有相似特征的不同群体，然后制订可以与其中一个或多个群体进行互相满意的交换的营销方案。

（5）社会营销观念

社会营销观念是对市场营销观念的重要补充和延伸。其基本内容是，企业的存在不仅要满足消费者的需要和欲望并实现企业目标，而且要符合消费者和社会的长远利益，应将企业利益、消费需要、社会利益三方面协调统一。

社会营销观念最早出现在20世纪70年代的西方国家。它的提出，一方面基于对“在环境恶化，人口爆炸性增长，全球性通货膨胀和忽视社会服务的时代，单纯的市场营销观念是否合适”的认识；另一方面基于对广泛兴起的，以保护消费者利益为宗旨的消费者运动的反思。有人认为单纯的市场营销观念忽略了消费者需求的满足与长远的社会利益之间的矛盾，导致了产品过早陈旧，大量物资浪费，环境污染更加严重。例如汉堡包快餐行业提供可口却没有营养的食品。汉堡包脂肪含量太高，出售时采用方便包装，因而导致了过多的包装废弃物。在满足消费者需求的同时，这些餐馆可能损害了消费者的健康，同时污染了环境，浪费了资源。清洁剂工业适应了人们对洁净衣物的偏好，却造成了江河的污染。上述情况的出现要求有一种新的观念来修正或取代营销观念，在这种情况下，一种新的营销观念——社会营销观念应运而生，并且得到迅速发展，成为营销观念的主流。例如几年前，麦当劳决定不再使用塑料容器，因为它们不能循环使用。

（6）绿色营销观念

此观念是指企业的一切经营活动都要从保护环境、资源出发，将绿色营销观念纳入生产经营体系之中，以节约能源、资源和保护生态环境为中心，强调污染防治、资源的充分利用、新资源的开发、资源的再生利用等。从这些角度出发，企业通过研制产品、利用自然、变废为宝等措施，满足消费者的绿色需求，实现企业的经营目标。

20 世纪五六十年代以来，生产力的发展造成了严重的“全球性问题”，环境污染，资源缺乏，人类生产和发展的环境遭到了严重的破坏。1983 年联合国提出了“综合发展观”。《21 世纪议程》正式确定了“可持续发展战略”，成为了各国政府制定发展纲要的指南。另外，保护消费者权益运动和消费者“绿色消费意识”的觉醒，也给企业带来了很大的压力。如果“可持续发展战略”是从宏观方面促进人与自然、经济社会与环境和谐发展的话，那么“绿色营销”则是从微观角度协调发展经济与资源有序利用和生态环境良好之间的关系，最终实现人类社会的可持续发展。

3. 现代营销新发展

（1）关系营销

随着新产品出现速度的加快和市场竞争的加剧，消费者的消费习惯更容易发生变化，其品牌忠诚度有所下降。围绕着如何使顾客保持品牌忠诚，20 世纪 80 年代末，在西方国家企业兴起了一种新型的营销观念——关系营销（Relationship Marketing）。关系营销把企业的营销活动看成是一个企业与消费者、供应商、分销商、竞争者、政府机构及其他社会组织发生互动作用的过程，企业营销工作就是建立和发展这些关系，也就是说通过建立和维系与消费者、相关者之间的长期良好关系，充分利用和强化各种形式的关系网络来开展营销活动。通过熟悉关系来购买所需商品和服务是一种普遍现象，关系网络是一种带有独立性，几乎不可转让的无形资源。关系营销基本点有三个：一是把企业的市场营销活动置于整个社会经济的大环境中，而不仅仅是局限于产品市场；二是把关系看成是企业营销活动成败的关键；三是把营销本质由交易转向关系。

（2）数据库营销

随着时代的进步，科学的发展，数据库技术和市场营销有机结合，形成了一种新型营销方式——数据库营销。所谓数据库营销，就是企业通过收集和积累消费者的大量信息，经过处理后预测消费者有多大可能去购买某些产品，以及利用这些信息给产品以精确定位，有针对性地制作营销信息，以达到说服消费者去购买产品的目的。数据库营销的优越性表现为：可以帮助企业准确找到目标消费群；可以降低营销成本，提高营销效率；拴住消费者，使消费者成为企业长期、忠实的用户，保证企业有稳定的顾客群；可以为营销和新产品开发提供准确的信息；使企业间竞争更加隐秘，避免公开、白热化对抗。

数据库营销一般经历数据采集，数据存储，数据处理，寻找理想消费者，使用数据，完善数据库六个基本过程。

（3）整体营销

现代营销理念经过 20 世纪 70 年代和 80 年代的发展，其内涵已变得越来越丰富。把营销仅仅理解为营销部门的一种职能，或一些单纯的营销职能的集合，已不足以全面理解现代营销的主要思想。彼得·杜拉克曾经指出，营销是如此基本，以致不能把它看成是一个单独的功能，从它的最终结果看，也就是从顾客的观点看，营销是整个企业的活动。对营销学文献研究的结果表明，越来越多的学者和专家开始倾向于这样的一种观点，即营销是企业的一种经营方式，它既是一种思想，也是一种方法。

不论理论的探讨，还是现实的操作，营销的整体性越来越重要。整体营销是现代企业所建立的以市场为导向的一种经营方式，它包括了营销手段的整体性和整体企业的营销运作这两个最基本的特征。

① 营销手段的整体性。整体营销的一个基本特征是营销手段的整体性，即企业在外部环境的约束下，应把影响市场的全部营销手段配合起来，使之形成最佳结构，发挥最大功效。麦肯锡认为影响市场的手段从大类上分，主要有产品、价格、销售渠道和销售促进四大类；科特勒的“大营销概念”在此基础上又加上了公共关系和政治因素两类。当然还有其他不同的分类和提法，如服务营销最新的研究表明，除了产品、价格、销售渠道和销售促进外，营销的手段还应包括顾客服务、人员和进程等，但不管怎么分，营销的整体性实际上就是指通过对影响顾客购买需求的一系列手段的组合运用（营销组合），以期产生营销的放大效应。从这一意义上说营销并不是靠单一的手段去占领市场，而是靠整体策略去赢得市场。

② 企业整体的营销运作。若仅从营销组合的角度来理解营销，那么我们还没有真正把握整体营销的思想实质。整体营销更深刻的思想在于企业整体性的营销运作，这就是说营销绝不仅仅是营销部门的事情，营销涉及整个企业的运作，涉及企业各个部门围绕顾客需求，相互协调，从而形成以市场为导向的企业运作系统。

与传统的营销概念相比，整体营销更强调统一的经营理念和步调一致的企业行为，它要求营销部门以外的其他部门也必须掌握相关的外部营销知识，树立顾客第一的营销理念，并能在本职工作中体现出来，以及关系和注重反馈的外部信息等一系列原属营销部门应有的职责。一句话，整体营销已是一个被扩大了的营销概念。

（4）网络营销

随着互联网的发展，现代计算机技术、通信技术和数字交互技术的发展，消费者的价值取向、消费心理、消费行为及营销竞争环境发生了深刻变化，对传统营销造成了变革性冲击。随着 21 世纪的信息文明和 e 时代的发展，营销最基本的两个方面——消费者价值观和竞争方式的变化促进了网络营销（Web-marketing or e-markting）的产生。所谓网络营销，是运用现代互联网和电子技术，根据消费者价值观和竞争方式的变化来开展营销活动，以实现营销目标。与其他形式相比较，网络营销具有营销成本低、环节少、方式新、国际性、全天候等特点。

8.2 消费者购买行为

1. 消费者购买行为的内容

消费者购买行为是指消费者为满足个人或家庭生活需要而购买所需商品的活动及与这种活动有关的决策过程。

消费者购买行为的内容包括六大方面，可概括为“5W1H”，即购买什么（what），为何购买（why），购买者是谁（who），何时购买（when），何地购买（where），怎样购买（how）。

（1）购买什么

即购买对象。主要指消费者要购买什么商品，了解购买商品的类型、牌号等。

（2）为何购买

即消费者购买商品的目的。侧重分析消费者购买商品的动机和原因。

（3）购买者是谁

即购买的决策者和执行者。根据消费者的性别、年龄、职业、收入等差别，分析最有可能购买某种商品的消费者类型。

（4）何时购买

即购买时间。了解消费者的购买有无季节性，分析消费者喜欢且经常选择什么时间购买商品。

（5）何地购买

即购买地点。分析消费者喜欢且经常光顾的购买地点。

（6）怎样购买

即购买方式。分析消费者对不同商品在价格、购买数量、货币结算方式等方面的不同特点。

以上六个方面中，如果购买目的是预先确定的，那么在购买行为的实施过程中就只有五个方面，即购买什么，购买者是谁，何时购买，何地购买，怎样购买，这五个方面简称为"5W"。

2. 消费者购买动机

消费者的购买行为是由其购买动机引起的。消费者的购买动机，就是激发消费者采取购买行动的愿望或理想。它决定了消费者购买行为的方向。

消费者的购买动机是以消费者的需要为基础产生的，只有当消费者有了某种需要并期望得到满足时，才会产生购买动机。如饥饿产生了充饥的需要，为了满足这一需要，消费者就产生了购买食品的动机。但是，这种需要并不能确定用哪种食品来满足，因为充饥的食品是多种多样的，生产厂家也是千差万别的，所以它不是形成动机的唯一原因。社会文化环境、经济收入、商品实体本身和销售服务的特色等，也是诱发消费者产生购买动机的重要原因。所以，对于营销企业来说，应重视诱导消费者形成购买本企业产品的动机，并通过满足消费者的需要使这一动机不断强化，从而为维持企业的长期销售打下坚实的基础。消费者的购买动机是多种多样的，按照引起动机的需要的差别，可以分为生理动机和心理动机两大类。

（1）生理动机

生理动机是因生理需要引起的购买动机。人们的生理需要因目的不同而存在很大差异，由此引发的生理动机就表现为多种形式：

① 生存动机。生存动机是为满足维持生命的需要而产生的购买动机，如饥思食、渴思饮、寒思衣等。

② 安全动机。安全动机是为保护生命安全的需要而产生的购买动机，如为治病而购买药品，为免遭雨淋而买雨具，为防止意外损伤而购买保险等。

③ 繁衍动机。繁衍动机是为了组织家庭、繁衍后代、抚育子女而产生的购买动机，如为组织家庭而购买结婚用品，为抚养子女而购买儿童用品等。

生理动机大量表现在引起人们购买吃、穿、用等生活必需品的行动中，因而生理动机在诸多动机中起着主导作用，并成为作用最广的购买动机。

（2）心理动机

心理动机是由人们的心理活动过程引起的购买动机。消费者对市场有很多方面的心理需求：一是希望能在市场上买到称心如意、符合需要的商品；二是希望商品的价格合理，同自己的购买能力相适应；三是希望商品供应的时间、地点、方式适合自己的购买要求；四是希望得到良好的销售服务。这些要求，既有个人的因素，又有社会条件的因素。反映在购买动机上，就分为个人心理动机和社会心理动机两大类。

① 个人心理动机，是指由个人心理活动产生的购买动机。具体表现为三种类型。

- 感情动机，是由人们的感情要求引起的购买动机，包括情绪动机和情感动机两种。情绪动机是由人们的喜、怒、哀、乐、欲、爱、恶、惧等情绪影响产生的动机。情感动机是由人们的道德感、群体感、美感等人的感情所引起的购买动机。如人们为了爱美而购买漂亮的衣服和化妆品，为了友谊而购买礼品等。具有不同修养情操的人，情感是不同的，购买行为也就有所差别，但这类动机引起的购买行为是不稳定的。
- 理智动机，是建立在人们对商品的宏观认识之上，经过分析、比较后产生的购买动机。理智动机具有周密性、宏观性和控制性的特点，在这种动机驱使下的购买，比较注意商品的品质，讲求实用、可靠、价格合理、设计科学、使用方便、服务周到等。一般说来，性格稳重，具有一定文化修养，深谋远虑的消费者都会具有这种购买动机。
- 惠顾动机，亦即偏爱动机，是人们在总结感情和理智经验的基础上，由于对某种商品产生特殊的信任和爱好而产生重复购买的购买动机。造成消费者偏爱而惠顾的原因一般包括服务周到，企业信誉好，价格合理，花色品种齐全，购买方便等。

② 社会心理动机，是由社会心理因素引起的动机。任何消费者都生活在一定的社会环境中，因此，社会风俗习惯、时尚、文化、群体、经济收入等，都会影响消费者的心理，从而引起多种动机。社会心理动机可分为如下几种：

- 求实动机，以追求商品的使用价值为主要特征的购买动机。指消费者在购买商品时讲求商品的内在质量和实际效用，做到一分钱买一分货。
- 求新动机，以注重商品的时尚为主要特征的购买动机。指消费者在购买商品时，追求商品时髦、奇特，要求款式新颖，格调清新，社会流行等。
- 求美动机，以重视商品的欣赏价值和艺术价值为主要特征的购买动机。指消费者在购买商品时，追求商品的装饰性、艺术性，要求商品能美化人体、装饰环境、陶冶情操。
- 求廉动机，以追求商品的价格低廉为主要特征的购买动机。即消费者在购买商品时，特别注意商品的价格，要求物美价廉。
- 求名动机，以追求商品能显示自己的地位和威望为主要特征的购买动机。消费者在购买商品时，为了显示自己的特殊的身份、地位，特别注意商品商标的名称、生产和销售企业的声誉、商品的“吉利”名称和高价格等。
- 求同动机，亦称“仿效心理动机”，以注重追随社会潮流为主要特点的购买动机。指消费者在购买商品时，愿意随大流，适应社会的传统习惯，又不甘落在潮流的后面，因而购买那些周围的人普遍购买的商品。
- 求异动机，以追求商品的与众不同为主要特征的购买动机。持这种动机的消费者在购买商品时愿意标新立异，表现出自己与众不同的特点，因而愿意购买那些在花色、品种、式样等方面与周围人不同的商品。

3．消费者的购买决策过程

消费者购买商品是一个复杂的心理活动过程，了解消费者如何做出购买决策对确定营销策略将很有帮助。

当购买产品时，消费者会经历问题认识、信息收集、对可供选择方案进行评价、购买决策和购买行为五个阶段，如图8.2所示。

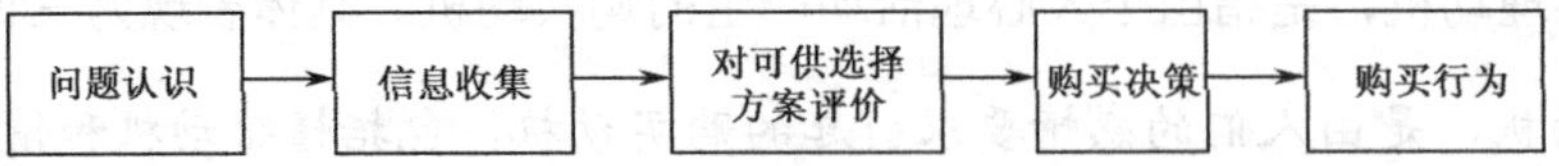

图8.2　购买过程的五个阶段

很明显，购买过程早在消费者实际购买之前就开始了，并且购买之后还会有持续的影响力。在实际情况中，消费者也可能越过或颠倒其中的某些阶段。一位购买固定品牌牙膏的妇女会越过信息收集和方案评估阶段，根据对牙膏的需要直接进入购买决策阶段。

（1）问题认识

购买过程从购买者对某个问题的认识开始，内部的和外部的刺激因素都可能引起需求。刺激是对于视觉、味觉、嗅觉、触觉、听觉这五种感官的作用或影响。饥饿或口渴是内部的刺激；汽车的颜色、包装设计，以及由朋友提起的品牌名或电视上做的广告等是外部刺激。营销人员需要去识别引起消费者某种需要的刺激。通过从一些消费者那里搜集的信息，营销人员就能识别一些会引起顾客对产品产生兴趣的常见的刺激因素。这样营销人员就可以拟订引起消费者兴趣的各种营销战略了。

（2）信息收集

一位被唤起需求的消费者可能会去寻求更多的商品信息，根据顾客对产品的需求程度，可以把这些信息收集分为两种状态。一是适度的收集状态。在这种状态下，一个人对一个产品的信息变得更加关心。二是积极收集信息状态。在这种状态下，他会寻找阅读材料，与朋友电话联系或进行其他收集活动来收集产品信息。

消费者的信息来源可分为四种：

- 个人来源，例如家庭、朋友、邻居、熟人等；
- 商业来源，例如广告、推销员、经销商、包装、展览等；
- 公共来源，例如大众传播媒体、消费者评审组织；
- 经验来源。

（3）对可供选择的方案进行评价

在获得信息并形成可供选择的产品组合之后，消费者准备做出决策，消费者会使用记忆中存储的信息或从外界信息源中获得信息，并且形成一套选择标准。至今，还没有一种能为所有消费者或只是一位消费者在各种购买情况下可使用的简明单一的信息评价程序。顾客在努力地满足某些需要，从产品答案中寻找某些利益。顾客把每个产品看成是各种不同的具有其寻找的利益和满足其需要的一组属性。例如，消费者感性的属性分类如下。

- 照相机：照片清晰度、摄影速度、相机大小、价格。
- 旅馆：位置、清洁度、气氛、费用。
- 洗衣剂：效力、杀菌能力、价格、味道。
- 轮胎：安全、耐磨寿命、驾驶性能、价格。

消费者会密切注意与其需要有关的产品的属性，产品市场常常可根据各个不同的消费群体所感兴趣的属性来加以细分。消费者经过某些评价程序，对各个可供选择的品牌会有一种态度（例如判断、偏好），这种态度影响其购买决策。

（4）购买决策

在评价阶段，消费者会在各品牌之间形成一种偏好。消费者也可能形成某种购买意图而偏向购买他们喜爱的品牌。然而在购买意图与购买决策之间，有两种因素会相互作用。第一个因素是其他人的态度，其他人的态度会影响一个人所喜爱的选择；第二个因素是未预期情况因素的影响，某些突发事情可能会改变购买意图。可供选择方案的评价和购买决策之间的步骤如图 8.3 所示。

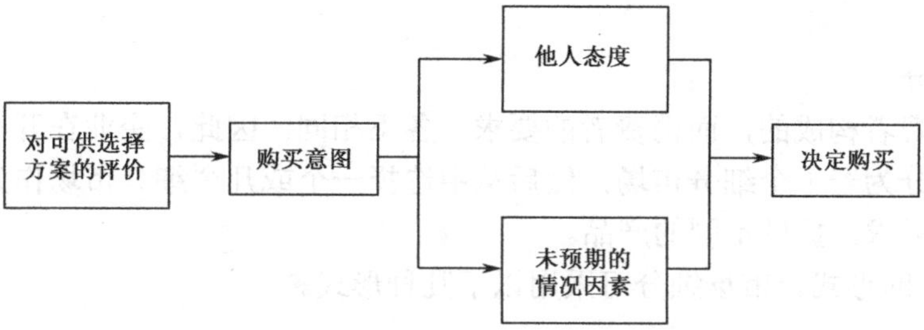

图 8.3　可供选择方案的评价和购买决策之间的步骤

（5）购买行为

消费者在购买产品之后会产生对商品的满意感和不满意感。在产品被购买以后，营销者的工作并没有结束，而是进入了购后时期。

消费者购买产品之后，如果产品与期望相符合，顾客就会满意；如果超出期望，顾客就会非常满意；如果不符合期望，顾客就会不满意。这些感觉在顾客是否再次购买产品时产生不同的影响，并且他们会把对该产品的好感或厌恶感的态度告诉其他人。营销人员应采取相应措施尽可能减少顾客购买后不满意的程度，还可以为顾客提供意见以减少其不满情绪提供良好的交流渠道。

8.3　市场细分与市场选择

1. 市场调查与市场细分

（1）市场调查

市场调查就是按照企业预定的要求，采用科学的方法和手段，通过各种有效的渠道和形式，有计划、有组织地搜集与商务活动有关的信息资料，为企业未来发展趋势的预测提供依据。企业在商务活动的整个过程中，需要获得大量的信息加以支持，市场调查则是获得信息的最佳途径。

① 市场调查的程序。市场调查是一项复杂而细致的工作，为提高工作效率，确保调查结果的可靠性和有效性，市场调查必须有计划、有步骤地进行。它包括如下三个阶段。

预备调查阶段。

包括确定调查主题和调查目标，拟订调查方案和计划，进行初步情况分析和非正式调查。

实地调查阶段。

包括确定所要搜集的资料，抽样设计，现场实地调查。

调查结果处理阶段。

包括资料的整理、分析和撰写调查报告，这是市场调查的最后一个环节，也是调查能否发挥作用的关键。

② 市场调查的方法。根据调查目标的要求，调查人员可选用不同的方法来进行调查。市场调查的方法按不同的分类标准可分为多种类型。按所搜集资料的方式分类，可分为询问法、观察法和实验法；按调查的范围分类，可分为市场普查、典型调查、重点调查和抽样调查。

（2）市场细分

市场是由消费者构成的，而消费者的要求又各不相同。因此，企业在开拓市场时，首先要把整体市场化分为若干个细分市场，然后从中选择一个或几个细分市场作为企业的目标市场，针对不同的需求，提供不同的产品。

① 市场细分的形式。市场细分可采用以下几种形式。

地理细分。

地理细分是指企业按照消费者所处的地理位置不同来细分市场，然后选择一个或几个市场部分作为目标市场。地理细分的依据包括国家、地区、城市、乡村、城市规模、人口密度、不同的气候带、不同的地理地貌等。

人口细分。

人口是构成消费品市场的基本要素之一，因此它是市场细分常用的、最重要的标准。人口细分就是企业按照人口的性别、年龄、家庭人口、家庭生命周期、文化程度、职业、民族、宗教等因素来细分市场。

心理细分。

消费者的购买欲望和购买行为受心理因素的影响很大。心理细分就是企业根据消费者的生活方式及个性等心理因素来细分市场。

行为细分。

行为细分就是企业根据消费者的购买时机、商品使用情况、品牌忠诚度和对产品的态度等行为因素来细分市场。

② 市场细分的层次。市场细分有如下四个层次。

细分营销。

市场细分片是由一个市场上有可能识别的具有相同购买欲望、购买能力、地理位置、购买态度和购买习惯的大量人群所组成的。例如，一家汽车公司辨认出四大细分片为寻求基本运输的购买者、寻求高性能的汽车购买者、寻求豪华汽车和寻求安全驾驶的汽车购买者。细分营销相对于大众化营销的优点有：公司可以创造出针对目标市场的产品或服务；选择更方便地分销渠道和传播渠道；在特定的市场细分片，公司将面临较少的竞争对手。

补缺营销。

补缺是更窄地确定某些群体。一般来说，补缺市场是一个小市场，而且这个市场存在商机。通常确定补缺市场的方法是把细分市场再细分，或者确定一组有区别的为特定的利益组合在一起的少数人。当细分市场相当大时，通常会吸引许多竞争者；而补缺市场相当小，只吸引很少的竞争者。补缺营销者高度了解企业的需要，以使他们的客户愿意付高价。例如，法拉利可以使它的汽车获得高价，因为它的忠诚客户认为在提供产品服务会员制上，其他的汽车无法与其比拟。

一个有吸引力的补缺市场的特征为：补缺市场顾客有明确的一组需要；他们愿意为那些提供最满意需要的公司付高价；营销者通过实行专门化的补缺营销能获得经济利益；补缺市场有足够的规模、利润和成长潜力。

- 本地化营销。

营销者采用地区和本地化的营销方法，把营销方案裁剪成符合本地顾客群需要和欲望的计划（贸易地区、邻近区域，甚至是个性化商店）。例如，美国的花旗银行要求其分支机构为各邻近区域提供不同的银行服务组合。美国最大的食品及饮料公司卡夫食品公司帮助连锁超市选择奶制品组合和货架位置，在低收入、中收入和高收入商店中进行奶制品的最佳配置，并且满足各地不同的民族社区的要求。

- 个别化营销。

市场细分的最后一个层次是，细分到个人定制营销或一对一营销。大众化营销的盛行使一个多世纪以来为个人定制服务的工作黯然失色。例如，裁缝为每位女士特制不同的服装；鞋匠为每个人的脚特制不同的鞋等。但今天，企业对企业的营销是定制化的，制造商为每个大客户定制供应品、送货和开账单。如今，随着电子商务的开展，使得个别化、大众化定制营销成为可能。大众化定制是一种在大量生产准备上的为个人设计和传播、以满足每个顾客要求的能力。

安德森窗门公司的业务主要是给住房制造窗户，销售额达 10 亿美元，它正在转化为大众化定制。在 6 年间，它的产量增长了三倍。为了创立订单，或者签订用户定制的订单，安德森公司开发了一种交互式的计算机服务系统，让零售商和分销商直接与工厂建立产品目录关系。利用这个系统，在它的 650 个展厅里，销售人员能帮助每位顾客订购各自需要的门窗，检查结构是否牢固，并且设立一个报价表。从展厅那里，安德森公司根据每张订单，开发了单件批量的生产工艺，从而减少最终产品的库存（这是公司的一个主要成本项目）。

③ 市场细分的模式。市场细分的方法有很多种。其中之一就是识别偏好细分市场。消费者购买的商品一般有三种不同的偏好模式：

- 同质偏好，即所有消费者有大致相同偏好的市场；
- 扩散偏好，表示消费者对于产品的要求存在差异；
- 集群偏好，是指市场可能出现有独特偏好的密集群，这些密集群可称为自然的细分市场。

2. 市场细分的步骤

美国市场学家麦卡锡曾提出了细分市场的七个步骤，如下所述。

① 选定产品市场范围，即确定企业进入什么行业，生产什么产品。产品市场范围应以顾客的需求，而不是产品本身特性来确定。例如，某个房地产公司打算在乡间建造一幢简朴的住宅，若只考虑产品的特性，该公司可能认为这幢住宅的出租对象是低收入的顾客，但从市场需求角度来看，高收入者也可能是这幢住宅的潜在顾客。因为高收入者在住腻了高楼大

厦之后，可能会向往乡间的宁静，因此可能成为这种住宅的顾客。

② 列举潜在顾客的基本需求。例如，公司可以通过调查，了解潜在消费者对前述住宅的基本需求。这些需求可能包括可遮风避雨、安全、方便、宁静，以及设计合理，室内陈设完善，工程质量好等。

③ 了解不同潜在用户的不同要求。对于列举出来的基本需求，不同顾客强调的侧重点可能会存在差异。例如，经济、安全、遮风避雨是所有顾客共同强调的，但有的用户可能特别重视生活的方便，另外一类用户则对环境的安静及内部装修等有很高的要求。通过这种差异比较，不同的顾客群体即可被初步识别出来。

④ 抽掉潜在顾客的共同要求，而以特殊需求作为市场细分标准。

⑤ 根据潜在顾客的基本要求上的差异方面，将其划分为不同的群体或子市场，并且赋予每个子市场一定的名称。例如，西方房地产公司常把购房的顾客分为好动者、老成者、新婚者、度假者等多个子市场，并且据此采取不同的营销策略。

⑥ 进一步分析每个细分市场需求与购买行为特点并分析其原因，以便在此基础上决定是否可以对这些细分出来的市场进行合并或进行进一步细分。

⑦ 估计每个细分市场的规模，即在调查研究的基础上，估计每个细分市场的顾客数量、购买频率、平均每次的购买数量等，并且对细分市场上产品的竞争状况及发展趋势做出分析。

举例来说，海尔冰箱的科研开发和市场销售人员将市场细分归结为款式细分、阶层细分、外销细分和地域细分四类。其中，款式可分为欧洲风格、亚洲风格和美洲风格。欧洲风格是以严谨的风格、方门、白色来体现；亚洲风格以淡雅为主，用圆弧门、圆角门、彩色花纹钢板来体现；美洲风格则突出华贵，以宽体流线型体现。按阶层细分又可分为白领和蓝领。其中，白领为分体式、中小容量，外观要典雅；蓝领则要大中容量，豪华的外观。外销方向可细分为发达国家和发展中国家。发达国家例如美国、德国、日本、法国、澳大利亚等；发展中国家例如阿根廷、伊朗、越南、巴拿马等。按地域细分，可分为北方和南方、城市和农村等。北方需要大冷冻能力的冰箱；农村需要宽电压冰箱；沿海则需要无霜冰箱等。

3. 目标市场选择与市场开拓

（1）目标市场选择

一般来说，任何企业即使是大公司都不可能很好地满足所有的消费者群体的不同需要，为了提高企业的经济效益，企业必须根据自己的目标、资源和特长等，权衡利弊，选择目标市场。

① 目标市场。目标市场是指企业决定要进入的市场部分或子市场，即企业的商品或服务所要满足的特定消费者群体。企业通过市场细分将一个整体市场划分为若干个市场部分或子市场，再从细分后的各市场部分或子市场中选择一个或几个细分市场作为企业进行商务活动的目标市场。因此，市场细分是确定目标市场的基础和前提，确定目标市场则是市场细分的目的。

② 目标市场选择的条件。一个理想的目标市场应具备如下条件。

企业所选定的目标市场要有足够的购买力。

企业进入某个市场是期望有利可图，如果市场规模狭小或趋于萎靡状态，企业进入后难以获得发展，则应审慎考虑，不易轻易进入。企业所选定的目标市场一定要有足够的尚未满足的现实需求和潜在需求，从而使企业能够获得一定的销售额和利润。

企业必须有能力去满足目标市场的需求。

在整体市场上，企业有利可图的细分市场可能有很多，但却不一定都能成为企业的目标市场。只有符合企业自身所具备的能力和条件，即企业的人、财、物、技术及设备等能力所能达到的，能充分发挥其资源优势的市场，才能成为企业所选定的目标市场。

在目标市场上，没有或很少有企业的竞争对手；企业在目标市场开展商务活动时，虽有竞争但竞争并不激烈；在目标市场上，企业有足够的实力击败竞争对手。

③ 目标市场策略。企业在进入其选定的目标市场时，一般有以下三种目标市场策略可供选择。

无差异性市场营销策略。

无差异性市场营销策略就是企业把产品的整个市场看做是一个目标市场，运用单一的营销策略开拓市场，即用一种产品和一套营销方案吸引尽可能多的消费者。无差异策略只考虑消费者或用户在需求上的共同点，而不关心他们在需求上的差异性。这种策略的优点是，生产成本低，促销费用开支较少，对于需求广泛、市场同质性高且能大量生产、大量销售的商品比较合适。其缺点是对市场反应不灵敏，不能满足不同消费者的需求，市场应变能力较差，因而对大多数商品是不适用的。

差异性市场营销策略。

差异性市场营销策略就是企业以两个或两个以上的细分市场作为目标市场，根据各目标市场需求的差别，分别设计不同的商品、制定不同的营销策略，以满足不同目标市场的需求。例如，服装生产企业针对不同的性别、不同收入水平的消费者，推出不同品牌、不同价格的商品，并且采用不同的广告主题来宣传这些商品，这就是采用的差异性市场营销策略。这种营销策略的优点是，小批量、多品种，生产灵活、针对性强，使消费者的需求更好地得到满足，促进商品销售。另外，由于企业是在多个细分市场上经营的，在一定程度上可以减少经营风险。一旦企业在几个细分市场上获得成功，有助于提高企业的形象并提高市场占有率。其不足之处主要体现在：一方面是增加营销成本。由于商品品种多，管理和存货成本将增加；由于企业必须针对不同的细分市场发展独立的营销计划，会增加企业在市场调研、促销及渠道管理等方面的营销成本。另一个方面是可能使企业的资源配置不能有效集中，顾此失彼，甚至在企业内部出现彼此争夺资源的现象，使拳头商品难以形成优势。

集中性市场营销策略。

实行差异性市场营销策略和无差异性市场营销策略，企业均是以整体市场作为营销目标，试图满足所有消费者在某一方面的需要。集中性市场营销策略则是集中力量进入一个或几个细分市场，实行专业化生产和销售。实行这个策略，企业不是在一个大市场中角逐，而是力求在一个或几个子市场中占有较大市场份额。例如某服装厂专为中老年女性生产服装，某拖拉机厂专门生产适合山区使用的手扶拖拉机等。集中性策略的指导思想是：与其四处出击收效甚微，不如突破一点取得成功。这种策略的优点是，企业集中资源，比较容易在特定的市场上占据优势地位，特别适合于资源力量有限的中小企业。中小企业由于受财力、技术等方面因素制约，在整体市场上可能无力与大企业抗衡，但如果集中资源在大企业尚未顾及或尚未建立绝对优势的某个或某几个细分市场进行竞争，成功的可能性更大。

集中性市场营销策略局限性体现在：一方面是市场区域相对较小，企业发展受到限制。另一方面是潜伏着较大的经营风险，一旦目标市场突然发生变化，例如消费者趣味发生转移，或者强大的竞争对手进入，或者新的更具有吸引力的替代品的出现，都可能使企业因没有回旋余地而陷入困境。

④ 目标市场策略的选择。上述三种可供选择的目标市场策略，各有优缺点，也各有适应性，企业应该根据具体情况，权衡利弊，做出正确的选择。企业在选择目标市场策略时，通常考虑如下因素。

企业的资源能力。

如果企业的资源不足，一般会选择集中性策略；如果企业的资源雄厚，供应能力强，则可采用无差异性或差异性策略。

商品的同质性。

如果商品具有同质性，差别较小，例如钢铁、食盐等，竞争主要集中在价格上，一般选择无差异性策略；如果商品差异性较大，例如服装、汽车等，则更适合采用差异性策略或集中性策略。

市场的同质性。

如果企业面对的是同质市场，市场的类似程度较高，消费者的需求较接近，可采用无差异性策略；如果市场的差异程度较高，则应采用差异性策略或集中性策略。

商品寿命周期。

当新商品刚刚上市时，竞争者较少，更适合采用无差异性策略或集中性策略；当商品进入成熟期，面对市场饱和时，则应采用差异性策略来维持和开拓市场。

市场供求。

如果市场上的商品供不应求，应采取无差异性策略进行大批量生产；如果市场上的商品供过于求，则应采用差异性策略或集中性策略。

竞争因素。

如果竞争对手采用差异性策略，则企业采用无差异性策略就难以取胜；相反，当竞争对手采用无差异性策略时，企业就应采用差异性策略或集中性策略以取得竞争优势。由于竞争是不断变化的，企业应及时分析竞争对手的策略，扬长避短，在竞争中取得主动。

（2）市场开拓

确定了目标市场并不等于企业占领了这个市场。要把目标市场变成企业已经占领的现实市场，需要研究一系列的开发市场的策略。

① 产品市场定位策略。产品的市场定位，是指在目标市场上针对竞争对手产品在该市场的地位和顾客对该产品的态度，有目的地树立本企业产品的形象，确立其在目标市场上的位置。根据本企业产品的竞争能力状况，有如下三种市场定位策略可供选择。

避强策略。

即避开强大对手的锋芒，选择那些不被强大对手注意的目标市场，投放本企业的产品，宣传并树立本企业产品的形象，站稳脚跟，扩大影响。这种定位策略风险较小，成功率高。

雷同策略。

即采取同竞争对手相同的市场定位策略。实施这种市场定位有两种情况：一是本企业实力可以与强大的竞争对手较量，敢于在同一个目标市场竞争；二是目标市场的需求量很大，即使实力雄厚的对手也无法满足整个市场上的需要，因此，强大对手可能无暇顾及其他竞争者。在这种情况下，也可选择与强大对手相同的目标市场定位。

超强策略。

不仅选择与强大对手相同的市场定位，而且在同一个定位市场要超出竞争对手，使本企业产品处于更强有力的竞争地位，有比对手更好的形象，即产品比强手有更高的知名度、美誉度，更高的质量水平和市场占有率。

② 进入市场的空间策略。在企业选择多个目标市场的情况下，就出现了一个进入的顺序问题。一般有如下三种策略可供选择。

先近后远策略。

即先进入本地目标市场或企业附近地区市场，然后，逐步推进，进入外地或比较远的外地市场。在本企业产品不容易被对手掌握和模仿的情况下，可运用这一策略。

先远后近策略。

即先进入外地市场或比较远的外地市场，然后再进入本地或就近的市场。在本企业产品容易被对手模仿和掌握的情况下，应选择这个策略。当对手拿出产品投放在对手所在地区的市场时，本企业已经销售了一大批产品，已获得可观效益，然后退出该市场，进入本地市场，十分主动的策略。

齐头并进策略。

本企业开发的新产品投入生产后，批量较大，实力较强，又独具特色，富有吸引力，可在本地和外地、近地和远地一齐进入市场。这是实力雄厚的企业可供选择地进入市场的空间策略。

③ 进入市场的时间策略。在目标市场确定后，何时进入各个目标市场，就出现一个时机问题。一般有如下三种策略可供选择。

提早进入市场。

在掌握对手开发新产品能力较强，也将有新产品投入市场的情况下，可抢在对手之前，把本企业的新产品投放市场，先入为主，抢占市场。

适中进入市场。

根据顾客购买能力的情况选择投入时机。在顾客已拥有足够购买力的条件下，产品适时投放市场，容易畅销。

较晚进入市场。

在掌握对手迟迟拿不出新产品的情况下，本企业又有大批老产品且销路较好时，本企业的新产品可以晚一点儿投放市场，以便延长老产品的寿命周期，尽量为企业多做贡献。

④ 进入市场的方法策略。企业的产品进入市场要讲究方法，需要一系列的促销策略。例如，广告策略、服务策略、公关策略、商标策略、包装策略、人员策略、营业推广策略等。方法策略的选择和运用得当，有利于企业开拓市场。

案例分析

某职业学校的小王毕业后进入一家连锁百货公司任职。当时该公司营业利润出现滑坡，管理层无计可施。一天，小王走进其连锁公司中的一家百货公司，发现顾客中中老年人较多，而青年人很少，少数的青年人也只是陪同自己的父母。小王恍然大悟：旧的商品和缺乏时代感的经营方式使公司对青年一代失去了吸引力，公司怎能不走下坡路呢？回去之后，小王将自己的想法写成了一份建议书提交给公司："现代社会中，由于个人收入不断增加，人们对消费资金的使用不再局限于生活必需品，而是向多个方向的发展。因此，与其出售实用性但是缺乏时代感的商品，不如以流行、奢侈来代替……"经过一番讨论后，该方案正式实施，由小王具体负责实施过程。

小王坚持以青年为主要销售对象，让该公司的商品突出"美姿和流行"的特色。在百货商场里还增加了其他服务，除了经营流行衣料、家具、化妆品、小家电等商品外，还有美容所、餐馆、电影院、游乐场等。这种丰富多彩的经营环境对消费者，特别是那些精力旺盛的青年人来说具有巨大的吸引力。经营业绩也节节攀升。

分析：小王是如何选择目标市场的？

8.4 市场营销组合策略

市场营销组合就是企业在特定市场经营特定商品时，可以控制的各种市场营销手段的组合。具体地说，是企业调查了其内部和外部的营销环境，在选定目标市场后，由商品策略、定价策略、分销渠道策略、促销策略等相互有机组合运用，综合地发生作用，以实现营销目标的有机组成方式。

市场营销组合是对市场各种营销因素的综合分析运用，而对各种营销因素或策略综合运用方案的选择，就形成了市场营销组合的内容。换句话说，市场营销组合，就是综合运用各种营销策略的组合。在市场上，营销因素很多，运用各种营销因素的具体策略也很多。各种营销因素和具体策略可以组成许多组合体，每一组策略又都具有不同的作用和效果。因此，研究和掌握市场营销策略及其组合就显得十分必要。

市场营销组合策略包括产品策略、价格策略、分销渠道策略和促销策略。其中，产品策略是整个市场营销策略的基础，如果离开了产品策略，也就失去了制定价格及分销渠道促销等策略的基础。因此，产品策略是营销组合策略的出发点，在市场营销活动中处于核心和主导地位。

1. 产品策略

一般情况下，人们提起产品时，往往只想到实体产品，所强调的是它的物质形态和用途，例如电视机、电脑、洗衣机、化妆品等。而营销学认为，凡是给消费者带来效用的，无论是有形的实体还是无形的服务都是产品。它包括实物、服务、场所、组织、思想、主意等有形实体和无形服务。其中，无形服务产品没有实体表现形式，而是通过一定的载体满足人们的需要和欲望，例如餐馆服务人员提供的服务是通过人员及地点等载体满足人们的需要和欲望的。按照产品的整体概念，产品是由三个基本层次组成的，即核心产品、形体产品和附加产品。

核心产品也称做实质产品，是指消费者在购买产品时希望从产品中得到的基本效用，即购买者追求的核心利益。这是购买的目的所在。例如消费者购买冰箱，并非为了购买一台有压缩机的冷藏箱，而追求的是购买电冰箱的制冷功能，能使食物保鲜，因此制冷保鲜则是电冰箱的实质内容，即核心产品。

形体产品是一个抽象的概念，其具体形式可通过常规特征表现出来，即质量水平、产品款式、品牌及包装等。这些特征称做形体产品。仍以电冰箱为例，在人们购买电冰箱时，除了考虑其制冷功能外，还必须考虑电冰箱的质量、造型、容量、色彩、品牌等。

附加产品，即消费者在购买产品时所获得的各种附加利益的总和。例如免费送货、安装调试、保修保换、技术培训等。在当今市场上，各个厂家所提供的产品在实体、质量、功能和材料上都没有太大的差异。不同的企业之间，产品的特色和差异更多地体现在所提供的服务上，即附加产品的竞争上。谁向消费者提供的服务多，谁就能赢得市场。正如一位美国著名的营销学家李斯特所说的："现代竞争并不在于各家公司能生产什么，而在于他们能为产品增加什么内容，例如包装、服务、广告、客户咨询、融资、送货、仓储及人们所重视的其他内容。"

产品整体概念的三个层次，十分清晰地体现了一切以消费者为中心的现代营销观念，衡量一个产品的价值，只能由消费者决定，而不是由生产者决定的，没有产品的整体概念，就不可能真正贯彻现代营销观念。

摩托罗拉公司是世界无线电通信的巨人，是中国市场乃至世界市场中消费者追逐的名品。该公司 1988 年的营业额为 85 亿美元，到 1997 年已高达 298 亿美元，跃居全球百强之列。在竞争激烈的高科技领域，取得这样成绩的法宝是什么？公司副总裁加里·图克对于这个问题谈了以下三点：

- 要不断推出让顾客惊讶的新产品；
- 新产品的开发，必须保持速度和时效，在研究、开发、速度等方面不能落后；
- 要面向顾客，在产品质量上务求完美。

（1）产品寿命周期策略

产品在市场上的销售情况及获利能力随着时间的推移而变化。这种变化就如其他生命有机体一样，也有一个从生产、成长、衰退到灭亡的过程。消费者对于处于寿命周期不同阶段的产品，在购买行为上也有很大的差异，有效的营销管理，应是建立在产品寿命周期的基础上。产品不同的寿命周期，具有不同的营销策略。

① 产品寿命周期。产品寿命周期是指一个产品从开发成功投放市场到最终被市场淘汰为止的全部时间过程。一种产品寿命周期的终止是以该产品在市场上无人问津，销售不出去，而被迫停止生产为特征，也被称做产品的经济寿命周期或市场寿命周期。这种周期应与使用价值功能丧失的产品的物质生命周期区分开来。完整的产品寿命周期包括四个不同的阶段：投入期、成长期、成熟期和衰退期。

② 产品寿命周期各阶段的特征。在产品寿命周期的不同阶段，分别呈现出不同的特征。

- 投入期。

这时，产品刚投入市场，产品功能尚需完善，质量也欠稳定，消费者对新产品还缺乏足够的认识，只有少数追新的消费者敢冒险接受新产品。产品销售额的增长值较为缓慢，由于此期间产品的生产规模较小，产品的生产成本和促销费用较高。再由于新产品开发要冒一定的风险，因此，投入期的市场上基本没有竞争对手，此阶段往往无利润，甚至利润为负。

成长期。

在此阶段，由于前期消费者使用产品后感受良好且产品在市场上的知名度迅速提高，产品逐步被更多的消费者接受，销售量迅速增长，生产规模也随之扩大，成本有较大幅度下降，产品利润也迅速提高。由于产品有利可图，一些竞争者也加入了产品经营的行列。

成熟期。

在成熟期，由于大量消费者已加入购买行列，产品市场进一步拓展，受到潜在消费者减少的限制，并且能取代本产品的新产品开始出现在市场上，产品销售量增长迅速，到后期逐步放慢，最终达到极限，然后呈缓慢下降的态势。在产品利润的诱惑下，有较多的竞争者的产品加入该产品行列。企业在激烈的市场竞争中，为保住其市场占有率，广告宣传、新品种开发等营销费用有所增加，利润到达最高点之后开始出现下降。

衰退期。

在衰退期，产品的替代品日趋成熟并大量投放市场，市场上消费者的购买兴趣向新产品转移，产品的销售额呈现严重下降的趋势，利润也进一步降低，同时出现亏损，最终产品完全失去销路，退出市场，寿命周期也就终结了。

③ 产品寿命周期各个阶段营销策略。产品寿命周期各个阶段的市场特征、消费者购买行为、市场竞争的重点均有较大的差异，这也是企业制定营销策略的依据。

投入期的营销策略。

投入期的营销目标是让顾客认识并接受新产品。企业营销策略应主要考虑如下所述的几个方面。

第一，提高产品的市场知名度，以尽快吸引顾客试用。

第二，吸引中间商经销产品，初步建立畅通的分销渠道，有效地进行市场渗透。

第三，对可能出现的竞争事先进行防范，例如通过申请专利及注册商标等取得经营垄断权，并且做好生产规模扩大的准备工作，用降低成本来阻碍竞争者进入产品市场。

成长期的营销策略。

成长期的营销目标是保持销售额的迅速增加，实现最大的市场占有率。为了实现此目标，除吸引更多顾客购买外，还必须重视日益增多的市场竞争，要进一步巩固产品的市场地位和加强防范竞争，还须在改进产品、促销和分销渠道方面增加支出。在此阶段，企业可采取的营销策略主要有如下。

第一，提高产品质量，完善产品的功能，增创产品的特色，创造更多的品牌。

第二，增加新品种开发系列的产品。

第三，进入新的细分市场。

第四，通过新的分销渠道，把产品送达更密集和更广阔的市场。

第五，改变广告内容，由提高产品知晓度转变为说服人们购买某品牌的产品。

第六，为吸引低收入的对价格敏感的顾客，在适当的时候，企业可降低价格。

在成长期的企业应在提高市场占有率和获取短期高额利润之间进行选择。如果为提高市场占有率，以取得长期的高额利润，就不应该急功近利，而应着眼于长远，在改进产品、促销和分销方面进行大量投资，以巩固企业的市场竞争地位。

成熟期的营销策略。

产品的销售量一旦由高速增长到逐步放慢增长速度，产品便由成长期进入了成熟期。在产品的成熟期，市场竞争更加激烈。为取得市场竞争的主导地位，势必要增加广告和促销费用。同时，企业在改进产品和开发系列产品上也会引发成本上升。成熟期阶段的营销目标是以攻为守，保持市场占有率，争取最大利润。企业可以从市场改革、产品改进和市场营销组合改革三个方面考虑此阶段的营销策略。

第一，市场改革。人们知道，产品销售量=使用人数×人均使用量。通过这个公式说明，企业可以从增加使用人数和增加人均使用量两个方面来增加产品的销量。为了增加使用人数，首先应发掘潜在顾客，采取各种手段，刺激和诱导未使用过产品的潜在消费者使用本产品；其次，可进入新的细分市场；最后，可设法吸引竞争者的顾客使用本公司的产品，争夺竞争者的顾客。促进已使用本企业产品的顾客增加产品的人均使用量，应设法使顾客增加产品的使用次数和每次对产品的使用量，还可以努力发掘产品的新用途，以便增加顾客对产品的需求量。

第二，改进产品。企业可通过改进产品增加产品特点，以吸引新的使用者，以此来提高销售量。具体策略为，可通过提高产品的使用性能来提高产品的质量。可以增加产品的耐用性、可行性、新口味等特点。例如床垫厂新推出密集加强型床垫，洗涤剂厂生产的超浓缩消毒洗衣粉等，就属于这类策略。另外，还可以通过给产品增加新的特性（例如体积、重量、材料）以扩大产品的多方面适应性，使其使用更加方便。手提电脑、微型随身听收录机就是这个策略的应用。还可以通过改变产品的外观来吸引顾客购买和更新原有产品。例如电脑生产企业推出新型号、新款式的电脑。此外，还可以通过改变包装式样来实现产品改进。

第三，市场营销组合改革。改变市场营销组合中的非产品因素，也可以达到增加产品销售额的目的，改变营销组合的途径可以通过价格、分销、促销等方式来吸引顾客和促进销售。

④ 衰退期的营销策略。到了衰退期，产品的销售量和利润都会出现下降，造成产品进入衰退期的原因有，新产品的推广，顾客需求的转移，激烈的市场竞争等。衰退期的营销目标是压缩营销费用，进行市场收缩。此阶段有四个可以选择的营销策略，如下所述。

主动出击策略。

企业通过调整市场营销组合，例如增加促销费用，再度使产品销售量继续增加。

坚守策略。

保持原有支出，维持现有产品组合和营销组合以等待其他企业从市场上撤出，从而得到更大的市场份额，获取可观的利润。

收缩策略。

企业从无利可图的细分市场中撤出，放弃效率低的分销渠道，尽可能减少促销费用并降低价格，通过市场的收缩以换取营销效率，并且取得最后利润。

放弃策略。

果断地从衰退中抽出资金，全力进行新产品开发。在放弃时必须保留零部件供给和服务项目，以维护企业的良好形象。

（2）品牌策略

① 品牌。美国市场营销协会对品牌的定义是：品牌是一种名称、术语、标识、符号或设计，或者是它们的组合运用，其目的是借以辨认某个销售者或某群销售者的产品或服务，并且使之同竞争对手的产品和服务区别开来。从本质上说，从一个品牌上能辨别出销售者或制造商。根据商标法，销售者对品牌名称获得长期的专用权。

品牌的要点是销售者向购买者长期提供的一组特定的特点、利益和服务的标识。最好的品牌传达了商品质量的保证。品牌还是一个更为复杂的符号标识。一个品牌能表达出如下六层意思。

- 属性。一个品牌首先给人们带来特定的属性。例如，别克牌轿车表现出昂贵、制造精良、耐用、高声誉、快捷等特性。
- 利益。一个品牌不仅仅限于一组属性，顾客不是在购买属性，而是在购买利益。属性需要转化成功能和情感利益。
- 价值。品牌还体现了该制造商的某些价值感。例如，别克牌轿车体现了高性能、安全、威信等。
- 文化。品牌可能附加象征了一定的文化。例如，别克牌轿车意味着美国文化——汽车的高效和高品质及个人身份的象征。
- 个性。品牌代表了一定的个性。
- 使用者。品牌还体现了购买或使用这种品牌的人属于哪一类消费者。

品牌内在的功能主要体现在如下几方面。

- 识别功能。

品牌可以减少消费者在选购商品时所花费的时间和精力。在市场营销中，消费者对品牌产生的一种整体感觉，就是对品牌的认知。

- 控制市场功能。

市场竞争的手段之一就是取得高的市场占有率。在大规模营销中，厂商为了扩大销售、提高效率，往往要在某种程度上依赖中间商进行分层销售，这样会削弱厂商对市场的控制力。厂商如果有了自己的品牌，就可以与市场直接沟通，形成自己的市场形象，市场控制力就会回到厂商手中。

- 促销功能。

品牌的促销功能主要表现在，一方面是由于品牌是产品品质的标识，消费者常常按照品牌选择产品，因此品牌有利于引起消费者的注意，满足他们的欲求，实现扩大产品销售的目的；另一方面是由于消费者往往依照品牌选择产品，这就促使生产者更加关心品牌的声誉，不断开发新产品，加强质量管理，树立企业的良好形象，使产品走上良性循环的轨道。

- 增值功能。

品牌是一种无形资产，它可以作为商品进行买卖。谁拥有了品牌，谁就等于掌握了“点金术”。品牌营销是营销的高级阶段。品牌定位，是企业市场定位的一部分。所谓品牌定位，就是根据消费者对某个品牌产品属性的重视程度，使本企业产品具备一定特色，并且与竞争者的产品区分开来，从而使本企业产品在消费者心目中占据重要的位置。由此可见，品牌定位的过程，本身就是品牌形象的塑造过程。

② 品牌策略。在激烈的市场竞争中，品牌对于企业的生存和发展有着十分重大的意义。可以说，品牌是一个企业的灵魂。在现实生活中连一些农副产品也拥有自身的品牌。对于企业来说，创造知名品牌可以从中获得巨大的收益，实现企业的快速发展。在一般情况下，如果某企业生产的产品质量优于其他企业的同类产品，或者销售者所经营的产品优于其他中间商，都采取品牌策略。品牌策略主要有如下几种。

家族品牌策略。

对本企业所有的产品使用共同的品牌。例如，长虹集团的所有家电产品就采取这种策略。采取此策略的优点在于能获得自立品牌的效益，中间商也可从中受益；企业为设计品牌的费用支出较少。但取得此策略的条件是原有品牌声誉较高，产品质量上乘。

个别品牌策略。

个别品牌策略是指企业对不同产品采用不同品牌的策略。采用此策略有助于细分市场，把各个细分市场的消费者都牢牢吸引在本企业的产品上。例如，宝洁公司的清洁剂就有八个品牌，各品牌清洁剂的配方略有不同，以适应特有细分市场上消费者的不同需求，但要为每一种品牌做促销宣传，成本会明显提高。

个别家族品牌策略。

这种策略就是针对不同类别的产品来实行不同的品牌，对同一类别的系列产品实行统一的家族品牌。例如，一个拥有多条生产线的家电厂，可对其生产的电视机实行一个品牌，对VCD 又实行另一个品牌。也有的厂家对其生产的一级品实行一个品牌，二级品又实行另一个品牌。它兼有家族品牌和个别品牌两种策略的优点和缺点。

中间商品牌策略。

制造商的产品全都采用中间商品牌的策略，对于那些资源不足、实力较弱的中小企业是比较有利的。它们可以充分利用中间商品牌的声誉及分销渠道推销自己的产品，从而节省下创立品牌的费用。但采取此策略，本企业的市场知名度就很难扩大了。

企业名称并用策略。

有些企业结合企业名称和品牌名称决定出某个单个产品的品牌。

扩展品牌策略。

扩展品牌策略也就是对新生产的改良型产品，在原有品牌的基础上加上一定的序号继续使用。它既表现了产品的创新性，又表明它和老产品的连续性。但品牌的序号应有一定规律性，能让人看出产品的质量档次和推向市场的先后顺序。以便顾客根据序号选购商品。

2. 定价策略

所有的营利组织和许多非营利组织都面临一个给它们的产品或服务制定价格的任务。定价策略是指在制定价格和调整价格的过程中，企业为了实现营销目标所采取的定价艺术和技巧。在营销组合中，价格可以说是唯一的产生销售收入因素。

（1）定价目标

企业面临其产品价格问题时，首先要明确定价目标。当然，定价目标无法单独确定，它必须在目标市场的产品定位目标及总体营销策略的指导下，配合其阶段性营销策略来确定。

定价目标决定着定价方法的选用，因此在定价前必须确定定价目标。在现有市场的条件下，企业常见的定价目标有如下所述的几种。

① 以维持生存为定价目标。企业就长期目标而言，是要通过定价获取利润，但有时通过定价来使企业生存下去，比获取利润更为重要。此时，损失最小化等于利润最大化。当市场竞争激烈，顾客需求发生转移，严重影响着企业产品的销路和市场占有率，而企业的生产能力又过剩时，企业为渡过难关减少亏损，维持生存，以寻求更好的市场机会，则将价格降到平均总成本以下，只要价格在平均变动成本以上，企业就能减少亏损，继续进行生产。但生存只能是短期的定价目标，与此同时，企业必须在市场上设法提高产品的价格或转产，否则长期下去企业将会面临财务危机，导致破产。

② 以回收投资为定价目标。投入资金是为获得利润的回报，但产品真正的利润是产生在企业收回所有的投资以后。因此，企业在投资时应当规划收回全部投资的时间。收回全部投资的时间期限称做投资回收期。企业在单位时期内应回收的资金额称做投资收益额。它与全部投资的比例称做投资回收率。企业投资收益额则可用以下公式表示

$$企业投资收益额=\frac{企业投资总额/企业投资回收期}{企业投资收益额/全部投资}$$

由此可见，要达到预定的回收投资目标，就应将企业预计某个时期的投资回收率计入该期的产品价格之中。当然，采取该定价方法的前提必须是企业具有强大的竞争力，以及该产品处于市场垄断，否则会导致产品价格过高而失去消费者，丧失其竞争力。

③ 以保持和提高市场占有率为定价目标。市场占有率是企业营销状况和产品竞争力状况的反映，对企业生产发展具有重大意义。没有市场占有率就意味着产品没有销路，更谈不上获取利润。因此，企业在定价时，必须考虑什么样的价格对保持或增加市场占有率更有利。

④ 以追求最大利润为定价目标。利润是企业从事经营活动的主要目标，也是企业生存和发展的源泉。在市场营销中，不少企业就直接以获取利润作为制定价格的目标。企业可以通过多种途径来实现利润最大化。企业应摒弃最高价格是实现利润最大化目标的唯一手段的偏见。高价固然能给企业带来单位商品的高毛利额，但采取高价的同时也在抑制消费者对商品的需求，过高的价格等于把消费者推向竞争对手，把市场拱手让给竞争者，最终使企业的总利润受影响。因此，企业追求最大利润必须从如下两个方面考虑。

- 长期利润的最大化。有时，企业为了把产品打入新市场和进行市场渗透，不得不在某个阶段以产品利润做出牺牲以巩固市场。一旦市场得以巩固和扩大，企业便可通过增加销售量降低成本来弥补以前的利润损失。
- 企业整体营销利润的最大化。并非从任何一个产品或产品项目都要获得高额利润，有时为了获得整体的更大利润，企业会有意识地让个别产品以低利润或无利润来吸引顾客，以带动其他高利润产品的销售，实现整体利润的最大化。

⑤ 以稳定价格为定价目标。当企业在某个市场占有较大的市场份额，并且又打算长远经营时，总不希望价格波动太大。因为稳定价格能使市场上的供求关系较为稳定，使企业能比较稳定且均衡地进行生产，并且从中获取比较稳定的利润。一旦企业确定此定价目标，价格定出后，就不会随便变动产品价格，即使产品供不应求也不宜抬高价格。应该指出，稳定价格需要企业具有相当强大的经济实力，一般是行业中居于价格领袖地位的企业方能采用，而中小企业只能跟随于价格领袖之后制定价格。

⑥ 以应付和防范竞争为定价目标。在激烈竞争的市场上，为对付竞争，企业应将竞争产品的价格作为定价的主要参考依据，将企业产品与竞争产品进行比较，以确定产品的适当价格水平。一般有三种定价方式：

- 低于竞争者的价格，以大量销售和低成本为前提；
- 保持与竞争者的价位相同，例如在价格领袖制下的中小企业就可采用这种方法；
- 高于竞争者的价格，其前提是企业的信誉和产品质量要高于竞争者。

（2）定价的依据

企业定价的依据如下。

① 制定价格必须以成本为依据。

② 制定价格还要以同类产品的价格为参照。

③ 估算本产品与其他产品的不同点所能带来的价值可能是多少，以及本产品能给消费者带来的附加价值是多少。

④ 价格并不等于价值。产品所包含的智力和知识形态的内容越来越多，越来越复杂。产品所能产生的经济效益和社会影响都是变化的，而这些都是很难用某种标准加以度量的。想用一种理论或一种模式计算出产品的价格是不可能的。定价多是依据经验，带有强烈的个性色彩。

⑤ 价格不仅可以根据供求关系加以调整，还可以根据企业的发展状况、产品的不同周期、竞争策略的需要及企业经营的战略目标等随时加以调整。

⑥ 确定价格还必须站在消费者的立场上，来预测消费者的购买心理期待值和感受价值。

（3）定价程序

企业定价目标为定价者指明了方向，但由于价格涉及企业自身、竞争者和消费者的利益，因此，为产品定价既重要又困难。掌握和采用科学的定价程序，对于合理制定价格是十分重要的。一般来说，企业制定价格的程序如图 8.4 所示。

① 确定定价目标。在综合考察市场情况、产品情况、营销组合策略和营销目标后，确定最佳的定价目标。

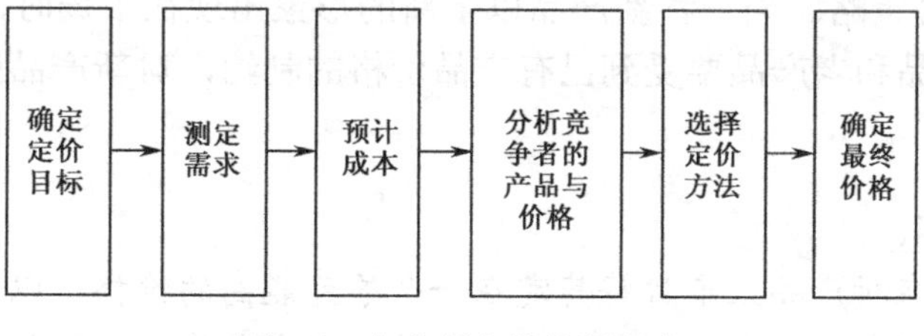

图 8.4　企业制定价格的程序

② 测定需求。测定在一定价格水平下，假定竞争者的价格不变，将产品可能达到的销售数量与企业的近期和远期供给能力相比较。若企业供给不足，则可考虑定较高的价格；反之，若供给能力过剩，也可以定较低的价格。

另外，测定需求的价格弹性。如果把对商品的需求数量看成因变量，把价格看成是需求数量变动的自变量，则价格的变动对需求数量变动的影响程度称做需求的价格弹性。如果某产品的需求弹性大，只要价格稍有变动，则需求量变动大，反应灵敏，称做需求弹性大；相反，如果产品的需求弹性小，尽管价格变动大，而需求变动小，反应迟钝，称做需求弹性小。价格需求弹性对企业的营销人员的意义在于，营销人员能通过分析企业的总销售额是如何随价格的变化而变动来判断某种产品的需求弹性。如果需求弹性大，调高价格就会降低营业收入，降低价格则可使销售总收入上升；如果需求弹性小，调高价格可增加营业总收入，降低价格，则可使销售总收入下降。

③ 预计成本。产品成本水平因受产品生产数量的制约，要待生产过程结束后，才能准确地算出。但成本作为企业定价的重要依据，只要有产品完工待销便可知道成本。因而，应该在定价前对成本有一个较准确的预测。从成本的结构划分看，单位固定成本相对稳定，随生产规模变化较大的是单位变动成本。预测单位成本，必须先预测一定时期的总产量，而产品生产数量又由产品的需求数量决定，在价格未决定之前，这些都难以测定，而只能做出大概的估计。

④ 分析竞争者的产品和价格。在有竞争者的市场上，竞争者的产品质量和价格水平，以及竞争者可能对企业定价的反应都是企业定价的重要依据。只要企业了解到竞争者的产品价格和质量情况，就可参照其价格来确定本企业的产品价格。如果企业产品与竞争产品近似，其价格就与之接近；如果企业产品强于竞争产品，定价则可以高些；如果企业产品质量比竞争者逊色，就应低于竞争产品的价格。此外，还应考虑到竞争者可能对企业定价策略做出的反应。若企业低价可能对竞争对手产生较大的不利影响，而竞争对手力量又很强大时，就应特别谨慎。

⑤ 选择定价方法。在确定了定价目标，已知需求数量和需求弹性，预测成本，了解竞争者的产品和价格后，就可选用适当的定价方法，为产品确定一个基本的价格。

⑥ 确定最终价格。按照一定的定价方法计算出的价格仅是确定了基础价格，并不是产品进入市场的最终价格。在确定产品最终价格时，还必须综合考虑其他因素。例如，消费者的消费心理、季节，其他营销因素对产品价格的影响，以及相同产品之间的价格关系等因素。对基础价格进行适当的调整，以促进产品销售。

（4）定价策略

定价策略是指导企业正确定价的行动准则，又是企业进行价格竞争的方式。它直接为企业的定价目标服务。企业常见的定价策略如下所述。

① 新产品的定价策略。当一种新产品以全新的形象出现在市场时，消费者对其是完全陌生的，不像仿制产品和老产品要受到已有产品价格的制约，对新产品的定价，有两种截然不同的策略可供选择。

撇脂定价策略。

撇脂定价策略是在新产品上市时将其定在一个尽可能高的价格，以期待获得高额利润。这种方法很像从牛奶的表面取走奶油的方法，故称做撇脂定价法。实际上，它是一种高价策略，在产品投放市场后最先赚取高利润。采用此定价策略的好处在于，能使企业在短期内尽快收回投资，获取高额利润。高价便于树立高档产品的形象，当然采用撇脂定价也会因利润高而招致较多的竞争对手，损害消费者的利益，也不利于市场的拓展。当市场需求强度大，购买力水平高，需求的价格弹性小，产品与竞争者的差异大，并且在有专利保护时，企业可采用此策略。

渗透定价策略。

渗透定价策略与撇脂定价策略恰恰相反，它是在产品刚刚推出市场时，给产品制定一个较低的价格以吸引顾客购买，迅速开拓市场以实现规模效益，降低成本的定价策略。采用这种策略的好处在于，能迅速占领市场。由于产品价格较低，容易被更多的消费者所接受，也能有效地抑制竞争。但这种策略收回投资较慢，特别适合那些因规模过大而成本显著降低的企业采用。当市场需求强度小，消费者购买水平较低，需求价格弹性小，市场潜力较大时，企业可选用此定价策略。

② 心理定价策略。这主要是零售企业针对价格对顾客消费心理产生的不同影响而采用的定价策略。通过心理定价策略以达到刺激顾客购买的目的。常见的心理定价策略如下。

- 非整数定价策略，又称做尾数定价。

零售企业在定价时，有意识地将商品价格化整为零，采用带有尾数的定价策略。例如 6 元一块的香皂，将其定价为 5.95 元，使人觉得还不到 6 元，给人以便宜的感觉。非整数定价给人以商店计价认真、对顾客负责、商品便宜的印象，并且在顾客成交后等待找零钱时，还可诱惑顾客继续关注柜台商品而增加销售机会。对价值较低的生活日用品，人们往往采用这种方法。

- 整数定价策略。

对于一些消费者难以直观判断产品质量高档的产品，有意识地将价格定为整数，使人产生高价优质的联想，以提高商品的形象。例如某高档服装标价为 1 000 元，对消费者而言，会认为价格越高质量越好，价格往往是辨别质量好坏的指示器，整数定价同时给消费者带来一种心理效应。此种定价策略在高档商品、礼品、工艺品等定价时使用得较多。

- 声望定价策略。

对于在消费者心目中有较高声誉的企业，其商品可利用其声望将价格定得比一般商品要高一些。这样有助于提高这些企业及商品的形象，价格高反而能使消费者产生信任感。

- 习惯定价。

如果某产品在市场上已经形成了习惯价格，企业在对这种产品定价时最好与习惯价格保持一致，不要轻易涨价或降价，否则会使消费者产生抵触情绪，从而影响产品销售。即使因为产品成本上涨不得不调价时，也最好通过降低产品品质、数量及改变品牌等方法变相涨价。

- 招徕定价。

企业有意将少数几种产品的价格定得很低，使其低于市价或成本以招徕顾客，增加其他商品的连带性购买，以达到扩大销售的目的。

③ 折扣定价策略。折扣定价策略是通过减少一部分价格以争取顾客的一种定价方法。企业对于那些满足企业优惠条件的客户或顾客提供折扣价的策略如下。

- 现金折扣。

为鼓励顾客提前或当场付清货款的一种让价。实质上是一种变相降价。用现金准时支付或提前支付的客户或顾客可以享受到不同程度的现金折扣。例如，在购买房屋时，一次性付清货款则优惠 5%。这种折扣能降低企业现金转换的管理费用，并且能提高企业的资金流通。

- 数量折扣。

为了鼓励多购买产品给予大批量顾客的减价优惠。数量折扣分两种：可以按顾客购买商品数量的多少，给予不同优惠折扣率的称做非累计数量折扣；也可以按照一定时期内顾客购买商品的累计数量，给予不同的折扣率优惠称做累计数量折扣。

- 功能折扣。

功能折扣又称做交易折扣。根据中间商在营销中担负的功能不同给予不同的折扣。例如饭店根据其承担的职能范围和水平的高低，给旅行社或旅游批发商做出价格折让，作为其担任营销职能的津贴。

- 季节折扣。

企业的价格随季节的不同而有所差异，对不当季的商品实行价格折扣销售以鼓励买主提早购买、存储，以便减少企业仓储压力，使生产和销售较为均匀地进行。

- 价格折让。

价格折让是把价格降到目录价格以下的一种促销方式。例如，在保证购新货时，交旧货给予价格优惠的以旧换新折让；为促进经销商参与支持销售推广计划和广告活动，给经销商提供付款或降价条件的促销折让等。

④ 差别定价策略。差别定价策略是根据不同的顾客、产品、地点、时间等制定不同的价格。常见的差别定价策略如下。

- 顾客差别定价。

同一个产品或服务对不同的顾客定不同的价格，实质上这是一种价格歧视。它的实施必须以顾客之间互不了解所购商品的价格为前提，否则顾客会认为受到了歧视性待遇，认为卖主不对。

- 产品差别定价。

采取这种方法定价时，不同花色品种之间的价格差异并不与成本费用成比例，而主要依据产品的市场形象和需求状况来定价。这样拉开价格档次后，也便于顾客按价格来区别产品档次。

- 地点差别定价。

对质量相同且成本费用相同的同一个商品按不同的地点定不同的价格。例如体育场和剧院按不同的区位定不同的价格。

- 时间差别定价。

对同一个产品或服务，在不同的时间或不同的时段定不同的价格。例如旅游景点淡、旺季的门票，旅店房间的收费，同一天歌舞厅白天与夜晚不同的票价等，便是典型的时间差别定价。

企业使用差别定价必须具备以下条件：

- 市场必须可以细分且各细分市场有不同的需求强度；
- 支付低价的顾客无法以高价将商品进行转让；
- 竞争者无法涉足高价市场；
- 进行市场细分和管理的成本小于企业从差别定价中获取的额外收入；
- 差别定价不会引起顾客的反应而抵触购买；
- 差别定价的方式具有合理性，不会受到政府干预。

3. 分销渠道策略

在现代市场经济条件下，生产者与消费者之间在时间、地点、数量、品种、信息等方面存在着许多的矛盾和差异。企业生产出来的产品，只有通过一定的分销渠道，才能在适当的时间、地点，以适当的价格提供给消费者或用户，从而克服生产者和消费者之间的差异和矛盾，实现企业的经营目标。

在我国的彩色胶卷市场上，我国的乐凯胶卷与国外的柯达和富士胶卷难分伯仲，各有千秋，但乐凯在自己门口为何竞争不过外来的厂家——柯达和富士呢？其原因很多，其中一个重要原因就是在分销渠道上处于劣势，差就差在专卖店的数量上。近几年来，柯达在我国一方面设厂降低成本并增加了广告投入，另一方面大量增加了专卖店的数量，其市场占有率已经超过了富士和乐凯，成为彩卷行业的老大。日本索尼公司创始人及总裁盛田昭夫曾经说过："若没有代理商，我简直不知道在营销中将面临多少困难。"世界上成功的大企业，都是非常重视运用分销渠道。海尔集团在走向国际化的过程中，已在海外建立了 38 000 多个营销网点，产品已销往世界上 160 多个国家和地区，发达的营销网络可以为海尔集团在海外的用户提供完善的售后服务。如果这些工作都要由海尔集团自己来做，成本是非常高的，也是不可能做到的。因此，分销渠道非常重要。

（1）分销渠道基本策略

对于如何选择合理的分销渠道，对选定的渠道如何实施管理将是分销渠道重要的策略。企业的分销渠道策略如下：

① 广泛分销策略。此策略是指制造商尽可能多地通过许多负责任的、适当的批发商、零售商推销其产品。消费品中的日用百货商品，例如肥皂、洗衣粉、香烟、小型工具等，通常采取广泛分销策略。

② 有选择的分销策略。此策略是指制造商在某个地区仅仅通过少数几个精心挑选的、最合适的中间商推销其产品。消费品中的选购品和特殊品更适宜选择分销渠道。

③ 独家分销策略。此策略是制造商在某个地区仅选择一家中间商推销其产品。通常，双方协商签订独家经销合同，规定经销商不得经营竞争对手的产品，以便控制经销商的业务经营，调动其经营积极性，占领市场。

（2）开拓和渗透渠道策略

开拓和渗透渠道策略是针对一个新建的企业和更新产品的老企业如何新建渠道的方法。新建企业要把产品送到消费者手中，需要进行渠道开拓，老企业开发了新产品，往往也要进行渠道开拓。如果他们期望开拓的渠道，已被竞争对手控制又无其他渠道可供选择，就需要进行渠道渗透。因此，开拓和渗透是新建渠道的两个相辅相成的策略。其策略和方法如下所述：

① 引播。企业通过促销策略和方法，广泛吸引和影响中间商前来挂钩或上门建立销售渠道。引播包括招引和播种。招引是以广告、展销、表演等方法，吸引中间商前来建立销售渠道。一般来说，对最早建立业务联系的中间商，通常有一种特殊的默契和优惠，中间商乐于接受，是许多企业广泛采取的策略和方法。播种则主要是派出有丰富经验的推销员，在产销通道上，上门建立主要的销售点，并且通过他们的作用形成销售网络。这种办法费用较大，但如果保证一定的成功率还是合算的。播种的另一种方法是将一定的产品赠给有影响的人士使用，并且通过他们的使用和宣传，对建立销售渠道也有重要的作用。

② 中转。新企业或一些小企业，以及有些老企业的新产品，由于知名度不高，产品也未被中间商和消费者所认可，往往缺乏销售渠道和市场，他们可采取中转的方法，即选定若干个中间商，采用先建立临时渠道再向固定渠道过渡的办法。这种办法有两种形式：第一种形式是建立代销网点，委托中间商代销。工厂可将产品送至代销商店预付资金和费用，有收益而无风险，因而容易被接受。使用代销渠道，企业可收到双重利益。一方面，支付手续低于购销净利，企业有较多的收益；另一方面，通过建立代销关系容易过渡到建立固定的经销关系。第二种形式是委托"跑街"推销。"跑街"也是代销商的一种经营方式。其与其他方法的差别在于"跑街"是流动的，它可带着样品到各方游说，按推销量提取手续费的一种经营方式。选择"跑街"这种中间商，企业不担风险，可以大量采用。但也有控制不住，甚至借工厂名义行骗而株连工厂的情况，所以在采用时应当慎重。

③ 特约。企业以优惠条件特约有影响的中间商经销商品。特约的方法主要有：以优惠价格供应商品；优先满足特约商的货源；提供促销、储藏、维修设备等。美国可口可乐公司采用特约商的办法把产品销售到全世界。特约是开拓和渗透新渠道的重要策略和方法，而且还具有特殊的稳定性能。

④ 自建。自建是指实力雄厚的企业，自己投资在主要的目标市场中，建立新的经营点。自建销售渠道的方法，可以在主要目标市场建立批发零售兼营网点，也可以在一些城市的大商场或贸易中心设专柜经营。自建网点具有纵向的法人系统渠道与横向的购销渠道相结合的双重作用。纵向方面由于有一条或多条直属的有层次的销售活动，并且可以及时真实地将市场需求和有关竞争者的信息传递给上层领导，以及时改进产品销售和服务的方式。横向方面，可以以下伸的销售网点为根据地，向四面八方辐射扩展，建立和发展横向的销售渠道。一个企业如果建立了纵横结合的渠道，产品又适销对路，必能很快打开产品的销路。

4．促进销售策略

促进销售策略是指企业通过一定的手段，将有关企业及其产品和服务的信息传递给消费者，促进消费者了解、偏爱和购买本企业的产品，从而达到扩大销售的目的。它可以起到沟通需求信息、引起购买欲望、建立品牌形象、扩大市场份额等作用。正确且巧妙地运用各种促销策略，不仅能使产品为消费者所接受，扩大市场份额，促进企业的发展，而且能使企业在激烈的市场竞争中占据有利位置，掌握经营上的主动权。

（1）促销方式

现代市场营销认为，促销的方法包括人员促销和非人员促销两类。具体分为人员推销、营业推广、广告宣传、公共关系四种方式。企业应根据自身的具体情况，选择不同的促销方式，形成一定的促销组合。

① 人员推销。人员推销是指企业派出推销人员或委托推销人员亲自向目标顾客对商品或服务进行介绍，进行推广宣传和销售。在现代营销导向下，人员推销的作用不仅仅是出售现有的货物，而是要配合企业的整体营销活动来满足顾客的需求。推销员的基本业务范围除了完成一定的销售量外，还必须收集顾客对产品的意见和需求信息，并且及时地反馈给企业，以利于企业调整产品结构，提高产品的竞争能力。

② 营业推广。营业推广是由一系列具有短期诱导性的战术性促销方式所组成的。企业有计划地在一个较大的目标市场中，采取刺激性强、吸引力大的方式，促使消费者迅速产生购买行为。常用的方式例如展销会、试用样品、奖券、折扣券、降价销售等。

③ 广告宣传。广告宣传是企业通过一定的媒介物，公开而广泛地向社会介绍企业的营销形式和商品品种、规格、质量、性能、特点、使用方法及劳务信息的一种促销方式。这种方式影响面大，能在同一个时间内向广大目标顾客传递产品信息。

④ 公共关系。公共关系是一种间接的促销方式。它是指企业通过在一定宣传媒介上刊登介绍性文章或召开新闻发布会等形式，以及其他种种活动，对企业的产品或服务进行宣传，使社会各界公众了解本企业的产品或服务，建立良好的企业形象和声誉，获得公众的信赖和好感，从而提高企业、产品或品牌的知名度，为企业创造一种良好的舆论环境和社会环境。

（2）促销策略的选择

鉴于四种促销方式各有特点，适用对象不同，企业在进行促销活动时就要根据营销的目标和特点，有针对性地选择促销策略。在制定促销策略时，应综合考虑不同商品的特点、营销目标、企业内部条件、外部市场环境、消费者要求等因素进行选择编配。其具体分析如下：

① 商品的性质。不同的商品有不同的用途，满足不同消费者的要求，就需要采取不同的促销组合。一般来说，高技术的工业品偏向人员促销，而生活消费品，由于其技术性较差，标准化程度高，市场面广，消费者人数多，宜采用非人员促销。

② 市场性质。不同特点的市场需要采取不同的促销组合策略。一般来说，若向小规模本地市场促销，应以人员推销为主；若是广泛的市场，如全国市场或国际市场，则应以广告和文字宣传为主；若市场比较集中，渠道短，销售力强，公共关系需要改进，商品需经过示范、退换，则应采用人员促销策略；而商品销售分散、渠道多而长的市场，最好采用非人员促销策略；若消费品市场的买主多而分散，主要用广告宣传和推销吸引顾客；若工业品市场的用户少而销售额却大得多，则应以人员推销为主。

③ 促销费用。促销费用的多少，直接影响到促销方式的选择，因为有的促销方式费用较高，而有的则较低。一般来说，广告宣传的费用较高，人员推销次之，营业推广花费较小，公共关系的费用最少，但各种促销方式在不同时期的促销效果是不同的。企业在选择促销方式时，要根据企业的资金状况，以能否支持某种促销方式的顺利进行为标准进行选择。同时，投入的促销费用要符合经济效益原则。

此外，促销方式的选择，还应考虑不同类型的顾客的购买时间、竞争环境等因素。例如在购买时间上，对早期购买者要进行针对性宣传，通过广告以最快的速度将商品信息告知购买者，以扩大产品的影响；对晚期购买者，则采取各种优惠措施，以吸引顾客，扩大商品销售。

应该指出，任何一种促销方式都有其优点和缺点。例如人员促销可与用户建立牢固的业务关系，成交速度快，能详细周到地进行个别服务，但其缺点是传递信息速度慢，面积小，所需人员多；广告宣传虽然传递信息速度快，范围广，但费用大，可信度低。因此，企业在考虑商品促销时，应注意扬长避短，优化组合，综合运用，以达到最佳的促销效果。

习题 8

1. 怎样定义营销？

2. 市场营销观念有哪些？如何评价这些营销观念？
3. 现代营销的新发展有哪些？
4. 消费者的购买动机有哪些？
5. 试说明消费者的购买决策过程。
6. 市场调查的程序和方法是什么？
7. 简述市场细分的形式和层次。
8. 市场细分的步骤是什么？
9. 简述目标市场策略。
10. 试述市场营销组合策略。
11. 简述产品市场寿命周期及不同阶段的策略。
12. 简述定价策略与分销渠道策略。

案例分析

联通CDMA的市场定位路在何方

中国联通是一家综合性的电信运营商，其主要业务为移动通信，它在国内的主要竞争对手是从原中国电信拆分出来的中国移动，无论在规模还是效益上都和后者有不小的差距。

现在，中国联通的发展到了关键时刻，一个新的项目——CDMA，给了它挑战中国移动的机会，这关系到公司在未来移动通信市场的地位。联通CDMA项目是国务院授权的唯一负责CDMA网络建设的项目，但又因为被多次叫停而错过了建设的最佳时间。当2001年年底，CDMA网络建成时，中国移动通信市场已开始从卖方市场向买方市场过渡，而竞争对手中国移动已经发展壮大。

目前，联通和中国移动都有庞大的GSM网络，市场发展已经成熟。与GSM相比，CDMA网络具有频谱占用率低，保密性强，话音清晰，掉线率低，基站覆盖面广，电磁辐射小等众多优点，并且可以平滑地过渡到2.5G和3G，还具有一定的运营与建设成本优势。从技术看，CDMA占有一定的优势，但从业务来看，目前联通2G阶段的CDMA与GSM并无本质的区别。

因此，市场成为竞争的关键问题，而联通CDMA的市场定位更是争议最多的问题。它现在定位于“中高端用户”，一般指每月通话费在200元以上的用户，他们通常是移动通信业务的最早使用者，也是电信企业利润的最大贡献者。但是，目前90%以上的高端用户已经建立了对中国移动的品牌忠诚，如果改投联通CDMA，不仅要换机，而且要改号，带来的不便令顾客难以接受。同时，考虑到目前的网络不完善和用户量小，2G阶段的联通CDMA实际可提供给用户的价值可能还要小于中国移动。

联通CDMA定位于中高端用户，其主要原因是从现有的GSM网络考虑。GSM，CDMA双网经营是国际性难题，联通需要平衡二者关系，避免两网抢夺客户。而联通GSM网络现有客户主要是低端客户，那么CDMA网络建成以中高端客户为主自然成为理想目标。从技术和市场角度来讲，CDMA的现存市场定位也具有一定的合理性。

CDMA开通后，经历了比如号码短缺，换机传闻，手机缺货价高等一系列问题，逐渐走上了正轨。但是，从运行结果来看，联通CDMA的市场表现与预期还有不小差距。到2002年6月，联通CDMA用户总数约100万户，每月增长速度仍处于10万至15万户的偏低水平，这与联通2002年的目标700万用户的要求有较大差距。

而且，联通的市场定位似乎很难实现，并没有出现大批的高端用户从中国移动跳网的情况。有关数据表明，CDMA 并没有成功地吸引中国移动的高端用户。当初联通设想 CDMA 的用户至少 70%～80%是来自中国移动的中高端用户，现在看来可能大部分是来自新用户。

在“中高端用户”的市场定位下，联通 CDMA 采取了相应的营销组合策略，但也出现了一些新的问题和变化。比如，在定价方面，CDMA 在成本上比 GSM 有优势，而且有国家给予的 10%的资费优惠政策，因此有实力实行低价策略去快速开拓市场，但是这与 CDMA“中高端用户”的市场定位是矛盾的。如果选择高定价策略，那么一般来说最佳的方法是“撇脂定价”，但中国的移动通信市场早已经过了“撇脂”时代。

又如，在广告方面，联通初期以“走进新时空，享受新生活”的形象广告为主，其后的广告诉求是“绿色，健康”概念。最近的广告则趋向多样化，其中有相当多的部分诉求“时尚”概念，像是瞄准追求时尚与潮流的青年一族。同时，CDMA 品牌“绿色健康”概念的传播非常吸引人。但这些似乎与联通 CDMA 当初“中高端用户”的市场定位有一定偏差，这是否意味着联通对其用户定位有了些微调。

与此同时，竞争对手的情况也更加复杂。中国移动加强了自身的宣传和服务，开始用 GPRS 这一法宝对抗联通 CDMA。新中国电信，新网通不仅在积极申请移动牌照，旗下的“小灵通”（无线市话）也开始凭借低廉的资费迅速蚕食移动通信的市场。

中国联通面对着无情变化的市场，或许到了必须重新考虑前途的关键时刻了。联通 CDMA 的市场定位是否改变，如何改变？无论如何，中国庞大而快速增长的市场给了联通不少的信心，我们拭目以待！

问题：

1. 作为中国移动通信市场主要企业之一的联通，其 CDMA 项目最初的目标市场定位是什么？结合联通的 GSM 用户情况，说明公司在整体上采取的是哪种市场战略？

2. 你认为联通 CDMA 需要改变其目标市场定位吗？如果改变，应该选择什么的定位？给出你的理由。

第 9 章　现代商务国际化经营

本章你将学到以下知识：

✓ 中国商务企业国际化经营的必然趋势；
✓ 企业如何走向国际市场；
✓ 国际化经营的行业和技术选择；
✓ 国际贸易术语的一般内容；
✓ 国际贸易磋商的基本程序；
✓ 一般货物进出口合同的基本内容；
✓ 进口和出口合同履行的程序及需要注意的问题。

IT 业向国际化进军——中国企业国际化战略的缩影

2004 年 2 月 18 日，中国管理软件的老大用友公司放出豪言：力争在 2006 年成为亚洲最大的管理软件公司。现在这个目标早已经实现，用友不仅已经成为亚太本土最大的管理软件供应商，也是中国最大的管理软件、ERP 软件（企业资源计划系统）、财务软件的提供商。2007 年，用友公司新三年规划确定的使命就是要把基于先进信息技术（包括通信技术）的最佳管理实践普及到客户的管理与业务创新活动中。其发展目标是成为一个世界级管理软件与移动商务服务提供商，成为亚洲最大、世界前 5 强的管理软件提供商，以及中国最大、世界第一的移动商务服务提供商。2010 年，用友要进入全球管理软件厂商第一梯队，成为世界级软件企业。在同一时间，中国联想公司再次重申了其国际化和多元化战略。联想集团主席柳传志承认，尽管作为中国第一大电脑品牌，联想在中国市场占据了 20%以上的份额，名列首位。但是在中国以外的地方，特别是欧美市场，联想的品牌认可程度并不是很高。一时间，中国 IT 企业国际化的呼声高涨起来。

这一局面正是眼下中国经济的真实写照：加入 WTO 如预想中那样加速了中国市场国际化的步伐，全球资本、人才、技术等资源在此集结准备开发这一巨大的市场。与此同时，伴随着改革开放成长起来的中国企业更近距离的感受到竞争对手的存在和强大，也更深刻的意识到自己所处的相对弱小的位置。要不要搞国际化，在过去代表着一种企业发展路径的选择，而在今天，已不再是选做题而是必答题。全球 500 强中的 400 强云集于此，中国市场本身就是一个最大的正在国际化的市场，竞争环境早就不再是全运会、亚运会而是奥运会。企业根本上是一种有机的整合资源以供产出的经济组织，在国际企业穿梭行走利用全球资源之时，我们的企业还要固守内外之藩篱，无疑是坐井观天。从这个意义上讲，是一种世界意识，未来中国的主流国际化企业和经济支柱也将无一例外地与别国一样，由一批世界级的“国际型企业”组成。

当国际化不再是一种形式、一场运动、一个潮流、一段时尚，而是一个通向理想的长期的系统工程时，世界迟早会向他们走来。

9.1　商务企业国际化经营模式

在当今世界经济中，各国商务企业进行国际化经营已形成一种趋势和潮流，我国也不例外。那么，企业如何走向国际市场呢？也就是说，企业有哪些国际化经营模式和方法？

1. 国际化经营的模式

一般而言，商务企业国际化经营的模式有以下几种：

（1）出口贸易

出口贸易又称输出贸易，是指本国生产或加工的商品输往国外市场销售。正常情况下，公司首先会通过出口贸易进入国际市场。出口贸易可以使公司利用其区位和经验的有利条件进入一个新的市场。比如，中国与很多发达国家相比，拥有廉价劳动力的优势。因此，中国的制造商就会寻找在国际上劳动力成本高、中方具有成本优势的市场进行出口贸易。

出口贸易的一般步骤是：

- 交易前的准备阶段；
- 交易磋商、订立合同阶段；
- 组织货源阶段；
- 履行合同、处理争议阶段；
- 核算效益、总结得失阶段。

在出口产品过程中，公司可能会遇到高运输成本、贸易壁垒及与当地市场代理商发生摩擦等问题。在美国，高速公路基础设施十分完善，因此可以快速且低成本地发送货物。但在基础设施不够发达的其他国家，将产品从港口运送到目标市场可能仍然存在困难。

在国际贸易中，影响和制约着商品自由流通的各种手段和措施，称之为贸易障碍或贸易壁垒。这种壁垒一般可分为关税壁垒和非关税壁垒两种。所谓关税壁垒，是指进出口商品经过一国关境时，由政府所设置海关向进出口商征收关税所形成的一种贸易障碍。按征收关税的目的来划分，关税有两种：一是财政关税，其主要目的是为了增加国家财政收入；二是保护关税，其主要目的是为保护本国经济发展而对外国商品的进口征收高额关税。保护关税愈高，保护的作用就愈大，甚至实际上等于禁止进口。非关税壁垒，是指除关税以外的一切限制进口措施所形成的贸易障碍，又可分为直接限制和间接限制两类。直接限制是指进口国采取某些措施，直接限制进口商品的数量或金额，如进口配额制、进口许可证制、外汇管制、进口最低限价等。间接限制是通过对进口商品制定严格的条例、法规等间接地限制商品进口，如歧视性的政府采购政策，苛刻的技术标准、卫生安全法规，检查和包装、标签规定以及其他各种强制性的技术法规。世贸组织的发达成员国已经同意降低贸易壁垒，因而进入这些国家的市场变得更加容易。但发展中国家和欠发达国家却还处在放松贸易限制的不同阶段。中国公司可以通过世贸组织的网站或通过咨询出口行业顾问了解特定国家有关贸易壁垒的信息。

对任何一个出口商来说，与当地市场代理商打交道都是项主要工作。当地代理商利用他对当地市场的知识和进入行业的通道来换取对部分利润的分享。这个代理商可以称作进口代理商或经纪人、批发商、进口分销商或市场代表。这些称呼说明了他们给出口商提供服务的内容。代理商生活在目标市场，他拥有丰富而有价值的行业知识，但他的工作不一定永远与其客户保持一致。要履行适当的职责，确保代理商可信、可靠并在代表出口商行为时与出口商保持一致。还要确保代理商能够与出口商有同样的积极性、看法或目标。

（2）特许经营

特许经营是指拥有品牌特许经营权人向受特许经营权人提供品牌特许经营权力，以及在组织、经营和管理等方面提供支持，并从受特许经营权人获得相应回报的一种经营形式。通用汽车、福特公司、埃克森石油、壳牌、可口可乐、麦当劳等都是这一模式的“践行者”。

特许经营的转让方要向受让方提供品牌、经营管理理念与方式、服务程序与标准、组织、预订、营销方面的支持，保证受让方保持集团同一品牌的质量水平。特许经营者向品牌特许权拥有者缴纳特许费用和其他费用。品牌特许经营模式是一种利益共享、优势互补的经营模式。在特许经营模式下，通过在更大的基础上展开培训、采购及市场营销，一种成功的业务模式得以推广。比如，美国在中国开展的食品行业的特许经营包括：麦当劳、肯德基和赛百味等。特许经营模式和许可经营较为相似，其成本和风险都较低。但是，特许经营人可能对质量控制不足，缺少协调全球战略的能力。作为对缴纳使用费和启动费的回报，被特许人可使用知名品牌，并获得营销经验和技术。

中国的特许经营主要起步于第三产业中的零售业、餐饮业和服务业，相比之下国外的特许经营一般起步于制造业，而且至今制造业的特许经营仍占一定比重。自 2000 年以来，中国特许经营总体呈稳定快速的发展趋势。连锁企业中采取特许经营方式的比重越来越大。到 2006 年年底，采用特许方式的企业占到连锁企业总数的 69%。其中，餐饮业和服务业采用特许经营的企业分别占到所属行业连锁企业总数的 95%和 83%，零售业占到 59%。2007 年 3 月发布的连锁百强企业中，46%的企业开展特许经营，特许经营的销售规模达 1 020 亿元。

（3）成立合资企业

众所周知，外国公司进入中国的最常见的一种模式就是设立合资企业。合资企业的优势很多，其中之一是能够利用当地合资伙伴对本地市场的知识快速熟悉市场。当地合资伙伴可以确保得到政府许可并获得需要的许可证明，而且还可以雇用并训练优秀的本地员工。设立合资企业还可以让合资伙伴分担发展的费用和风险。有时候，成立合资企业是出于政治原因，比如有的合资企业成立就是利用了外国政府希望提高本国工业竞争力的愿望。

当然，设立合资企业也有不利之处。将技术资源引入合资企业的那家公司有可能会失去对该技术资源的控制权，而其合资伙伴又有可能利用该技术用于为自己谋利。例如，有一家法国医疗设备厂希望与其美国伙伴一起开发一种产品。这家美国伙伴不具备以可接受的方式设计或生产这种产品的专长。法国公司于是决定接手这个项目，并接管其在美国的经营。由于不愿意失去这条利润丰厚的生产线，这家美国公司对法国公司的产品（该产品已注册专利）进行了翻版设计，并将其引入美国市场。法国公司便向法院起诉美国公司侵犯了其专利，并且赢得了官司。但不幸的是，由于这场官司耗时数年并在医疗市场造成混乱，许多客户因而决定与两家公司都不做业务。这个案例要说明的意思是，公司在决定成立合资企业之前首先要确认自己的专属技术并加以充分保护，要在所有的主要市场注册专利。有些国家的知识产权保护比其他国家要强，因此应就这些事宜向专利律师进行咨询。如果一家公司是依赖其关键员工的话，这家公司就还应该设有相应的雇用合同。

（4）建立战略联盟

自从美国 DEC 公司总裁简·霍普兰德和管理学家罗杰·奈杰尔提出战略联盟的概念以来，战略联盟就成为管理学界和企业界关注的焦点。战略联盟是两个或两个以上的经济实体为了实现特定的战略目标而采取的任何股权或非股权形式的共担风险、共享利益的长期联合与合作协议。伴随着经济全球化的进程，跨国公司战略联盟已成为现代企业加强国际竞争力的重要方式之一。据统计，在世界 150 多家大型跨国公司中，以不同形式结成战略联盟的高达 90%。全球战略联盟旨在消除或最大限度地降低协调或执行全球战略的难度。比如在航空业，“星空联盟（Star Alliance）”俱乐部就是多家航空公司为了共享资源而形成的，这些资源包括预订系统，以便为顾客提供更好的服务并保证航空公司的航班能够尽量满座。2005 年 9 月用友软件股份有限公司与香港中信泰富有限公司的全资子公司建立战略联盟，从而便于亚太总部设于新加坡的公司更方便地管理包括大中华区和日本在内的全亚洲的企业资源。

建立战略联盟使得企业的战略从竞争转向合作与竞争并存，企业为了实现战略目的，与供应商、顾客甚至竞争对手建立战略伙伴关系，把各自的优势结合起来，优势互补，以扩大并共享利益，这比以前的单纯的竞争关系更有效率。

建立战略联盟也面临一定的风险，最常见的是公司的科技安全问题。不过，联盟内合作方可以采取多种方式来减少来自于联盟伙伴的这种风险。比如，联盟合作方可以通过“屏蔽”关键技术来降低风险，或者使用极其清楚明确的合同语言以确保公司的科技安全。公司间还可能就交换有价值的技巧和技术达成一致。

（5）成立全资子公司

最后一种进入模式是成立全资子公司，这种模式对于具有扩张意识的公司来说需要付出最大的投资成本，并且也是所有进入模式中风险最高的一种。但同时这种模式能够带来最高的回报或潜在利润（虽然并不见得所有全资子公司都会营利）。那么，该模式的优势是什么呢？优势之一就是公司可更严格地控制其技术及技术的应用。由于子公司是母公司直管的单元，公司的产品和公司形象都能得到更好的控制。

此外，公司能够更方便、更有效地将其子公司置于全球战略中。麦当劳餐饮在中国市场推行的“我就喜欢”的广告主题歌就是一个很好的例证。虽然在中国听到的该主题歌是用中文唱的，但其旋律和歌词大意在全球都是类似的（如果说不是完全一致的话），这样，美国麦当劳的广告歌就可以在国际市场上推广其统一的公司形象。

最有经验的大型国际公司出于经营需要都会希望建立全资子公司。有时候，这些公司会采取建新厂并在新市场招聘新员工的战略。这些公司也可能收购东道国的当地公司，以快速获得资源和进入当地市场的通道。例如，在德国慕尼黑创立的宝马集团于 2006 年正式宣布成立全资子公司——宝马（中国）汽车贸易有限公司，总部设在北京，负责 BMW 和 MINI 品牌汽车的进口、销售、市场营销、服务及其他所有相关业务。

综上所述，企业的国际市场进入模式有很多，中国企业国际化经营起步较晚，最初的阶段还是要通过产品的出口来实现。从总体上看，中国的大多数企业尚处于国际化经营的初级阶段。

2. 国际化经营的行业选择

为适应我国经济发展的要求，我国商务企业境外投资的行业重点首先应放在投资开发国内短缺的资源性商品，如木材、石油、天然气、富铁矿砂等。我国人均资源拥有量较低，对于短缺资源，通过资源开发型企业的境外投资，可以缓解国内资源供应的紧张局面，实现生产力的合理配置。例如，中冶公司在澳大利亚开办合资企业开采铁矿石，为我国国内生产企业提供了稳定的资源投入。其次，与发展中国家合作发展加工工业。发展中国家资源丰富，技术要求不高，又有大量的廉价劳动力，我国的适用技术在这些国家具有很强的吸纳性，可利用我国的设备与适用技术在这些国家投资兴办一些投资少、见效快的中小企业。最后，一些资金和实力雄厚、国际化经验丰富的大型企业集团可以到发达国家投资兴办工贸、技贸型企业，其中少数技术水平比较先进的企业可以到发达国家高新技术密集地带投资。

3. 国际化经营的技术选择

目前我国境外投资可以选择的技术主体主要有：

- 我国的传统工艺、特色技术。利用其在国际市场上的特色，创办境外投资企业。
- 在一些行业，我国拥有的小规模生产和劳动密集型的实用技术。例如纺织、轻工、化工、电子机械等，这些技术在广大发展中国家具有广阔的市场，可利用这些技术到其他发展中国家投资。
- 我国已经引进、吸收、消化并从应用角度加以一定创新的技术。这些技术往往更加经济有效，利用这些技术可以向国外投资，例如海尔集团的对外投资。
- 部分高新技术。经过国家长期的科技投入，我国已在一些领域处于世界领先水平，例如航天技术、核能、生物工程、材料工业等行业，对于其中有条件产业化的技术，可以投资于发达国家的相应领域，利用其健全的配套设施和人力资源管理经验，从中获得技术优势的垄断利润，并促成其有效转化，带动国内相关产业的发展。

9.2 国际贸易术语

在国际贸易中，一般买卖双方相距甚远，货物要经过长途运输，手续繁杂，涉及面广，风险较大。因此在合同的签订过程中，需要明确的问题很多，例如交货地点、交货方式、双方责任、费用的划分及风险转移等，而由于贸易习惯、文化风俗、语言等方面存在的差异，给合同双方当事人交易的达成带来了许多困难，甚至有时还会引起误解、争议和诉讼，从而浪费时间和费用。为了解决这些问题，国际贸易术语应运而生。国际贸易术语，是概括说明卖方的交货地点及买卖双方的风险、责任和费用划分的英文缩写字母。它是构成单价条款的重要组成部分，所以又称做价格术语或价格条件。在国际贸易中，在对外报价或签订合同时，凡涉及价格问题的，贸易术语都是不可缺少的内容。

1. 国际贸易术语解释通则

国际商会于 1936 年首次公布了一套解释贸易术语的国际规则，名为《国际贸易术语解释通则》。后来于 1953 年、1967 年、1976 年、1980 年、1990 年和 2000 年，又数次做出补充和修订，以使这些规则适应当前国际贸易实践的发展。在最新修订的《2000 年国际贸易术语解释通则》中，包括四组共 13 种贸易术语。它们又分为在出口国交货的贸易术语和在进口国交货的贸易术语。

(1) 在出口国交货的贸易术语

在出口国交货的贸易术语有三组，如下所述：

E 组：

EXW 工厂交货（指定地点），是指当卖方在其所在地或其他指定的地点（如工场、工厂或仓库）将货物交给买方处置时，即完成交货，卖方不办理出口清关手续或将货物装上任何运输工具。

"清关"即结关，习惯上又称通关，是指进口货物、出口货物和转运货物进入一国海关关境或国境必须向海关申报，办理海关规定的各项手续，履行各项法规规定的义务；只有在履行各项义务，办理海关申报、查验、征税、放行等手续后，货物才能放行，货主或申报人才能提货。同样，载运进出口货物的各种运输工具进出境或转运，也均需向海关申报，办理海关手续，得到海关的许可。货物在结关期间，不论是进口、出口或转运，都是处在海关监管之下，不准自由流通。

该术语是卖方承当责任最小的术语，因此价格也最低。买方必须承当在卖方所在地受领货物的全部费用和风险。

F 组：

FCA 货交承运人（指定地点），是指卖方只要将货物在指定的地点交给买方指定的承运人，并办理了出口清关手续，即完成交货。需要说明的是，交货地点的选择对于在该地点装货和卸货的义务会产生影响。若卖方在其所在地交货，则卖方应负责装货，若卖方在任何其他地点交货，卖方不负责卸货。

该术语可用于各种运输方式，包括多式联运。

"承运人"指任何人在运输合同中，承诺通过铁路、公路、空运、海运、内河运输或上述运输的联合方式履行运输或由他人履行运输。若买方指定承运人以外的人领取货物，则当卖方将货物交给此人时，即视为已履行了交货义务。

"多式联运"是指从装运地到目的地的运输过程中包含两种以上的运输方式——海、陆、空、内河等。

FAS 装运港船边交货（指定装运港），是指卖方在指定的装运港将货物交到船边，即完成交货。买方必须承担自那时起货物灭失或损坏的一切风险。

FAS 术语要求卖方办理出口清关手续。但是，如当事方希望买方办理出口手续，需要在销售合同中明确写明。

该术语仅适用于海运或内河运输。

FOB 装运港船上交货（指定装运港），是当货物在指定的装运港越过船舷，卖方即完成交货。这意味着买方必须从该点起承当货物灭失或损坏的一切风险。FOB 术语要求卖方办理货物出口清关手续。

该术语仅适用于海运或内河运输。

C 组：

CFR 成本加运费（指定目的港），是指在装运港货物越过船舷卖方即完成交货，卖方必须支付将货物运至指定的目的港所需的运费和费用。但交货后货物灭失或损坏的风险，以及由于各种事件造成的任何额外费用，即由卖方转移到买方。CFR 术语要求卖方办理出口清关手续。

该术语仅适用于海运或内河运输。

CIF 成本、保险加运费付至（指定目的港），是指在装运港当货物越过船舷时卖方即完成交货。卖方必须支付将货物运至指定的目的港所需的运费和费用，但交货后货物灭失或损坏的风险及由于各种事件造成的任何额外费用即由卖方转移到买方。但是，在 CIF 条件下，卖方还必须办理买方货物在运输途中灭失或损坏风险的海运保险。因此，由卖方订立保险合同并支付保险费。

买方应注意到，CIF 术语只要求卖方投保最低限度的保险险别。如买方需要更高的保险险别，则需要与卖方明确地达成协议，或者自行作出额外的保险安排。CIF 术语要求卖方办理货物出口清关手续。

该术语仅适用于海运和内河运输。

C.P.T 运费付至（指定目的地），是指卖方向其指定的承运人交货，但卖方还必须支付将货物运至目的地的运费。亦即买方承担交货之后一切风险和其他费用。CPT 术语要求卖方办理出口清关手续。

该术语可适用于各种运输方式，包括多式联运。

C.I.P 运费、保险费付至（指定目的地），是指卖方向其指定的承运人交货，但卖方还必须支付将货物运至目的地的运费，亦即买方承担交货之后一切风险和其他费用。CPT 术语要求卖方办理出口清关手续。

该术语可适用于各种运输方式，包括多式联运。

（2）在进口国交货的贸易术语

在进口国交货的贸易术语是 D 组，如下所述：

DAF 边境交货（指定地点），是指当卖方在边境的指定的地点和具体交货点，在毗邻国家海关边界前，将仍处于交货的运输工具上尚未卸下的货物交给买方处置，办妥货物出口清关手续但尚未办理进口清关手续时，即完成交货。

“边境”一词可用于任何边境，包括出口国边境。因而，用指定地点和具体交货点准确界定所指边境，这是极为重要的。

但是，如当事各方面希望卖方负责从交货运输工具上卸货并承担卸货的风险和费用，则应在销售合同中明确写明。

该术语可用于陆地边界交货的各种运输方式，当在目的港船上或码头交货时，应使用下面的 DES 或 DEQ 术语。

DES 目的港船上交货（指定目的港），是指在指定的目的港，货物在船上交给买方处置，但不办理货物进口清关手续，卖方即完成交货。卖方必须承担货物运至指定的目的港卸货前的一切风险和费用。如果当事各方希望卖方负担卸货的风险和费用，则应使用 DEQ 术语。

只有当货物经由海运或内河运输或多式联运在目的港船上货时，才能使用该术语。

DEQ 目的港码头交货（指定目的港），是指卖方在指定的目的港码头将货物交给买方处置，不办理进口清关手续，即完成交货。卖方应承担将货物运至指定的目的港并卸至码头的一切风险和费用。

DEQ 术语要求买方办理进口清关手续并在进口时支付一切办理海关手续的费用、关税、税款和其他费用。如果当事方希望卖方负担全部或部分进口时交纳的费用，则应在销售合同中明确写明。

只有当货物经由海运、内河运输或多式联运且在目的港码头卸货时，才能使用该术语。但是，如果当事方希望卖方负担将货物从码头运至港口以内或以外的其他点（仓库、终点站、运输站等）的义务时，则应使用 DDU 或 DDP 术语。

DDU 未完税交货（指定目的地），是指卖方在指定的目的地将货物交给买方处置，不办理进口手续，也不从交货的运输工具上将货物卸下，即完成交货。卖方应承担将货物运至指定的目的地的一切风险和费用，不包括在需要办理海关手续时在目的地国进口应交纳的任何"税费"（包括办理海关手续的责任和风险，以及交纳手续费、关税、税款和其他费用）。买方必须承担此项"税费"和因其未能及时输货物进口清关手续而引起的费用和风险。

但是，如果双方希望卖方办理海关手续并承担由此发生的费用和风险，以及在货物进口时应支付的一此费用，则应在销售合同中明确写明。

该术语适用于各种运输方式，但当货物在目的港船上或码头交货时，应使用 DES 或 DEQ 术语。

DDP 完税后交货（指定目的地），是指卖方在指定的目的地，办理完进口清关手续，将在交货运输工具上尚未卸下的货物交与买方，完成交货。卖方必须承担将货物运至指定的目的地的一切风险和费用，包括在需要办理海关手续时在目的地应交纳的任何"税费"（包括办理海关手续的责任和风险，以及交纳手续费、关税、税款和其他费用）。

若卖方不能直接或间接地取得进口许可证，则不应使用此术语。但是，如当事方希望将任何进口时所要支付的一切费用（如增值税）从卖方的义务中排除，则应在销售合同中明确写明。若当事方希望买方承担进口的风险和费用，则应使用 DDU 术语。

该术语适用于各种运输方式，但当货物在目的港船上或码头交货时，应使用 DES 或 DEQ 术语。

由此可见，EXW 术语下卖方承担最小责任，而 DDP 术语下卖方承担最大责任，因此价格最高。

2．我国国际贸易中经常使用的两种贸易术语 FOB 和 CIF

（1）FOB

装运港船上交货价是国际贸易中常用的价格术语之一。按照前面的介绍，在该术语下卖方（即出口方）需承担的基本义务是在合同规定的装运港和规定的期限内，将货物装上买方指派的船只，并且及时通知买方。货物在装船时越过船舷，风险即由卖方转移至买方。买方要负责租船订舱，支付运费，并且将船期和船名及时通知卖方。货物在装运港越过船舷后的其他责任和费用也都由买方负担，包括取得进口许可证或其他官方证件，以及办理货物入境的手续和费用。如果买方指定了船只，而未能及时将船名、装货泊位及装船日期通知卖方，或者买方指派的船只未能按时到达，或者未能承载货物，或者在规定期限终了前截止装货，买方要承担由此产生的一切风险和损失。其前提是货物已清楚地分开或被固定为供应本合同之用。

在 FOB 条件下，卖方要自负风险和费用领取出口许可证或其他官方证件，并且负责办理出口手续。卖方还要自费提供证明他已按规定完成交货义务的证件。在买方要求下，且由买方承担风险和费用的情况下，卖方可给予一切协助，取得提单或其他运输单。

（2）CIF

CIF 也是国际贸易中常用的价格术语。在采用这个贸易术语时，卖方的基本义务是负责按通常条件租船订舱、支付到目的港的运费，并且在规定的装运港和规定的期限内将货物装上船。装船后及时通知买方。卖方负责办理从装运港到目的地的海运货物保险，支付保险费。在业务上，有人称 CIF 为“到岸价”。其实，在按 CIF 条件成交时，卖主仍是在装运港完成交货，卖方承担的风险也是在装运港时货物越过船舷以前的风险，越过船舷以后的风险则由买方承担。在货物装船后自装运港到目的港的运费和保险费以外的费用也要由买方负担。除此之外，买方还要自负风险和费用取得进口许可证或其他官方证件，办理进口手续并按合同规定支付货款。

卖方需要提供的单据主要有商业发票或与之相应的电子数据。必要时提供证明所交货物与合同规定相符的证件。通常的运输单据，使买方得以在目的地受领货物，或者通过转让单据出售在途货物；卖方要提供符合合同规定的保险单据，使买方可以凭该单据直接向保险人索赔。另外，卖方要自负风险和费用取得出口许可证或其他官方证件，并且负责办理出口手续。

CIF 价格条件采用“象征性交货”方式。所谓“象征性交货”是指卖方按合同规定在装运港口将货物装船并提交全套合格单据后，就算完成了交货义务，而无须保证到货。反之，如果卖方提交的单据不符合要求，即使合格的货物安全运达，也不算完成了交货义务，卖方所要提交的单据名称、内容及份数都应与约定相符，否则，买方有权拒收单据，拒付货款。

案例分析

有一份 CIF 合同，货物已在合同规定的时间和装运港装船，受载船只离港五小时后触礁沉没。第二天，当卖方凭手中持有的提单、保险单、发票等装船单据要求买方付款时，买方以货物全部损失为理由，拒绝接受单据和付款。试问，在上述情况下，卖方有无权利凭规定的单据要求买方付款？为什么？

在本例中，卖方有权凭合同规定的单据要求买方付款，买方无权拒付。第一个原因是由于 CIF 合同有如下所述的特点：

- 货物的风险在约定的装运港装船越过船舷时，由卖方转给买方，而不以货物到达目的港卸货时进行划分。
- 货物所有权的转移以单据和付款为其对流条件。
- 卖方有义务按照合同的规定交付货物和提交单据，也有凭单据向买方收取货款的权利，买方有义务按合同规定收受货物，接受单据和支付货款，并且有拒绝接受不符合合同的货物和单据的权利。

因此 CIF 合同只要卖方按合同规定的时间在装运港把货物装运往目的船只上，付清运费和保险费，提供符合合同规定的提单、保险单、发票及有关单据，卖方就履行了其义务。至于货物装船后的风险和额外费用均与卖方无关。

第二个原因是，本例中货物在离港五小时后触礁沉没，卖方不负任何责任。只要卖方提交规定的全套合格的单据，买方就必须凭单付款。CIF 合同下买方的责任是，受领卖方所提供的符合合同规定的各项单据，并且按照合同规定交付货款。自货物在装运港越过船舷时起，负担货物损坏或灭失的一切风险。

3. 贸易术语的表达与选用

贸易术语应在货物单价中得到表达。在国际货物贸易合同中，单价应包括计价单位、价格及贸易术语。其中，应注意在贸易术语的缩写字母后面，写上规定的装运地（港）或目的地（港）。例如某商品每 1000 吨 1000 美元 FOB 上海，此处上海应为装运港；某商品每 1000 吨 1100 美元 CIF 纽约，此处纽约应为目的港。

由于在不同的贸易术语下买卖双方承担的义务不同，采用何种贸易术语，既关系到双方的利益所在，也关系到能否顺利履约，所以在洽谈交易时，双方应恰当地选择贸易术语。目前，在国际贸易中，较多使用象征性交货的术语，即以装运港或装运地交货的方式成交。我国外贸企业在进出口业务中，对贸易术语的选用主要考虑的因素如下所述：

- 要有利于我国远洋运输业和保险业的发展，增收减支。我国在进口贸易中，大多使用 FOB 或 FCA 术语。在出口贸易中，则争取按 CIF 或 CIP 方式成交。在大宗商品出口时，国外买方为谋求以较低运价租船，我方也可按 FOB 或 FCA 方式与之成交。
- 要与运输方式相适应。FOB, CFR, CIF 只适合于海洋运输和内河运输。在航空运输和铁路运输情况下，则应采取 FCA, CPT, CIP 术语。此类贸易术语还有利于出口方提早转移风险，提前出具运输单据，早日收汇，加快资金周转。
- 要重视规避风险。我方进口大宗货物需以租船方式装运时，原则上应采用 FOB 方式，由我方自行租船和投保，以避免卖方与船方勾结，利用租船提单，骗取货款。

分析与思考

1. 想象一下在国际贸易中，离开了贸易术语会造成哪些不便？
2. 我国某外贸公司对一个英商报出某出口商品的价格为“每 1000 吨 1000 英镑 FOB 伦敦”，请问该报价有什么问题？

9.3 国际贸易合同的商定

阅读材料

交易磋商前要做好准备工作

曾经我国的一家出口公司与一个埃及客户谈妥了一笔外商指定的某个工厂生产化工品的出口业务，合同规定 20 天内装运，价格条件为 FOB 上海。同时，外商指定了一家船公司为承运人。因为成交价格相当不错，该出口公司的业务员毫不犹豫地就和买家签下了合同。但之后联系供货厂家，方得知该厂的这个产品目前在国际市场上非常畅销，接到的订单已经排到了两个月后，所以根本不可能在 20 天内交货。于是，该出口公司与买家协商，希望延期交货，或者改为其他厂家的产品。客户无法接受，该出口企业只好以高价从另外一家外贸公司买下一批合同所要求的货物来履约。其结果是，在签合同时，本来预算有利可得，但后来为了履行合同反而亏损了几千美元。

从这个案例中可以看出，该出口公司在磋商中如果多做一点工作就不会到后来陷入被动的局面。成交价格有利当然是一个诱人的因素，但不能只为了价格而忽略其他因素。外商既然指定了产品必须是某工厂生产的，那么出口公司起码应该在答应外商的条件前，向该工厂查询其供货情况。因此，在磋商的同时或之前就要做好市场调查并了解对方的资信情况，收集多种必要的信息资料，不能盲目接受对方的发盘。

1. 交易磋商

交易磋商是签订合同的基础，没有交易磋商就没有买卖合同。交易磋商工作的好坏，直接影响到合同的顺利签订及以后的履行，关系到双方的经济利益的实现。

一般来讲，交易磋商的程序可概括为询盘、发盘、还盘和接受四个环节。其中，发盘和接受是必不可少的两个基本环节。

（1）询盘

询盘是指交易的一方准备购买或出售某种商品，向对方询问买卖该商品的有关交易条件。询盘的内容可涉及价格、规格、品质、数量、包装、装运及索取样品等，而多数只是询问价格。因此，业务上常把询盘称做询价。需要注意的是，这里的询价不仅指询问价格。例如，国外某客商A向我国的一家外贸公司B发来的询盘如下所述：

10月8日来电：拟订购东北大豆100 000吨，请电告最低价格及交货期。

又如，我国外贸公司向美国某进口商发出的询盘如下所述：

可供优质东北大豆，麻袋装，即可发货，如有兴趣请速来电。

在国际贸易业务中，有时一方发出的询盘表达了与对方进行交易的愿望。希望对方接到询盘后及时发出有效的发盘，以便考虑接受与否。也有的询盘只是想探询一下市价，询问的对象也不限于一人，发出询盘的一方希望对方开出估价单。这种估价单不具备发盘的条件，所报出的价格也仅供参考。

（2）发盘

在国际贸易实务中，发盘也称做报盘、发价、报价，法律上称做要约。发盘可以是应对方询盘的要求发出，也可以是在没有询盘的情况下，直接向对方发出。发盘一般是由卖方发出的，但也可以由买方发出，在业务中称做递盘。

① 发盘的定义及具备的条件。根据《联合国国际货物销售合同公约》（后面简称公约）规定："向一个或一个以上特定的人提出的订立合同的建议，如果十分确定且表明发盘人在得到接受时随约束的意旨，即构成发盘。一个建议如果写明货物且明示或暗示地规定数量和价格，或规定如何确定数量和价格，即为十分确定。"

一个发盘的构成必须具备如下四个条件：

- 向一个或一个以上的特定的人提出。

发盘必须指定可以表示接受的受盘人，受盘人可以是一个，也可以指定多个。不指定受盘人的发盘，仅应视为发盘的邀请或称邀请做出发盘。

曾经有这样一件事，某日在一家咖啡馆里，我国某公司的外销员小刘与国外的一个客户洽谈业务。小刘称本公司有一批货物待售，并且非常详细地说明了货物的品质、数量、包装、价格、最早装运期及支付方式等。外商对交易条件都很满意，惟独认为价格偏高，希望能降价10%。而小刘觉得我方报价已经比较优惠，不能再降价，结果双方争执不下，最终不欢而散。第二天，有另外一位客户 C 来找小刘，要与他签订合同。C 说他昨天碰巧在咖啡馆里听到了小刘和外商的谈话，他愿意接受小刘提出的所有交易条件。那么，小刘是否有责任与 C 签订合同呢？

答案是显而易见的。简单地说，因为这里 C 不能算是一个特定的受盘人，所以小刘的公司不受其发盘的约束，自然也不承担与 C 订立合同的责任。至于今后他们能否成交，取决于双方的意愿和磋商。C 的订约意图完全可以看做是一项新的发盘，如果小刘所在的公司表示接受，才有责任与 C 签订合同。

表明订立合同的意思。

发盘必须表明严肃的订约意思。即发盘应该表明，在发盘得到接受时，发盘人就受其发盘的约束，承担按发盘条件与受盘人订立合同的法律责任。

例如上述我国外贸公司 B 在接到 A 的 10 月 8 日的询盘后回复如下所述：

10 月 9 日去电：我方东北大豆麻袋装每 1 000 吨 280 美元 CIF 纽约 12 月份装运即期不可撤销信用证支付限 15 日前复到。

如果对方在 10 月 15 日前表示接受我方发盘内容，则我方就有责任据此与 A 公司订立合同。

发盘内容必须十分确定。

发盘内容的确定性体现在发盘中所列的条件是否是完整的、明确的和终局的。如果发盘内容含有模棱两可或含糊不清的词句，或者包含一些保留条件，则不构成发盘。

例如，如果 B 公司 10 月 9 日电中注明“价格仅供参考”或“大概 12 月装运”等，都使发盘的内容不确定。而如果 B 公司 10 月 9 日电中最后表示“以我方再次确认为准”或“以货物未出售为准”的字样，则说明该发盘不是终局的，因为里面含有保留条件或限制性条款。

送达受盘人。

发盘于送达受盘人时生效。如果 B 公司的发盘由于某种原因没有送达 A 公司，那么，该发盘等于还没有生效，B 公司也就不受发盘的约束了。

② 发盘的撤回和撤销

《公约》对发盘生效时间进行了明确规定：发盘在送达受盘人时生效。那么，发盘在未被送达受盘人之前，如果发盘人改变主意或情况发生变化，这就必然会在法律上产生发盘的撤回和撤销的问题，撤回和撤销属于两个不同的概念。撤回是指在发盘尚未生效，发盘人采取有效行动以阻止其生效；而撤销是指发盘已生效后，发盘人以一定方式解除发盘的效力。

根据《公约》规定，一项发盘，即使是不可撤销的，也可以撤回，如果撤回的通知在发盘到达受盘人之前或同时到达受盘人。发盘可以撤销，其条件是，发盘人撤销的通知必须在受盘人发出接受通知之前传达到受盘人。但是，在如下情况下，发盘不能再撤销。

发盘中注明了有效期或以其他方式表示发盘是不可撤销的。

受盘人有理由信赖该发盘是不可撤销的，并且已本着对该发盘的信赖行事。这一款规定了不可撤销的两种情况。一种是发盘人规定了有效期，即在有效期内不能撤销。如果没有规定有效期，但以其他方式表示发盘不可撤销，如果在发盘中使用了“不可撤销”字样，那么在合理时间内也不能撤销。另外一种不可撤销的情况是受盘人有理由信赖该发盘是不可撤销的，并且采取了一定的行动。关于发盘失效问题，《公约》规定：一项发盘，即使是不可撤销的，也于拒绝通知送达发盘人时终止。这就是说，当受盘人不接受发盘的内容，并且将拒绝的通知送到发盘人手中时，原发盘就失去效力，发盘人不再受其约束。

此外，在贸易实务中还有以下三种情况造成发盘的失效：

- 发盘人在受盘人接受之前撤销该发盘；
- 发盘中规定的有效期届满；
- 其他方面的问题造成发盘失效。这包括政府发布禁令或限制措施造成发盘失效。另外，还包括发盘人死亡及法人破产等特殊情况。

（3）还盘

受盘人在接到发盘后，不能完全同意发盘的内容，为了进一步磋商交易，对发盘提出修改意见，用口头或书面形式表示出来，就构成还盘。还盘的形式可有不同，有的明确使用“还盘”字样，有的则不使用该字样，在内容中表示出对发盘的修改也构成还盘。还盘是对发盘的拒绝。还盘一经做出，原发盘即失去效力，发盘人不再受其约束。

（4）接受

接受是交易的一方在接到对方的发盘或还盘后，以声明或行为向对方表示同意。法律上将接受称做承诺。接受和发盘一样，既属于商业行为，也属于法律行为。对有关接受问题，在《公约》中也进行了较明确的规定。

根据《公约》的解释，构成有效的接受要具备如下所述的四个条件：

- 接受必须是由受盘人做出，其他人对发盘表示同意，不能构成接受。这个条件与发盘的第一个条件是相呼应的。发盘必须向特定的人发出，即表示发盘人愿意按发盘的条件与受盘人订立合同，但并不表示他愿意按这些条件与任何人订立合同。因此，接受也只能由受盘人做出，才具有效力。前面谈到的 C 接受小刘的条件并要与小刘签约一事，由于 C 不是受盘人，所以他的接受是无效的。
- 受盘人表示接受，要采取声明的方式，即以口头或书面的声明向发盘人明确表示出来。另外，还可以用行为表示接受。
- 接受的内容要与发盘的内容相符。就是说，接受应是无条件的。但在业务中，常有这种情况，受盘人在答复中使用了接受的字眼，但已对发盘的内容进行了增加、限制或修改。这在法律上称做有条件的接受，不能成为有效的接受，而属于还盘。
- 接受的通知要在发盘的有效期内送达发盘人才能生效。在发盘中通常都规定有效期。这个期限有双重意义。一方面约束发盘人，使发盘人承担义务，在有效期内不能任意撤销或修改发盘的内容，过期则不再受其约束；另一方面，发盘人规定有效期，也是约束受盘人，只有在有效期内做出接受，才具有法律效力。

案例分析

某外贸企业向国外询购某商品。不久接到外商 3 月 20 日的发盘，有效期至 3 月 26 日。我方于 3 月 22 日电复：“如果把单价降低 5 美元，可以接受。”对方没有反应。后因用货部门要货心切，又鉴于该商品行市看涨，我方随即于 3 月 25 日又去电表示同意对方 3 月 20 日发盘提出的各项条件。试分析，此项交易是否达成？理由是什么？

从双方磋商的过程来看，此项交易没有达成。因为我方 3 月 22 日电的性质是还盘。按法律规定一项发盘一经还盘即告终止。同时，原发盘人对还盘又未做出答复，即没有表示出任何接受的意思，所以原发盘自然已经失效，原发盘人也不再受其约束。而我方 3 月 25 日电是对已失效的发盘表示接受，所以不能达成交易。

2. 签订合同

经过交易磋商，一方的发盘或还盘被对方有效地接受后，就算达成了交易，双方之间就建立了合同关系。在实际业务中，一般还要用书面形式将双方的权利和义务明文规定下来，便于执行，这就是签订合同。

（1）书面合同的作用

在国际贸易中。一般都要签订书面合同，当双方事后发生争议时，提交仲裁或诉讼，仲裁员或法官首先要求当事人提供证据，以确认合同关系是否存在。如果不能提供充足证据，就很难得到法律的保护。在实际业务中，双方一般都要求将各自享受的权利和应当承担的义务用文字规定下来，以作为履行合同的依据。

多数国家的合同法规定，以签订书面合同作为合同生效的条件。例如，我国《涉外经济合同法》规定：通过信件、电报、电传达成协议，如一方当事人要求签订确认书的，签订确认书时，方为合同成立。在此情况下，签订确认书就成为合同生效的条件。

（2）书面合同的内容

书面合同的内容，可分为如下所述的三部分：

① 约首。约首包括合同名称，订约双方当事人的名称地址。有的合同还用序言形式说明定约的意图并放在约首。

② 本文。本文是合同的中心部分，具体列明交易的条件和条款，规定双方当事人的权利和义务。

③ 约尾。约尾说明合同的份数，使用的方案及效力，订约时间、地点及生效时间。

以下是一般货物的进口合同和一般货物出口合同的格式范例。

一般货物进口合同格式

合同号码：　　　　　　签约日期：
买方：　　　　　　　　卖方：

本合同由买卖双方缔结，用中、英文字写成，两种文体具有同等效力。按照下述条款，卖方同意售出买方同意购进以下商品：

第 一 部 分

1．商品名称及规格。
2．生产国别及制造厂商。
3．单价（包装费用包括在内）。
4．数量。
5．总值。

6．包装（适合海洋运输）。

7．保险（除非另有协议，保险均由买方负责）。

8．装船时间。

9．装运口岸。

10．目的口岸。

11．装运唛头。卖方负责在每件货物上用不退色的颜料明显地刷印或标明唛头，以及目的口岸、件号、毛重和净重、尺码及买方要求的其他标识。如果系危险及/或有毒货物，卖方负责保证在每件货物上明显地标明货物的性质说明及习惯上被接受的标识。

12．付款条件。买方于货物装船时间前一个月通过__________银行开出以卖方为抬头的不可撤销信用证。卖方在货物装船启运后凭本合同交货条款的第 18 条 A 款所列单据在开证银行议付贷款。上述信用证有效期将在装船后 15 天截止。

13．其他条件。除非经买方同意和接受，本合同其他一切有关事项均按第二部分交货条款之规定办理。该交货条款为本合同不可分的部分，本合同如果有任何附加条款将自动地优先执行附加条款，如果附加条款与本合同条款有抵触，则以附加条款为准。

第 二 部 分

14．FOB/FAS 条件。

14.1　本合同项下货物的装运舱位由买方或买方的运输代理人_________租订。

14.2　在 FOB 条件下，卖方应负责将所订货物在本合同第 8 条所规定的装船期内按买方所通知的任何日期装上买方所指定的船只。

14.3　在 FAS 条件下，卖方应负责将所订货物在本合同第 8 条所规定的装船期内按买方所通知的任何日期交到买方所指定船只的吊杆下。

14.4　买方应于货物装运日前 10～15 天，以电报或电传方式通知卖方合同号、船只预计到港日期、装运数量及船运代理人的名称。以便卖方经与该船运代理人联合及安排货物的装运。卖方应将联系结果通过电报或电传方式及时报告买方。如果买方因故需要变更船只或船只比预先通知卖方的日期提前或推迟到达装运港口，买方或其船运代理人应及时通知卖方。卖方亦应与买方的运输代理人或买方保持密切联系。

14.5　如果买方所订船只到达装运港后，卖方不能在买方所通知的装船时间内将货物装上船只或将货物交到吊杆之下，卖方应负担买方的一切费用和损失，例如空舱费、滞期费及由此而引起的及/或遭受的买方的一切损失。

14.6　如果因船只撤换或延期等原因未及时通知卖方停止交货，在装港发生的栈租及保险费损失的计算，应以代理通知的装船日期（例如货物晚于代理人通知的装船日期抵达装运港，应以货物抵港日期）为准，在港口免费堆存期满后第 16 天起由买方负担，人力不可抗拒的情况除外。上述费用均凭原始单据经买方核实后支付。但卖方仍应在装载货船到达装港后立即将货物装船，并且负担费用及风险。

15．CFR 条件。

15.1　卖方在本合同第 8 条规定的时间之内应将货物装上由装运港到中国口岸的直达船。未经买方事先许可，不得转船。货物不得由悬挂中国港口当局所不能接受的国家旗帜的船装载。

15.2　卖方所租船只应适航和适货。卖方租船时应慎重和认真地选择承运人及船只。买方不接受非保赔协会成员的船只。

15.3 卖方所租的载货船只应在正常合理时间内驶达目的港。不得无故绕行或迟延。

15.4 卖方所租的载货船只船龄不得超过 15 年。对于超过 15 年船龄的船只其超船龄额外保险费应由卖方负担。买方不接受船龄超过 20 年的船只。

15.5 一次装运数量超过 1 000 吨的货载或其他少于 1 000 吨但买方指明的货载，卖方应在装船日前至少十天用电传或电报通知买方合同号、商品名称、数量、船名、船龄、船籍、船只主要规范、预计装货日、预计到达目的港的时间、船公司名称、电传和电报挂号。

15.6 一次装运 1 000 吨以上货载或其他少于 1 000 吨但买方指明的货载，其船长应在该船抵达目的港前七天和 24 小时分别用电传或电报通知买方预计的抵港时间、合同号、商品名称及数量。

15.7 如果货物由班轮装运，载货船只必须是____________船级社最高船级或船级协会条款规定的相同级别的船级，船只状况应保持至提单有效期终了时止，以装船日为准。船龄不得超过 20 年，超过 20 年船龄的船只，卖方应负担相应的保险费。买方绝不接受超过 25 年船龄的船只。

15.8 对于散件货，如果卖方未经买方事前同意而装入集装箱，卖方应负责向买方支付赔偿金，由双方在适当时间商定具体金额。

15.9 卖方应和载运货物的船只保持密切联系，并且以最快的手段通知买方船只在途中发生的一切事故。如果因卖方未及时通知买方而造成买方的一切损失应由卖方负责赔偿。

16. CIF 条件。

在 CIF 条件下，除本合同第 15 条 C&F 条件适用之外卖方负责货物的保险，但不允许有免赔率。

17. 装船通知。

货物装船完毕后 48 小时内，卖方应即以电报或电传方式通知买方合同号、商品名称、所装重量（毛/净）或数量、发票价值、船名、装运口岸、开船日期及预计到达目的港的时间。如果因卖方未及时用电报或电传方式给买方以上述装船通知而使买方不能及时加以保险，卖方负责赔偿买方由此而引起的一切损害及/或损失。

18. 装船单据。

18. A 卖方凭如下所述的各单据向付款银行议付货款。

18. A.1 填写通知目的口岸的__________运输公司的空白抬头、空白背书的全套已装运清洁提单（如果系 CFR/CIF 条款则注明“运费已付”；如果系 FOB/FAS 条款则注明“运费待收”）。

18. A.2 五份由信用证受益人签名出具的发票，注明合同号、信用证号、商品名称、详细规格及装船唛头标识。

18. A.3 两份由信用证受益人出具的装箱单及/或重量单，注明每件货物的毛重和净重及/或尺码。

18. A.4 由制造商及/或装运口岸的合格、独立的公证行签发的品质检验证书及数量或重量证书各两份，必须注明货物的全部规格与信用证规定相符。

18. A.5 本交货条件的第 17 条规定的装船通知电报或电传副本一份。

18. A.6 证明上述单据的副本已按合同要求寄出的书信一封。

18. A.7 运货船只的国籍已经买主批准的书信一封。

18．A.8　如系卖方保险需提供投保不少于发票价值110%的一切险和战争险的保险单。

18．B 不接受影印、自动或电脑处理、或复印的任何正本单据，除非这些单据印有清晰的“正本”字样，并且经发证单位授权的领导人手签证明。

18．C　联运提单、迟期提单、简式提单不能接受。

18．D　受益人指定的第三者为装船者不能接受，除非该第三者提单由装船者背书转给受益人，再由受赠人背书方可接受。

18．E　信用证开立日期之前出具的单据不能接受。

18．F　对于C&F/CIF货载，不接受租船提单，除非受益人提供租船合同、船长或大副收据、装船命令、货物配载图及/或买方在信用证内所要求提供的其他单据副本各一份。

18．G　卖方必须将提单、发票及装箱单各两份副本随船带交目的口岸的买方收货代理人__________。

18．H　载运货船启碇后，卖方必须立即航空邮寄全套单据副本一份给买方，三份给目的口岸的对外贸易运输公司分公司。

18．I　卖方应负责赔偿买方因卖方失寄或迟寄上述单据而使买方遭受的一切损失。

18．J　中华人民共和国境外的银行费用由卖方负担。

19．合同所订货物如果用空运，则本合同有关海运的一切条款均按空运条款执行。

20．危险品说明书。凡属于危险品及/或有毒，卖方必须提供其危险或有毒性能、运输、仓储和装卸注意事项及防治、急救、消防方法的说明书。卖方应将此项说明书各三份随同其他装船单据航空邮寄给买方及目的口岸的_________运输公司。

21．检验和索赔。货物在目的口岸卸毕60天内（如果用集装箱装运则在开箱后60天）经中国进出口商品检验局复验，如果发现品质、数量或重量及其他任何方面与本合同规定不符合，除属于保险公司或船行负责者外，买方有权凭上述检验局出具的检验证书向卖方提出退货或索赔。因退货或索赔引起的一切费用包括检验费、利息及损失均由卖方负担。在此情况下，凡货物适于抽样及寄送时如果卖方要求，买方可将样品寄交卖方。

22．赔偿费。因“人力不可抗拒”而推迟或不能交货者除外，如果卖方不能交货或不能按合同规定的条件交货，卖方应负责向买方赔偿由此而引起的一切损失和遭受的损害，包括买价及/或买价的差价、空舱费、滞期费，以及由此而引起的直接或间接损失。买方有权撤销全部或部分合同，但并不妨碍买方向卖方提出索赔的权利。

23．由于一般公认的“人力不可抗拒”原因而不能交货或延迟交货，卖方或买方都不负责任。但卖方应在事故发生后立即用电报或电传方式告诉买方并在事故发生后15天内航空邮寄与买方灾害发生地点之有关政府机关或商会所出具的证明，证实灾害存在。如果上述“人力不可抗拒”继续存在60天以上，买方有权撤销合同的全部或一部分。

24．仲裁。双方同意对一切因执行和解释本合同条款所发生的争议，努力通过友好协商解决。在争议发生之日起一个合理的时间内，最多不超过90天，在协商不能取得使买卖双方都满意的结果时，如果买方决定不向他认为合适的有管辖权的法院提出诉讼，则该争议应提交仲裁。除双方另有协议，仲裁应在中国北京举行，并且按中国国际贸易促进委员会对外贸易仲裁委员会所制定的仲裁规则和程序进行仲裁。该仲裁为终局裁决，对双方均有约束力。仲裁费用除非另有决定，通常由败诉一方负担。

一般货物出口合同格式

卖方：　　　　　　　　　　　　　　　　　　　　买方：

____________公司（以下简称卖方）与____________公司（以下简称买方）订立合同如下所述。

第一条　合同标的

卖方卖出、买方购入商品。商品应符合下文第四款中所确定的清单 No.1。该清单的附件是本合同不可分割的组成部分。

第二条　价格和合同总金额

在清单 No.1 中所载明的商品，以美元计价。本合同总金额为____________。商品价格包括运抵____________的一切费用，同时包括在进口国境外预付的包装、标识、装运、保险的费用。

第三条　供货期限和日期

商品应在卖方银行通知保兑的，与第二条所列金额相符的有效信用证时起 60 天内运往____________。卖方有权提前供货，也有权视情况一次或几次供货。

第四条　商品品质

商品品质和数量由买卖双方以书面协议确定，在本合同附件清单 No.1 中载明。清单 No.1 附在本合同上（见第一条）。

第五条　包装和标识

商品包装应符合规定的标准和技术条件，保证货物在运输途中所做的必要处理过程中完好无损。每件货物应有以下标识：

___________到达站名称；

___________卖方名称；

___________买方名称；

___________货件号；

___________毛重；

___________净重；

___________体积（单位用立方米）。

第六条　支付

买方应在本合同签订后 20 个工作日内开立以卖方为受益人、不可撤销的、可分割的、可转让的跟单信用证。该信用证的总金额在合同的第二条中载明，其有效期至少为 80 天。

信用证一般是由卖方选择且法律上承认的___________银行开立并确认的。以信用证付款凭卖方向银行提交以下单据进行：

___________发票一式三份；

___________全套买方名义下的运输单；

___________包装单一式三份；

___________本合同副本；

___________在进口国境内的一切银行费用由买方负担，在进口国境外的一切银行费用由卖方负担。

第七条　商品的交接

所有商品应由检查人员进行必要的数量和品质检查。检查人员的结论是最终结论，买卖双方不得对此有所争议。对于余下部分，买方可以拒收或退还，买方应单独保管其拒收的商品，并且对此承担责任，便于卖方、供货人和检查人员进行可能的检查。如果确定拒收成立，对商品的责任则自动转移给卖方，由卖方自行决定商品的处理方式，商品的保管费由供货人支付。

第八条　保险

根据上文第二条由__________对商品在运抵__________港之前进行保险。

第九条　品质保证

商品品质应符合清单 No.1（见第四条）。买方没有义务接收不符合清单 No.1（见第四条）的商品。

买方可以不加解释和不出示证据退还未被接收的商品（见下文第十条）。

根据下文第十条，卖方应在收到买方理由充分的索赔书时起 30 天内如数更换未被接收的商品，以保证完全按照本合同规定运送货物。

第十条　索赔

商品运到时，买方有权就商品的数量向卖方提出索赔（见第七条）；反之，买方接收双方共同指定的检查员确定数量的商品。买方可以就商品品质不合格向卖方提出索赔。所有运抵的商品如果没有以适当的方式拒收或退回，都被认为买方已经接收。

有充分理由退还的拒收商品都被认为卖方供货不足，同时免除对买方就拒收商品的支付或赔偿提出任何异议。检查员最终确定有充分理由拒收和退回商品的数量。

在商品原封不动或无损坏退还卖方的情况下，拒收未超出检查员确定的界限的商品，无需经过商品不合格证明。在规定的期限内，根据必要的手续，应由卖方无条件承认。

买方索赔函用挂号信寄给卖方。

就某一批商品提出索赔，不能成为索赔方拒收和拒付根据本合同所规定的其他应供应的商品的理由。

第十一条　不可抗力

出现不可抗力，即火灾、自然灾害、封锁、禁止进出口和其他合同双方人力不可抗拒的情况造成合同某一方不能完全或部分履行合同义务时，按不可抗力与其后果存在的时间推迟履行合同义务。

如果上述情况与其后果持续达到三个月以上，任何一方都有权拒绝继续履行合同项下的义务。在此情况下，任何一方都无权要求补偿可能的损失。

由不可抗力造成不能履行合同义务的一方应尽快将妨碍履行义务的不可抗力的出现和终止情况通知另一方。由卖方或买方国有关商会出具的证明是上述不可抗力情况出现的必需证明。

第十二条　罚则

如果违反本合同规定的货物抵达期限，卖方应向买方支付罚金。罚金数额规定如下所述。

在最初的三周内每过期一个日历周，支付未交商品总金额的________%；

以后每过期一个日历周，支付未交商品总金额的________%，但罚金总额不能超过未交商品总金额的________%。

第十三条　其他条件

任何一方在没有征得另一方书面同意的情况下，不得将自己对本合同的权利和义务转让给第三者。信用证可以转让，需按规定程序转让。

应当先履行债务的一方当事人，有证据证明对方有下列情形之一的，即可中止履行：

- 经营状况严重恶化的；
- 转移财产或抽逃资金，以逃避债务的；
- 严重丧失商业信誉的；
- 有其他丧失或可能丧失履行债务能力情形的。

对合同的一切修改和补充意识只有以书面形式形成并经双方签字后才有效。给双方确认的往来信函、传真及电子邮件等，将作为本合同的组成部分，具有合同的效力。

在进口国境内的一切费用和规费，包括海关规费和关税，与订立和履行本合同有关的费用，则由买方承担；在进口国境外，则由卖方承担。

本合同用双方所在国两种文字书就，两种文本具有同等法律效力。

第十四条　仲裁

由本合同派生或与本合同有关的一切争议和分歧适用中国法律，由国际仲裁机构审理。

第十五条　双方法定地址

卖方：___________

买方：_________

________年____月____日

（3）需要注意的问题

在拟定合同的过程中，要注意合同的措辞一定要得当，以减少不必要的风险，增加交易的安全性。具体而言，一份外贸合同在文字陈述上要尽量做到科学、灵活、严密、完整。下面一则案例可以让我们从中汲取一些经验教训。

案例分析

我国的 A 公司与新加坡的 B 公司签订合同，出口一批童装。在洽谈中，B 看过 A 提供的样品，同意以此作为交货的品质标准。而出口合同的品质说明中只简单地写明了规格、质料、颜色。商检条款为“货到港 30 天后外商有复检权”。货到新加坡后买家提出“颜色不正且缝制工艺粗糙”，并且提交了新加坡一家检验机构的检验证书作为依据要求退货和赔偿。

A 公司辩解货物是凭样品成交，样品经新加坡 B 公司确认过。B 指出合同中并没有写明“凭样品成交”字样，也没有写明样品编号。况且，A 公司没有封存样品作为证物。A 公司解释纺织品按常识会存在色差问题，而 B 公司认为合同中的品质说明条款中并没有注明所交货物会有色差。

A 公司又表示不接受 B 公司的检验证书，认为 B 公司所找的检验机构不具有权威性，而且没有征得 A 公司的同意。B 公司辩解说，合同上只承诺 B 有复检权，并没有指明检验机构的名称或必须经由 A 公司同意。A 意识到即使提交仲裁机构，自己也无法提交有力证据，所以只好在价格上答应新加坡公司提出的降价要求，才使争议得以解决。

在这个案例中，由于合同中的品质和商检两个条款的措辞不严谨，存在漏洞，因此使B公司利用了措词的缺陷达到了自己的商业目的。在出口合同中，品质和商检两个条款经常容易引发争议。例如，合同中品质的表达方法有凭说明和凭样品表示两种，两种方式的陈述都要求既准确又保持必要的灵活性。

另外还应注意，在一份合同已经拟就，在签字生效之前，有必要再进行一次仔细的审查，进行最后的把关。细读一遍合同，看文字上有无错漏，例如小数点有没有标错，数量上有没有将“个”写成“打”，标价的货币有没有写错，英语描述是否准确等。然后，看看各条款之间是否互相矛盾，例如数量上标明了溢短装，金额上有没有进行相应的表示等。

分析与思考

1. 你能列举一些在交易磋商之前要进行的准备工作吗？

2. 如果你的一项发盘刚发出不久，有关商品价格发生变化，你对自己的报价感到后悔，有什么办法能够补救吗？

3. 通过学习一般货物的进出口合同的内容，试总结出一份进口或出口合同最基本的交易条件有哪些？

9.4 国际贸易合同的履行

买卖双方经过交易磋商，达成协议后要签订书面合同，作为约束双方权利和义务的依据。订单到手，合同签完不等于万事大吉了，更重要的则是要守信誉。在国际贸易中，买卖合同一经依法有效成立，有关当事人必须履行合同规定的义务。因此，履行合同是当事人双方共同的责任。

1. 出口合同的履行

在出口合同的履行过程中包括备货、催证、审证、改证、租船订舱、报关、报验、保险、装船及制单结汇等多种环节。其中，又以货（备货）、证（催证、审证、改证）、船（租船订舱）、款（制单结汇）四个环节最为重要。

（1）备货

备货工作是指卖方根据出口合同的规定，按时、按质、按量地准备好应交的货物，并且做好申请报验和领证工作。

① 准备货物。备货是进出口公司根据合同和信用证规定，向生产加工及仓储部门下达联系单（有些公司称其为加工通知单或信用证分析单等）要求有关部门按联系单的要求，对应交的货物进行清点、加工整理、刷制运输标识以及办理申报检验和领证等项工作。联系单是各个部门进行备货、出运、制单结汇的共同依据。在备货工作中，应注意的问题如下：

- 货物的品质和规格。应按合同的要求核实，必要时应进行加工和整理，以保证货物的品质和规格与合同规定一致。
- 货物的数量。应保证满足合同或信用证对数量的要求，备货的数量应适当留有余地，以备装运时可能发生的调换和适应舱容之用。
- 货物的包装和唛头（运输标识）。应进行认真检查和核实，使之符合信用证的规定，并且要做到对保护商品和适应运输的要求，如果发现包装不良或已被破坏，应及时进行修整或换装。标识应按合同规定的式样刷制。

- 备货时间。应根据信用证规定，结合船期安排，安排备货时间以利于船货衔接。

② 报验。凡属于国家规定或合同规定，必须经中国进出口商品检验局检验出证的商品，在货物备齐后，应向商品检验局申请检验，只有取得商检局发给合格的检验证书，海关才准放行。凡经检验不合格的货物，一律不得出口。

申请报验的手续是，凡需要法定检验出口的货物，应填制《出口报验的申请单》，向商检局办理证件取验手续。如果需要有外文译文时，应注意中、外文内容一致。此申请单还应附上合同信用证副本等有关单据，供商检局检验和发证时参考。

货物经检验合格，即由商检局发给检验证书，进出口公司则应在检验证书规定的有效期内将货物出运。检验证书的有效期：一般货物是从发证之日起两个月内有效；鲜果或鲜蛋类为两个星期；植物检疫为三个星期内有效。如果超过有效期装运出口，则应向商检局申请展期，并且由商检局进行复验合格后才能出口。

（2）催证、审证和改证

在这里的“证”指的是信用证。信用证是有条件的银行担保，是银行（开证行）应买方（申请人）的要求和指示保证立即或在将来某一时间内付给卖方（受益人）一笔款项的书面文件。卖方（受益人）只要履行交货义务，并且提供单证相符的单据，例如商业发票、运输单据、保险单及其他用途的单据，货款的收取就由银行的付款承诺作为保障。信用证的掌握、管理和使用主要包括催证、审证和改证等内容。

① 催证。如果在出口合同中买卖双方约定采用信用证方式，买方应严格按照合同的规定开立信用证，这是卖方履约的前提。但在实际业务中，有时国外进口商在市场发生变化或资金发生短缺的情况时，往往会拖延开证。对此，则应催促对方迅速办理开证手续。特别是大宗商品交易或按买方要求而特制的商品交易，更应结合备货情况及时进行催证。必要时，也可请我国驻外机构或中国银行协助代为催证。

② 审证。信用证是依据合同开立的，信用证内容应该是与合同条款一致的。但在实践中，由于种种因素，例如工作的疏忽、电文传递的错误、贸易习惯的不同、市场行情的变化，或者进口商有意用开证的主动权，加列有利于他方利益的条款等，往往会出现开立的信用证条款与合同规定不符合的情况。为确保收汇安全和合同的顺利执行，防止发生不应有的损失，则应该对不同国家、不同地区及不同银行的来证，依据合同进行认真的核对与审查。

在实际业务中，银行和进出口公司共同承担审证任务。其中，银行应重点审核开证行的背景、资信能力、付款责任及索汇路线等方面的内容。进出口公司重点审核的内容一般应包括如下几个方面：

- 总体审查。

来证国家必须是与我国有经济往来的国家或地区，应拒绝接受与我国无往来关系的国家和地区的来证。来证的各项内容应符合我国的方针政策，不得有歧视性内容，否则应根据不同情况与开证行进行交涉。

- 开证银行资信的审查。

为了保证安全收汇，对开证行所在国家的政经济状况、开证行的资信、经营作风等必须进行审查，对于资信不佳的银行，应酌情采取适当降低风险的措施。

对信用证的性质与开证行付款责任的审查。

来证应标明“不可撤销”的字样。同时，要求证内载有开证保证付款的文句。有些国家的来证，虽然注明有“不可撤销”的字样，但在证内对开证行付款责任方面加列限制性条款或保留条件的条款，受益人必须特别注意。如果来证注明“以领到进口许可证后通知时方能生效”，电报来证注明“另函详”等类似的文句，应在接到上述生效通知书或信用证详细条款后方能生效。

③ 改证。对信用证进行了全面细致的审核以后，如果发现问题，则应区别问题的性质，分别与银行、运输、保险、商检等有关部门协商，做出恰当妥善的处理。凡是属于不符合我国对外贸易方针政策，影响合同执行和安全收汇的情况，必须要求国外客户通过开证行进行修改，并且坚持在收到银行修改信用证通知书后才能对外发货，以免发生货物装出后而修改通知书未到的情况，造成我方工作上的被动和经济上的损失。

总之，对国外来证的审核和修改，是保证顺利履行合同和安全迅速收汇的必要前提，必须给予足够的重视。

（3）租船、订舱和装运

各进出口公司在备货的同时，如果系 CIF 或 CFR 合同，还必须做好租船和订舱的工作，办理报关及投保等手续。

① 租船订舱。在 CIF 或 CFR 条件下，租船和订舱工作是卖方的主要职责之一。如果出口货物数量较大，需要整船载运，则要对外办理租船手续；如果出口货物数量不大，不需要整船装运，则可由外运公司代为洽订班轮或租订部分舱位运输。

② 报关。报关是指进出口货物装船出运前，向海关申报的手续。按照我国海关法规定，凡是进出国境的货物，必须经由设有海关的港口、车站、国际航空站，并且由货物的所有人向海关申报。经过海关放行后，货物才可提取或装船出口。

我国的进出口公司在办理报关时，必须填写出口货物报关单。必要时还需提供出口合同副本、发票、装箱单或重量单，商品检验证书及其他有关证件，向海关申报出口。

③ 投保。凡是按 CIF 价格成交的出口合同，卖方在装船前，必须及时在中国人民保险公司办理投保手续，填制投保单。出口商品的投保手续一般都是逐笔办理的。投保人在投保时应将货物名称、保险金额、运输路线、运输工具、开航日期、投保险别等都要逐一列明。

由于我进出口公司与中国人民保险公司的业务量较大，为简化手续，一般不填写投保单，而是利用出口货物明细单或货物出运分析单等替代投保单，保险公司接受投保，签发保险单或保险凭证。

（4）制单结汇

在出口货物装出之后，进出口公司应按照信用证的规定，正确缮制各种单据。在使用证规定的交单有效期内，递交银行办理议付结汇手续。

我国出口结汇的办法有收妥结汇、押汇和定期结汇三种。

收妥结汇，又称做收妥付款，是指议付行收到外贸公司的出口单据后，经审查无误，将单据寄交国外付款行索取货款，待收到付款行将货款拨入议付行账户的贷记通知书时，即按当日外汇牌价，折合成人民币给外贸公司。

押汇又称做买单结汇，是指议付行在审单无误的情况下，按信用证条款买入受益人（外贸公司）的汇票和单据，从票面金额中扣除从议付日到估计收到票款之日的利息，将余款按议付日外汇牌价折合成人民币，拨给外贸公司。议付行向受益人垫付资金买入跟单汇票后，即成为汇票持有人，可凭票向付款行索取票款。银行做出口押汇，是为了对外贸公司提供资金融通，有利于外贸公司的资金周转。

定期结汇是议付行根据向国外付款行索偿所需时间，预先确定一个固定的结汇期限，到期后主动将票款金额折成人民币拨交外贸公司。对于结汇单据，要求做到正确、完整、及时、简明、整洁。

（5）索赔和理赔

在出口合同履行过程中，如果因国外买方未按合同规定履行义务，导致我方遭受损失，可以根据不同对象、不同原因和损失大小，向对方提出索赔。在向国外提出索赔时，要本着实事求是的精神，尽可能通过友好协商的办法解决问题，做到既要维护我方的正当权益，又不影响双方的贸易关系。

如果我方交货的品质、数量、包装不符合合同的规定，在买方享有复验权的情况下，国外客户即使已经支付货款，仍可向我方提出索赔。在处理索赔时，应注意认真细致地审核国外买方提出的单证和出证机构的合法性。对其检验的标准和方法也都要一一核对，以防止买方串通检验机构弄虚作假或国外的检验机构检验有误。同时，要认真做好调查研究工作，弄清事实，分清责任。为此，必须会同生产部门和运输部门对商品品质、包装、存储、运输等方面进行周密调查，然后把单证材料和实际情况结合起来，进行分析研究，查清货物发生损失的原因，并且确定责任的归属方。如果属于船运公司或保险公司的责任范围，由船运公司或保险公司处理；如果确实属于卖方的责任，就应实事求是地予以赔偿。对国外商人提出的不合理要求，则必须根据可靠的资料，予以拒绝。

2．进口合同的履行

履行进口合同的主要环节是开立信用证、租船订舱和装运、保险、审单和付汇、报关和接货、验收和拨交、进口索赔。

（1）开立信用证

进口合同签订后，按照合同规定填写开立信用证申请书向中国银行办理开证手续。信用证的内容与合同条款一致，例如品质规格、数量、价格、交货期、装货期、装运条件及装运单据等，应以合同为依据，并且在信用证中一一加以规定。

信用证的开证时间，应按合同规定办理。如果合同规定在卖方确定交货期后开证，则应在接到卖方上述通知后开证；如果合同规定在卖方领到出口许可证或支付履约保证金后开证，应在收到对方已领到许可证的通知或者银行得知保证金已照收后开证。

对方收到信用证后，如果提出修改信用证的请求，经我方同意后，即可向银行办理改证手续。最常见的修改的内容有展延装运期、信用证有效期及变更装运港口等。

（2）租船订舱和催装

FOB 价格条件下的进口合同，租船和订舱应由我方（买方）负责。例如合同规定卖方在交货前一定时期内应将预计装货日期通知我方。我方在接到上述通知后，应及时向外运公司办理租船和订舱手续。办妥手续后，应按规定的期限通知对方船名及船期，以便对方备货装船。同时，还应随时了解和掌握卖方备货和装运前的准备工作情况，注意催促对方按时装运。对数量大的物资的进口，如果有必要亦可请我方驻外机构就地了解、督促或派人前往出口地点检验监督。在国外装船后，卖方应按合同规定的内容用电报通知我方，以便我方办理保险和接货等项手续。

（3）保险

FOB 或 CFR 价格条件下的进口合同，保险由我方办理。凡是进口货物都由我方进出口公司委托中国对外贸易运输公司办理，并且由外运公司同保险公司签订预约保险合同，其中对各种货物应保的险别做了具体规定。因此，每批进口货物，在收到国外装船通知后，将船名、提单号、开船日期、商品名称、数量、装运港、目的港等项内容通知保险公司，即作为已办妥保险手续。

（4）审单和付汇

开证行收到国外寄来的汇票及单据后，对照信用证的规定，核对单据的份数和内容。如果内容无误，则对国外付款。同时，进出口公司用人民币按照国家规定的有关折算的牌价向中国银行买汇赎单。进出口公司凭中国银行出具的《付款通知书》向用货部门进行结算。如果审核国外单据发现证、单不符时，要立即处理，要求国外改正或停止对外付款。

（5）报关和接货

进口货物到货后，由进出口公司或委托外运公司根据进口单据填写《进口货物报关单》向海关申报，并且随附发票、提单及保险单。如果属于法定检验的进口商品，还必须随附商品检验证书。货、证经海关查验无误后，才能放行。

进口货物运达港口卸货时，港务局要进行核对。如果发现短缺，应及时填制《短卸报告》交由船方签认，并且根据短缺情况向船方出具保留索赔权的书面声明。如果卸货时发现货物残损，应存放于海关指定仓库，待保险公司会同商检局检验后做出处理。

（6）验收和拨交

进口货物必须经商检局进行检验。如果有残损短缺，凭商检局出具的证书对外索赔。对于合同规定在卸货港检验的货物、已发现残损短缺有异状的货物及合同规定的索赔期即将满期的货物等，都需要在港口进行检验。

在办完上述手续后，进出口公司委托中国对外贸易运输公司提取货物并拨交给订货部门，外运公司以《进口物资代运发货通知书》通知订货部门在目的地办理收货手续。同时，通知进出口公司代运手续已办理完毕。如果订货部门不在港口，所有关税及运往内地的费用应由外运公司向进出口公司结算后，进出口公司再向订货部门结算货款。

（7）进口索赔

进口商口常因品质、数量、包装等不符合合同的规定，而需向有关方面提出索赔。根据造成损失原因的不同，进口索赔的对象主要有如下所述的三个方面：

- 向卖方索赔。凡属于下列情况者，均可向卖方索赔。例如原装数量不足；货物的品质、规格与合同规定不符；包装不良而导致货物受损；未按期交货或拒不交货等。
- 向轮船公司索赔。凡属于下列情况者，均可向轮船公司索赔。例如原装数量少于提单所载数量；提单是清洁提单，即对货物表面状况没有不良批注的提单，而货物有残缺情况，并且属于船方过失所导致；货物所受的损失，根据租船合约有关条款应由船方负责等。
- 向保险公司索赔。由于自然灾害、意外事故或运输中其他事故的发生导致货物受损，并且属于承保险别范围以内的情况；凡轮船公司不予赔偿金额不足抵补损失的部分，并且属于承保范围内的情况，均可向保险公司索赔。

办理对外索赔时，一般应注意如下几个方面：

- 关于索赔证据。

对外提出索赔需要提供证据。首先，应制备索赔清单，随附商检局签发的检验证书、发票、装箱单、尺码单副本。其次，对不同的索赔对象还要另附有关证件。向卖方索赔时，应在索赔证件中提出确切的根据和理由，例如系 FOB 或 CFR 合同，必须随附保险单一份；向轮船公司索赔时，还必须另附有由船长及港务局理货员签证的理货报告、船长签证短卸或残损证明；向保险公司索赔时，必须另附有保险公司与买方的联合检验报告等。

- 关于索赔金额。

索赔金额，除受损商品的价值外，有关的费用也可提出索赔。例如商品检验费、装卸费、银行手续费、仓租、利息等，都可包括在索赔金额内。至于包括哪几项，应根据具体情况确定。

- 关于索赔期限。

对外索赔必须在合同规定的索赔有效期限内提出，过期无效。如果商检工作可能需要更长的时间，可向对方要求延长索赔期限。

- 关于卖方的理赔责任。

进口货物发生了损失，除属于轮船公司及保险公司的赔偿责任外，如果属于卖方必须直接承担的职责，则应直接向卖方要求赔偿，防止卖方制造借口向其他方面推卸理赔责任。

目前，我国的进口索赔工作，属于船方和保险公司责任的由外运公司代办；属于卖方责任的由进出口公司直接办理。为了做好索赔工作，要求进出口公司、外运公司、订货部门、商检局等各有关单位密切协作，做到检验结果正确，证据属实，理由充实，赔偿责任明确，力争按照货物所受到的损失程度得到如数的补偿。

阅读材料

23 万元的教训——一起国际货物买卖合同争议案

某年 7 月 15 日，我国某公司应荷兰某商人的请求，报出“某初级产品 200 000 吨，每 1 000 吨人民币 1 950 元 CIF 鹿特丹，即期装运”的实盘，对方接到我方报盘后，没有表示承诺，而再三请求我方增加产品数量，降低价格，并且延长有效期。我方曾将数量增至 300 000 吨，价格每 1 000 吨 CIF 鹿特丹降至人民币 1 900 元，有效期两次延长，最后延期至 7 月 25 日。荷商于 7 月 22 日来电接受该发盘，但附加了包装条件为，需提供良好的适合海洋运输的袋装。我方在接到对方的承诺电报时，发现因巴西受冻灾而影响该商品的产量，国际市场价格已猛涨，从而我方拒绝成交，并且复电称：“由于世界市场的变化，货物在接到承诺电报前已售出。”但对方不同意这个说法，认为承诺是在发盘的有效期内做出的，因而是有效的，坚持要求我方按发盘的条件履行合同，并且提出要么执行合同，要么赔偿对方差价损失 23 万余元人民币，否则提交仲裁解决。这项纠纷双方经多次电报往返，争论十分激烈，但最终我方只能以承认合同已成立而告结，只是坚持包装为麻袋装。此案根据我方发盘时的价格和当时的市价，我方损失人民币差价达到 23 万元。

本案例是关于订立国际货物买卖合同的争议案。按照有关国际惯例，我方公司以市场价格变动为理由撤回发盘是不成立的，但在争议的处理过程中，我方仍然坚持以该理由为自己抗辩，因此，最终遭受了很大损失。其实，如果我方人员通晓外贸业务知识，这项损失是完全可以避免的。

在认真学习了本章内容之后，我们就能够为我方公司找到非常有利的证据以证明该合同不能成立，从而解除我方公司的一切责任。

中国的入世，经济与技术的全球化发展，信息与观念的国际化更新，给企业的市场拓展与自身发展带来了空前的竞争压力。国内市场变成了国际市场的组成部分，作为国际商务的最基本形式的进出口贸易变得日益普遍。中国这片肥沃的土地早已被国外企业瞄准，国内企业如何接轨国际市场？如何利用我们的优势打造出自己的天地？掌握国际商务的基本常识，了解国际贸易的规则惯例，应该是对每一个商务工作者最起码的要求。

习题 9

1. 商务企业的国际化经营有哪些模式？
2. 商务企业怎样进行国际化经营的行业和技术选择？
3. FOB 和 CIF 条件下的出口方和进口方各自承担的责任、费用和风险是什么？
4. 如何理解 CIF 条件下的象征性交货问题？
5. 构成发盘的条件有哪些？一项发盘在什么情况下失效？
6. 构成有效接受需要满足什么条件？
7. 一般货物进出口贸易合同的主要内容包括哪些必要的条款？
8. 简述进出口合同的履行程序及注意的问题。

案例分析

1. 某年某月 20 日，我方向老客户 A 发盘：“可供一级红枣 100 000 吨，每 1 000 吨 500 美元 CIF 安特卫普，适合海运包装。定约后即装船不可撤销即期信用证付款，请速复电。”A 立即电复：“你 20 日电我方接受，用麻袋包装，内加一层塑料袋。”由于我方一时没有麻袋，故立即回电：“布包装内加一层塑料袋。”回电后，对方未予答复。我方便着手备货。问：该合同是否成立？为什么？

2. 国外一家进口公司（下称买方）与我国一家进出口公司（下称卖方）签订一笔 1 000 000 吨的食品出口合同，价格为 FOB 大连。2001 年 11 月 15 日前装运，付款方式为不可撤销即期信用证。至 2001 年 10 月 21 日，卖方收到买方银行按合同规定开来的信用证及买方转来的其与我国某航运公司（下称承运人）签订的装运期为 2001 年 11 月 10～15 日的运输合同副本，卖方随后备妥货物及出口手续，并且于 11 月 13 日买方指定的船舶抵达大连港时将合同货物装船。14 日凌晨 2 点，货物装载完毕，2 点 30 分左右，值班船员向船长报告，载货货舱出现火情，船长随即组织船员，启用二氧化碳系统灭火，但约 20 分钟后仍不见火情减弱，才发现该灭火系统已失灵，船长只好下令采用消防水系统灭火，才将火扑灭。

经商检部门鉴定，1 000 000 吨食品中已有 300 000 吨被烧毁，其余 700 000 吨也因严重水湿和污染而丧失原商用价值。卖方立即将情况通报买方，征询处理意见。次日，买方来电称，鉴于该批货物已丧失其即定商用价值，要求卖方负责将毁损货物卸船，并且重新备齐货物装船；否则拒收已毁损货物，并且将指示银行撤销已开出的信用证。卖方则以为，货物已安排装船，合同义务已经履行，无义务卸货和重新备货，并且应获得已装船货物货款。承运人见货物已经全部损毁，拒绝签发已装船清洁提单，而且要求托运人（即卖方）将毁损货物卸下并负担船损期损失，但遭托运人拒绝。卖方见买方欲拒付款转而要求承运人赔偿货款，被承运人以火灾免责为由拒绝。

请问在本案例中，买方可否要求卖方负责替换货物？买方可否拒付货款？卖方对于卸下损毁货物是否负有责任？究竟应该由谁来承担这些损失呢？

读者意见反馈表

书名： 现代商务基础（第 2 版）　　**主编：** 尚志平　　**策划编辑：** 关雅莉

谢谢您关注本书！烦请填写该表。您的意见对我们出版优秀教材、服务教学，十分重要。如果您认为本书有助于您的教学工作，请您认真地填写表格并寄回。**我们将定期给您发送我社相关教材的出版资讯或目录，或者寄送相关样书。**

个人资料

姓名__________年龄_____联系电话______________（办）_____________（宅）______________（手机）

学校____专业______________职称/职务______________________

通信地址____________________________________ 邮编____________E-mail________________________

您校开设课程的情况为：

本校是否开设相关专业的课程　□是，课程名称为____________________________________　□否

您所讲授的课程是____课时_________________________

所用教材______________________________________出版单位_______________________印刷册数_______

本书可否作为您校的教材？

□是，会用于__________________________________课程教学　□否

影响您选定教材的因素（可复选）：

□内容　□作者　□封面设计　□教材页码　□价格　□出版社

□是否获奖　□上级要求　□广告　□其他____

您对本书质量满意的方面有（可复选）：

□内容　□封面设计　□价格　□版式设计　□其他_______________________

您希望本书在哪些方面加以改进？

□内容　□篇幅结构　□封面设计　□增加配套教材　□价格

可详细填写：____

____

您还希望得到哪些专业方向教材的出版信息？

____

谢谢您的配合，请将该反馈表寄至以下地址。如果需要了解更详细的信息或有著作计划，请与我们直接联系。

通信地址： 北京市万寿路 173 信箱　中等职业教育分社　　**邮编：** 100036

http://www.hxedu.com.cn　　E-mail:ve@phei.com.cn　　**电话：** 010-88254475；88254591

反侵权盗版声明

举报电话：（010）88254396；（010）88258888
传　　真：（010）88254397
E-mail：　dbqq@phei.com.cn
通信地址：北京市万寿路 173 信箱
　　　　　电子工业出版社总编办公室
邮　　编：100036